從佛典中探討超薦亡靈與魂魄之研究

果濱著

自序

　　筆者於 2014 年 2 月所發行的專書《漢傳佛典「中陰身」之研究》發行後，頗受研究「生死學」讀者的喜愛。這本書名為《從佛典中探討超薦亡靈與魂魄之研究》，整本書計有 *16* 萬 *1* 千多字，乃是筆者對漢傳佛典「中陰身」的延續性研究成果。本書主要探討四個主題：「亡靈的超薦與超度、佛教的『三魂七魄』說、鬼神的存在與附身、《正法念處經》中提到有關四大部洲之『中陰身』研究」。第一章將從漢傳佛典中探討「超薦亡靈」的真實意義，佛典中的「超度」字詞大都指向「解脫生死輪流」的「到彼岸」，所以對於能「資助亡靈」的任何「佛事或功德」應該用「超薦」二字比較正確，因為要將亡靈「超度到彼岸」的「了脫三界輪迴」絕非易事，非常的困難，在《藏經》中的記載只有《撰集百緣經》之〈授記辟支佛品〉中是透過「供佛齋僧」的「設福」而將善愛「餓鬼」(她已轉世為餓鬼)完全「超度」到初果羅漢(這是佛陀為他「說法」後所得的果位)的「解脫」境界，原經文如下所舉：

> 時彼城中波斯匿王，后宮婇女，名曰善愛。年在老邁，極大慳貪，不好惠施……命終，生曠野中，在一樹下，食果飲水(指成為「鬼道」眾生)，以自存活……
>
> 唯願(波斯匿)大王慈哀憐愍，為我(指善愛)設「供」，請「佛及僧」，使我脫此「弊惡之身」。
>
> (波斯匿)王即問言：為汝(指善愛)「設福」，可得知不？
>
> 彼人(指善愛)答言：「設福」必得……尋即為設「請佛及僧」……佛為(善愛)說法，得須陀洹果。(詳 CBETA, T04, no. 200, p. 214, c)

　　所以透過種種的「佛事功德」而迴向「資助亡靈」頂多是把亡靈或已轉世成「餓鬼」者送到「天上」而已，如《撰集百緣經》之〈餓鬼品〉中所載的故事：

蒙汝「設會」(設齋僧大會，供佛及僧)，罪垢得除，吾自能令來詣會所(佛以神力將諸餓鬼帶到「設法會」的場所)。於時目連即便為諸餓鬼，設諸「餚饍」，請佛及僧(設齋僧大會，供佛及僧)。

佛以神力，使諸「餓鬼」得來會所，令王舍城諸婆羅門、剎利、居士，咸見諸鬼，狀貌「醜弊」，甚可怖畏。皆共捨離「慳貪」之心(所有諸婆羅門、剎利、居士及諸餓鬼等)，厭惡生死，心開意解……爾時世尊，即便為彼諸餓鬼等，種種說法「慳貪」過惡。深生信敬，即於其夜，便取命終，生「忉利天」。(詳 CBETA, T04, no. 200, p. 224, c)

又如唐・道世(？～683)《法苑珠林》卷 62 中所載的故事：

又《宿願果報經》云，昔有婆羅門夫婦二人，無有兒子，財富無數。臨壽終……國中有一「賢者」，行見愍之(路過看到，悲愍他們這對夫婦)，自然流淚，傷其「慳貪」(對他們前世慳貪而招感的餓鬼罪業傷心)，取為「設福」(於是這位「賢者」代為「設福」、作功德)，請「佛」及「僧」，盡心「供辦」(幫他作福，供佛、供僧，樣樣都辦)。擎飯(持飯、取飯)佛前，稱名咒願(稱念佛名及祈禱祝福)。時「慳夫婦」(原本遭)受「餓鬼苦」，即生「天上」。為請四輩(指比丘、比丘尼、優婆塞、優婆夷等出家、在家之男女)。時生天者(指那對慳貪夫婦)，即「得天眼」，知為作福(知道是那位「賢者」幫他們作福所得的「不可思議功德」)。(詳 CBETA, T53, no. 2122, p. 755, a)

除非是佛菩薩的「神通大力」直接救度(但這並不屬於採取「佛事功德」而迴向「亡靈」的超度方式)，這在《最勝問菩薩十住除垢斷結經》卷 9〈道智品〉(詳 CBETA, T10, no. 309, p. 1036, a)及《法句譬喻經》卷 1〈無常品〉(詳 CBETA, T04, no. 211, p. 575, b-c)中是有記載的。

　　第二章探討「三魂七魄」，這原是民間宗教及道教的學說，佛典本來就不存在有明確的「三魂七魄」之說，只能說有「類似」的觀點而已，其實明末四大師之一的紫柏大師與憨山大師對「三魂七魄」都有發表研究心得，您可看此書而一探究竟是如何？在佛教中並沒有「收驚」這個名詞，佛教都是以治療鬼病的方式去代替民間宗教的「收驚」模式，本書介紹了「(1)取白芥子加持咒語，再將之擲火中燒，或打鬼病者之身、(2)作印誦咒、(3)吞食含「硃砂」成份的符印、(4)以泥作「夜叉」形狀，然後對「泥形狀者」誦咒、(5)咒語加持「五色線」，然後繫於鬼病者身之脖子或手臂、(6)用「袈裟角」打鬼病者之身、(7)用「安息香」去薰鬼病者之身、(8)以「桃木、柳枝、雷擊木」去打鬼病者之身、(9)以「手印、誦咒」方式打鬼病者之身、(10)面作瞋色，急急大聲誦咒」等共有十種治療鬼病的方式。本書還舉證大量的醫書、醫者的觀點來解決「鬼病」發生的問題與治療之道。

　　第三章探討「鬼神」的存在與「附身」問題，愚笨的人會以為鬼神真的能害人或永遠會災禍於人；而過度聰明的人又以為「絕無鬼神」的存在，也沒有鬼神會害人的事。其實這兩者人都是偏於一邊的極端型者，並非有真智慧。有智慧的世人或醫者對「邪祟」鬼病都是採「咒語」與「服藥」雙管其下的治療方式，如此才能發揮「藥到病除」的功效。此章還有針對《正法念處經》三十六種鬼的詳細分析。

　　最後一章是探討有關四大部洲之「中陰身」研究，這主要是以《正法念處經》為研究題材，在《正法念處經・卷三十四》中有段經文專門介紹了十七種不同的「中陰身」狀態，這十七種可簡單分成：「四大部洲」人互相轉生及轉生到「天界」的內容、「三惡道」眾生轉生到「天界」的狀況、「下天界」與「上天界」互相轉生的境界。本書將以「東勝身洲(Purva-videha)、南贍部洲(Jambu-dvipa)、西牛貨洲(Apara-godaniya)、北俱盧洲(Uttara-kuru)等「四大部洲」的「中陰身」作為研究題材，並探討這四洲人在投生

轉世時的「中陰身」，其所見不同的境界及特色。

　　為了方便讀者閱讀，本書已在艱澀經文旁邊加了適當的「白話解釋」及注音。最後期望這本專書能帶給所有研究「生死學」及「超薦亡靈與魂魄議題」的人獲得更正確如法的知識。

　　　　　　　　　　　公元 2018 年 1 月 14　果濱序於土城楞嚴齋

從佛典中探討超薦亡靈
與魂魄之研究

--果濱 著

自序

　　筆者於 2014 年 2 月所發行的專書《漢傳佛典「中陰身」之研究》發行後，頗受研究「生死學」讀者的喜愛。這本書名為《從佛典中探討超薦亡靈與魂魄之研究》乃是漢傳佛典「中陰身」的延續性研究成果。本書主要探討四個主題：「亡靈的超薦與超度、佛教的「三魂七魄」說、鬼神的存在與附身、《正法念處經》中提到有關四大部洲之「中陰身」研究」。第

目錄及頁碼

第一章　亡靈的超薦與超度

第一節　亡靈的定義

　　佛典對於人死後到下一期轉世的中間皆稱為「中陰身」，梵文作 antarā-bhava，原指人死亡之後至再次投胎受生期間的一個「神識」狀態，或說一個「過渡身」的「化生」物質。佛典對「中陰身」的譯語，多達有十四種以上，如「中陰、中陰身、中陰有、中有、中蘊、中止、意成身、意生身、意乘行、意生、香陰、食香、乾闥婆、乾達縛、起、求有、求生、尋求生、對有、微細身」等。「中陰身」也類似民間所說的「靈魂」狀態，如清‧超溟著的《萬法歸心錄》云：「未即受生，倏然有形，名『中陰身』。無而忽有，謂之『化生』。軀形三尺，六根皆利，去來迅疾，無所隔礙。他觀如『影』而已。七日死而復生，長壽者不過七七，短壽者一二三七，即受生矣。俗呼『魂』耳。」但這個「靈魂」狀態與「鬼魂」是完全不同的，如明‧交光大師的《楞嚴經正脈疏》中說：「名『中陰身』，此屬無而忽有之『化生』也……長壽者不過七七，短者於二三七，即受生矣。俗謂『鬼魂』，非『鬼』也」。也就是「鬼魂」並不等於「中陰身」，只是民間對於剛死的人的一種方便稱呼，因為「鬼魂」的真正定義是指已轉世投胎成「鬼道」類，或是指經過四十九天後仍未轉世投胎，變成一種「游魂」的狀態，這種情形都被方便稱為「鬼魂」。在失譯人《佛說佛名經》中有也稱為「亡魂」的，如云：「爾時，北門之中有五百罪人，望見獄中

---

1. 參見清‧超溟著《萬法歸心錄》卷 2 。詳 CBETA, X65, no. 1288, p. 411, c。

2. 參見明‧交光 真鑑《楞嚴經正脈疏》卷 8。詳 CBETA, X12, no. 275, p. 427, b。

3. 「游魂」二字之說可參《釋門自鏡錄》卷 2 云：「及武德六年，當部護澤縣李錄事死，經七日來報其妻云：吾得為人間『游魂鬼』也。」詳 CBETA, T51, no. 2083, p. 816, a。或參《佛祖歷代通載》卷 20 云：「精氣為物，『游魂』為變，是故知鬼神之情狀。」詳 CBETA, T49, no. 2036, p. 697, c。

4. 《佛名經》有好幾部：一、元魏‧菩提流支所譯的《佛說佛名經》，十二卷，舉一萬一千九十三尊。二、失譯人名，三十卷。三、隋‧闍那崛多譯的《五千五百佛名神咒除障滅罪經》，共八卷。四、失譯人名譯的《三劫三千諸佛名經》，三卷，簡稱《三千佛名經》。五、隋‧那連提耶舍所譯的《百佛名經》，一卷。此處指的是第二個「失譯人」所譯的三十卷本。

亡魂碎膽，宛轉於地而不肯前，各言：我今何罪入於此處？」⁵但這個「亡魂」使用是指已經在投生到「地獄」中的受刑者的稱呼。

　　本書取名為超薦「亡靈」，這個「亡靈」字詞的依據最早應從唐‧道宣(596～667)撰《廣弘明集》中來，如云：「必使亡靈遊於淨土。⁶《廣弘明集》所使用的「亡靈」很明確的就是稱呼剛死或已死的人。之後有唐‧義淨(635～713)《根本說一切有部毘奈耶》云：「諸親族以五團食祭饗亡靈。」⁷新羅‧義寂(相當於唐‧武則天時代624～705)的《菩薩戒本疏》亦同稱為：「以資亡靈。」⁸唐‧智昇(唐‧開元年間人，約713～741)撰的《集諸經禮懺儀》亦云：「亡靈俱時離苦。」⁹唐‧圓照(唐‧開元年間人，約713～741)撰《代宗朝贈司空大辨正廣智三藏和上表制集》也說：「上向諸佛，庶憑法力，保護亡靈。」¹⁰還有唐‧道世(713～683)撰《法苑珠林》云：「孝祖云：聽汝寄住，何故據人先亡靈筵耶？答曰：汝家亡者各有所屬，此座空設，故權寄耳，於是辭去。」¹¹及唐‧不空(705～774)譯《馬鳴菩薩成就悉地念誦》卷1：「滅除無量罪報，厭眉、呪咀、惡鬼、羅剎、亡靈、魑魅之毒害，一切災難得無量福。」¹²……等。

　　雖然佛典對「中陰身」的譯語，多達有十四種以上，而仍未轉世的「中陰身」有時又被稱為「亡靈」，甚至在佛典的翻譯文字中，曾經交換使用「魂、魄、神、靈」這幾個字詞約有十一種以上，如：❶魂神、❷魂靈、

---

⁵　參失譯人《佛說佛名經》卷8。CBETA, T14, no. 441, p. 219, b。

⁶　參《廣弘明集》卷28。詳 CBETA, T52, no. 2103, p. 326, c。

⁷　參《根本說一切有部毘奈耶》卷36。詳 CBETA, T23, no. 1442, p. 825, b。

⁸　參《菩薩戒本疏》卷2。詳 CBETA, T40, no. 1814, p. 676, c。

⁹　參《集諸經禮懺儀》卷1。詳 CBETA, T47, no. 1982, p. 458, b。

¹⁰　參《代宗朝贈司空大辨正廣智三藏和上表制集》卷3。詳 CBETA, T52, no. 2120, p. 843, c

¹¹　參《法苑珠林》卷6。詳 CBETA, T53, no. 2122, p. 314, c。

¹²　參唐‧不空譯《馬鳴菩薩成就悉地念誦》卷1。詳 CBETA, X02, no. 206, p. 890, c。

❸魂魄、❹魂識、❺精神魂魄、❻精魂、❼魂神精識、❽神魂、❾精魄、❿靈魄、⓫魂魄精神。有的是指未轉世的「中陰身」的「亡靈」，有的則不是，這個複雜問題請參閱本書「第二章　佛教的三魂七魄說　第一節佛典中有關『魂、魄、神、靈』字詞使用的探討」。

第二節　　超薦與超度

在《漢語大辭典》(底下內容皆錄自《漢語大辭典》電子版，故不再例舉出詳細出處及頁碼)中將「超薦」二字等同是「超度」的意思，如《西游記》第十三回云：「那伯欽的父親之靈，超薦得脫沉淪。」如《歧路燈》第六三回云：「晚上人腳兒定了，內眷燒黃昏紙兒，俺才去念經，替你老人家超薦亡靈。」如明‧高明《琵琶記‧寺中遺像》云：「把公婆的魂魄來超度。」如《紅樓夢》第三三回云：「請幾眾僧人念經超度他。」如巴金《神‧鬼‧人序》云：「家裏念經，超度母親。」

「薦」字有多種解釋，底下將「薦」與「亡靈、食物祭拜鬼神」有相關的解釋整理如下(底下內容皆錄自《漢語大辭典》電子版，故不再例舉出詳細出處及頁碼)：

(1)祭祀時獻牲。

　　如《易‧觀》云：「觀，盥而不薦，有孚顒若。」孔穎達疏：「既盥之後，陳薦籩豆之事。」

　　如《左傳‧隱公三年》云：「可薦於鬼神，可羞於王公。」

　　如宋‧葉適《徐文淵墓志銘》云：「此人主所以薦天地宗廟，非臣下所宜得。」

(2)指祭品。

　　如《禮記‧祭義》云：「奉薦而進。」

(3)指請和尚道士念經拜懺以超度亡靈。

　　如宋‧洪邁《夷堅甲志‧解三娘》云：「明日，召僧為誦佛書，作薦事，遂行。」

(4)薦亡：指為死者念經或做佛事，使其亡靈早日脫難超升。

如宋・洪邁《夷堅丙志・常羅漢》云：「自是群人作佛事薦亡，幸其來以為冥塗得助。」

如清・黃六鴻《福惠全書・教養・敦節儉》云：「一旦歸泉，空作薦亡之佛事。」

(4)薦享：指祭獻、祭祀。

如《漢書・戾太子劉據傳》云：「悼園宜稱尊號曰皇考，立廟，因園為寢，以時薦享焉。」

如唐・韓愈《省試學生代齋郎議》云：「故曰：議罷齋郎，而以學生薦享，亦不得其理矣。」

如清・潘榮陛《帝京歲時紀勝・赦孤》云：「又祭屬鬼者……於城南隙地奏樂薦享，中設神位，傍列孤魂棚座祭賽，焚其楮帛，名曰濟孤魂會。」

(5)薦度：念經或做佛事，使亡靈脫難超升。

如《京本通俗小說・拗相公》云：「一日，愛子王雱病疽而死，荊公痛思之甚，招天下高僧設七七四十九日齋醮，薦度亡靈。」

如《初刻拍案驚奇》卷二三云：「次日崔生感興娘之情不已，思量薦度他。」

如清・袁于令《西樓記・捐姬》云：「代殷勤薦度，願你早歸法旨，蓮花生長無塵滓。」

(6)薦悼：作佛事悼念死者。

如宋・周煇《清波雜志》卷七云：「自昔名公下世，太學生必相率至佛宮薦悼。」

如宋‧郭彖《睽車志》卷二云：「其友周逸卿，為率平日交游，裒金作設冥佛事，以薦悼之。」

(7)薦奠：猶祭奠，祭祀的儀式，即向鬼神敬獻祭品。

如唐‧薛用弱《集异記‧李納》云：「〔王祐〕見納，納呼入臥內，問王祐，祐但以薦奠畢，擲樗蒲投具，得吉兆告納。」

如唐‧元稹《祭亡妻韋氏文》云：「敘官閥，誌德行，具哀詞，陳薦奠，皆生者之事也，於死者何有哉！」

(8)薦新：以時鮮的食品祭獻。

如《儀禮‧既夕禮》云：「朔月，若薦新，則不饋于下室。」

如《禮記‧檀弓上》云：「有薦新，如朔奠。」孔穎達疏：「薦新，謂未葬中間得新味而薦亡者。」

如明‧余繼登《典故紀聞》卷十八云：「隆慶初，詔罷寶坻縣等處採取魚鮮，自今薦新上供，俱令光祿寺備辦。」

如清‧昭槤《嘯亭雜錄‧薦新》云：「今奉先殿每月薦新，仍沿明制。」

(9)薦福：祭神以求福。

如《新唐書‧宦者傳上‧魚朝恩》云：「朝恩有賜墅，觀沼勝爽，表為佛祠，為章敬太后薦福，即后諡以名祠，許之。」

如《明史‧宦官傳一‧侯顯》云：「五年二月建普度大齋於靈谷寺，為高帝、高后薦福。」

(10)薦酹：灑酒於地以祭神的一種儀式，亦泛言備供品以祭。

如唐‧白行簡《李娃傳》云：「常聞竹林神者，報應如響，將致薦酹求之，可乎？」

(11)薦獻：祭獻，指向鬼神進獻。

> 如《詩・周頌・潛序》云：「季冬薦魚，春獻鮪也。」漢・鄭玄箋：「冬，
> 魚之性定；春，鮪新來。薦獻之者，謂於宗廟也。」
>
> 如宋・蘇洵《祭任氏姊文》云：「春秋薦獻，終姊之老。」
>
> 如宋・葉適《兵部尚書趙公墓志銘》云：「民感其意，即城隍敞大堂
> 分建十一祠，祝嘏薦獻，如神明焉。」

(12)薦饗：指祭獻。

> 如《史記・封禪書》云：「皇帝始郊見太一雲陽，有司奉瑄玉嘉牲薦饗。」
>
> 如《新五代史・雜傳十八・盧質》云：「因其故壘，稍廣其封，以時薦
> 饗而已。」
>
> 如《續資治通鑒・宋仁宗明道二年》云：「宜於太廟外別立新廟，奉安
> 二后神主，同殿異室，歲時薦饗，用太廟儀。」

　　以上共有十二種有關於「薦」字使用的詳細解釋，在佛教的經典中是
沒出現「薦」字與「亡靈、食物祭拜」有相關的經文，只有出現在《瑜伽
集要焰口施食儀》中，如云：「蓋以冥關路渺，苦海波深，若非『密呪』
之功，曷薦沈淪之魄？由是特建法筵，虔集僧眾，諷演『祕密真言』，加
持上妙『法食』，如斯勝利，普施無邊。」[13]《瑜伽集要焰口施食儀》原本
是沒有記上「作者」是誰，但在《中華大藏經總目錄》中卻出現是唐・不
空大師的作品，如云：「《瑜伽集要焰口施食儀》一卷（唐不空譯。前附瑜
伽集要焰口施食起教阿難陀緣由（大正二目）。」[14]這應該是「後人」將不
空的名字放上去的，因為整個《瑜伽集要焰口施食儀》的內容都是屬於
「後人」撰寫的模式，與不空大師所譯的經文差異甚遠。

---

[13] 參《瑜伽集要焰口施食儀》卷 1。詳 CBETA, T21, no. 1320, p. 483, c。
[14] 參《中華大藏經總目錄》卷 3。詳 CBETA, B35, no. 194, p. 284, a。

　　佛教對亡靈的「功德」資助，最恰當的字詞應該是「超薦」亡魂，而不是使用「超度」亡魂，因為佛典中的「超度」字詞大都指向「解脫生死輪流」的「到彼岸」，如《雜阿含經》云：「離諸悕望想，超度於彼岸。」[15]《雜阿含經》云：「慇懃精進禪，超度生死流。」[16]《大方便佛報恩經》云：「斷眾累結，生死之患，超度眾難，得至涅槃故。」[17]《佛所行讚》云：「當乘智慧舟，超度生死海。」[18]《大般若波羅蜜多經》云：「若住此三摩地時，於三界法皆能超度。」[19]《佛說阿惟越致遮經》云：「超度俗夫行，得住于佛道。」[20]《大方廣佛華嚴經》云：「不思議方便，超度生死海。」[21]《大寶積經》云：「超度一切生死瀑流。」[22]《等集眾德三昧經》云：「除諸三世過去、來、今；超度三界。」[23]《大方廣十輪經》云：「照了於愚闇，超度到彼岸」[24]……等。而「超薦」亡魂，嚴格說只是請鬼眾或游魂們「吃飯、領取經咒功德」，類似「慰魂、慰靈、安魂」的作用，[25]因為要將亡者「超薦」到更好的地方去投生，只能在「平均」七七49天的「黃金日」內執行，也就是在「中陰身」未轉世前，我們為他做任何的「功德」都可以幫助到他將來投生「更好」之處，甚至幫他達到完全「了脫生死輪迴」；但在「中陰身」轉世後(只有轉成「鬼道」是例外的)，所有的「超度」亡魂的佛事都將失去意義，只剩「超薦」鬼神的意義而已。以圖解表示如下：

---

[15] 參《雜阿含經》卷 36。詳 CBETA, T02, no. 99, p. 259, b。

[16] 參《雜阿含經》卷 16。詳 CBETA, T02, no. 99, p. 115, a。

[17] 參《大方便佛報恩經》卷 2〈對治品 3〉。詳 CBETA, T03, no. 156, p. 134, a。

[18] 參《佛所行讚》卷 3〈阿羅藍鬱頭藍品 12〉。詳 CBETA, T04, no. 192, p. 22, b。

[19] 參《大般若波羅蜜多經(第 1 卷-第 200 卷)》卷 52〈辨大乘品 15〉。詳 CBETA, T05, no. 220, p. 295, c。

[20] 參《佛說阿惟越致遮經》卷 1〈八等品 4〉。詳 CBETA, T09, no. 266, p. 205, a。

[21] 參《大方廣佛華嚴經》卷 44〈入法界品 34〉。詳 CBETA, T09, no. 278, p. 682, a。

[22] 參《大寶積經》卷 6。詳 CBETA, T11, no. 310, p. 32, c。

[23] 參《等集眾德三昧經》卷 2。詳 CBETA, T12, no. 381, p. 980, c。

[24] 參《大方廣十輪經》卷 8〈精進相品 13〉。詳 CBETA, T13, no. 410, p. 716, b。

[25] 「安慰亡魂」或「安慰亡靈」的字詞都不曾在佛典中出現過，但在明朝幻敏重編的《慶忠鐵壁機禪師語錄》卷 17 中有云：「可以起死回生，安魂定魄。」。詳 CBETA, J29, no. B241, p. 645, b。

名詞的稱呼	使用的對像
超薦 (以食物祭拜、經咒法會迴向的模式)	(1)49 天內仍未轉世投胎的中陰身。 (2)49 天後已轉世成為鬼道。 (3)到處依附的「游魂」或「精靈」(無期限)。
超度 (完全解脫生死輪迴)	(1)49 天內仍未轉世投胎的中陰身。 (2)49 天後已轉世成為鬼道。

　　所以在七七 49 天「內」為亡者做功德、誦經咒法會，都可稱為「超度」與「超薦」，但在 49 天「後」亡者已投生他處，此時只能稱「超薦」，而且適合「超薦」的對像只剩下已轉世成為「鬼道」，或到處依附的「游魂」與「精靈鬼」罷了。

第三節　只有「餓鬼道」才能接受福德超薦

　　為亡者做福田功德，或者以食物「超薦」亡靈的依據來自《雜阿含經》，經文記載有婆羅門的在家人忽然「命終」，親人想為他作「布施」福田的功德，但不知道「亡者」能收到這個「福田」功德嗎？佛的回答非常明確，那就是如果親人已投生成為「餓鬼」，那就可以獲得陽間親人對他的食物「薦饗」，收到親人幫他做的種種佛事功德「迴向」；如果親人不是投生當「餓鬼」，那做再多的功德對「已投生者」來說，都沒有意義的。如《雜阿含經》云：

> 瞿曇！我有親族，極所愛念，忽然命終，我為彼故，信心「布施」云何？世尊！彼得受不？
>
> 佛告婆羅門：非「一向得」。若汝親族（親戚族人）生「地獄」中者，得彼地獄「眾生食」，以活其命（指地獄眾生乃以在地獄「受果報」為活命也），不得汝所「信施」（信心布施之）飲食。
>
> 若（已轉）生「畜生、餓鬼、人中」者，得彼人中飲食（指得彼「畜生、餓鬼、人中」果報之食），不得汝所（布）施者。
>
> 婆羅門！「餓鬼趣」中有一處，名為「入處餓鬼」。若汝親族（親戚族人）生彼「入處餓鬼」（指「住於人中」之餓鬼）中者，[26]（乃）得汝「施食」（所布施之飲食）。[27]

　　可是問題依舊存在，這位在家婆羅門繼續問佛說：如果我的親戚族

---

[26] 據《正法念處經》云：餓鬼，略有二種，何等為二？一者「人中住」。二者住於「餓鬼世界」。是「人中鬼」，若人夜行，則有見者。「餓鬼世界」者，住於閻浮提下「五百由旬」，長三萬六千由旬，及餘餓鬼惡道眷屬，其數無量，惡業甚多。住閻浮提，有近有遠。參《正法念處經》卷16〈餓鬼品 4〉。詳 CBETA, T17, no. 721, p. 92, a。

[27] 參《雜阿含經》卷37。詳 CBETA, T02, no. 99, p. 272, c。

人都沒有人投生成「餓鬼」，那我布施的食物「薦饗」誰來吃呢？佛回答說：你「其餘」有相關的親戚族人(九族眷屬)如果已投生成為「餓鬼」就可以獲得你的食物「薦饗」，如下《雜阿含經》云：

> 婆羅門白佛：若我親族(親戚族人)不生「入處餓鬼趣」(指「住於人中」之餓鬼)
> 中者，我「信施」(信心布施之飲食)，誰應食之？
> 佛告婆羅門：若汝所可為信施「親族」不生「入處餓鬼趣」者。要有
> 「餘親族知識(知友親識)」生「入處餓鬼趣」中者，得食之。[28]

　　最後一個問題是：如果我的「其餘」相關的親戚族人都沒有人投生成為「餓鬼」，那我布施的食物「薦饗」誰來吃呢？功德歸誰呢？佛很明確的回答說：這個「功德」永遠都不會丟，所有去做「布施的人」將會自己獲得「功德果報」，並不會因沒有「對像」可享用「薦饗」而喪失了自己所做的功德，如下《雜阿含經》云：

> 婆羅門白佛：瞿曇！若我所為信施(信心施與之飲食)「親族」不生「入處餓
> 鬼趣」中，亦更無「餘親族知識」生「入處餓鬼趣」者。此「信施食」
> (所施之飲食)，誰當食之？
> 佛告婆羅門：設使所為施「親族知識(知友親識)」不生「入處餓鬼趣」中，
> 復無諸「餘知識(知友親識)」生餓鬼者。且信施(信心布施者)「自得其福」。
> 彼「施者」(布施者)所作「信施」，而彼「施者」不失「達嚫」(dakṣiṇā 指所
> 布施之「金銀財物」等。意譯為「財施」、「施頌」。亦指僧人受「施主」布食或布施後，又為「施
> 主」說法。前者稱為「財施」，後者稱為「法施」，二者皆可稱「達嚫」)……
> 婆羅門！是名「施者」(布施者)行施(布施)，施者(佈施者自己)受「達嚫」(佈施
> 財物飲食之功德)，果報不失。[29]

---

[28] 參《雜阿含經》卷 37。詳 CBETA, T02, no. 99, p. 272, c。
[29] 參《雜阿含經》卷 37。詳 CBETA, T02, no. 99, p. 272, c。

　　按照《雜阿含經》的經文義理，我們以此可推，如果我們的親人已死去多年，或者早在 49 天後就已投生「他處」，也沒有當「餓鬼」，但我們仍然在每年不斷的在「祭拜、薦饗、經咒迴向、寫牌位迴向」給他，這些功德雖然已無法「利益」到「已投生者」，可是自己為「亡者」所做的任何功德果報完全都不會失去的，這是《雜阿含經》非常肯定的說法。至於在其他的經典中也很明確的說，能收到親人所做的「功德福田迴向」只有「餓鬼道」者，因為如果亡者已投生到天上，天上所受的快樂大於人間數倍，所以根本不可能去領受「人間」作給他的「功德迴向」。又如果亡者已投生到「地獄」去，在地獄中身受萬苦，也不可能獲得人間作給他的「功德迴向」。若亡者已投生為畜生、人類，都是相同的道理，只有投生到「餓鬼」才能領受功德，如《優婆塞戒經》云：

　　或有說言：子修善法，父作不善。因子修善，令父不墮「三惡道」者。是義不然！何以故？

　　身口意業，各別異故。若父喪，已墮「餓鬼」中，子為「追福」，當知即得。

　　若生「天中」，都不思念人中之物。何以故？天上「成就勝妙寶」故。

　　若入「地獄」，身受苦惱，不暇「思念」，是故不得。「畜生、人」中亦復如是。

　　若謂「餓鬼」，何緣「獨得」？以其「本有」(從生命「出生」到「接近死亡」的全部生命過程稱為「本有」)愛、貪、慳、悋故，墮餓鬼。既為餓鬼，常「悔」本過，思念欲得，是故得之。

　　若所為者生「餘道」中(如果亡者已往生到餘道去，為彼作福便無益也，福只為「作福者」自己獨得)，其餘眷屬，墮「餓鬼」者，皆悉得之。

是故智者應為「餓鬼」勤作福德。[30]

　　經文中說因為「餓鬼」的習性就是前世「愛、貪、慳、悋」所造成，既然已投生為「餓鬼」，就會想獲得人間對他們的「施食」與「供奉」。在《法苑珠林》中也有相同的記載，如云：

若為亡人修行布施，生「鬼道者」，鬼容得福。以鬼知悔「前身慳貪」，故為施時，彼則「歡喜」。若生「餘道」，多無得力。
如得生「天」，純受「樂報」，不悔本因，無心「思福」。[31]

　　在《阿毘曇毘婆沙論》亦云：

問曰：為餓鬼作福，為「唯得飲食」？亦「增益其身」耶？
答曰：亦得飲食，亦增益身。得飲食如先所說。云何「增益其身」？
　　　其身臭者得「香」。惡色得「好」。麁觸得「細」。無威德身，得「威德身」……此中何以獨說「餓鬼道」？不說餘道。
答曰：以諸餓鬼為「飢渴」故，常有「悕望飲食」之心，以自存活。「餘道」不必有如是心，是故不說。
　　　復有說者：以「餓鬼道」中常有「求心期心」，是故施之則到。[32]

　　相同的義理尚可見於《撰集百緣經》云：

世尊！我今為彼諸「餓鬼」等，勸化諸人，并其諸親，「施設」大會(設

---

[30] 參《優婆塞戒經》卷 5〈雜品 19〉。詳 CBETA, T24, no. 1488, p. 1059, c。
[31] 參《法苑珠林》卷 62。詳 CBETA, T53, no. 2122, p. 753, c。
[32] 參《阿毘曇毘婆沙論》卷 7〈智品 2〉。詳 CBETA, T28, no. 1546, p. 46, c。

齋僧大會，供佛及僧），為作「福德」。

遍觀世界，悉不得見，不審世尊，此諸餓鬼，為在何處？

佛告目連：彼餓鬼等，皆為「業風」之所吹去，非汝「聲聞」所能知見。然於今者，彼諸餓鬼，蒙汝「設會」（設齋僧大會，供佛及僧），罪垢得除（可見為亡者設立法會造福田，還是有不可思議的功德力量），吾自能令來詣會所（佛以神力將諸餓鬼帶到「設法會」的場所）。

於時目連即便為諸餓鬼，設諸「餚饍」，請佛及僧（設齋僧大會，供佛及僧）。佛以神力，使諸「餓鬼」得來會所，令王舍城諸婆羅門、剎利、居士，咸見諸鬼，狀貌「醜弊」，甚可怖畏。皆共捨離「慳貪」之心（所有諸婆羅門、剎利、居士及諸餓鬼等），厭惡生死，心開意解……爾時世尊，即便為彼諸餓鬼等，種種說法「慳貪」過惡。深生信敬，即於其夜，便取命終，生「忉利天」。[33]

　　在《撰集百緣經》中使用了「施設大會」名詞，其實就是指設「齋僧大會、供佛及僧」的意思，因為佛在世時最能做的功德，唯一的大概就是「供僧、打齋」而已，利用「供佛齋僧」所獲得的「功德」就可以讓「餓鬼」眾生的罪垢清除。當時的目犍連便為這些「餓鬼」舉辦了「供佛齋僧」的大會，當然也順便將飯菜食物「薦饗」給這些「餓鬼」們；「餓鬼」們在參與這次的「供佛齋僧」法會後，就開始捨離「慳貪」之心，並厭惡生死輪迴。所以嚴格來論，這場「供佛齋僧」的「施設大會」對「餓鬼」來說只是一種「超薦」的儀式，這些「餓鬼」最終並沒有被「超度」到「脫離生死輪迴」的地步，只是「超昇」到「忉利天」而已，以上是「佛仍在世」的真實情形，「餓鬼」經過「超薦」的「施設大會」與佛陀「親自」為他們開示說法，最終也只是把餓鬼「送」到「忉利天」而已。

---

[33]《撰集百緣經》卷 5〈餓鬼品 5〉。詳 CBETA, T04, no. 200, p. 224, c。

因為「餓鬼」很可憐，經常需要食物，如《大乘悲分陀利經》云：「餓鬼困乏飢渴身然，亦至其所，以食濟之。」[34]如《大方廣佛華嚴經》云：「或見在於餓鬼之處，施諸飲食濟彼飢渴。[35]」及《大智度論》云：「譬如鬼神，得人一口之食，而千萬倍出。(意指鬼神若得人少許之飲食布施，即能變多至令其滿足)[36]所以佛陀在經典中也教導出家弟子們能在下午或傍晚以後「施食」給這些餓鬼。「施食」主要是依據兩本佛經，一本是《佛說施餓鬼甘露味大陀羅尼經》，一本是《佛說救拔焰口餓鬼陀羅尼經》。在《佛說觀佛三昧海經》中佛有說要「勅弟子常施汝食」的經文，如云：

> 時「曠野鬼」以驚怖故，五體投地為佛作禮白言：世尊！我恒噉人，今者不殺，當食何物？
> 佛勅鬼王：汝但不殺，我勅弟子「常施汝食」，乃至法滅。以我力故，令汝飽滿，鬼王聞已歡喜合掌受佛五戒。[37]

《優婆塞戒經》中說，每個「餓鬼」的業報不同，所能吃的到食物也不同，但如果有「餓鬼」獲得這些飲食上的布施，對他們來說就是一種「上妙色味」，如云：「諸餓鬼等所食不同，或有食膿，或有食糞，或食血污、嘔吐、涕唾。得是施(為餓鬼作福之施)已，一切變成上妙色味。[38]「餓鬼」具有業報下的「通力」，所以能知道親人在為他們「做功德」，或者「施食」給他們，他們也會因此生起「歡喜心」來。在《法苑珠林》中將「餓鬼」的「感受力」分成兩種，第一種是如果這個「餓鬼」已投生到他處去當鬼，

---

34 參《大乘悲分陀利經》卷 3〈三王子授記品 7〉。詳 CBETA, T03, no. 158, p. 252, b。
35 參《大方廣佛華嚴經》卷 79〈入法界品 39〉。詳 CBETA, T10, no. 279, p. 435, b。此段經文亦見於《大方廣佛華嚴經》卷 37〈入不思議解脫境界普賢行願品〉。詳 CBETA, T10, no. 293, p. 832, b。
36 參《大智度論》卷 32〈序品 1〉。詳 CBETA, T25, no. 1509, p. 300, c。
37 參《佛說觀佛三昧海經》卷 7〈觀四威儀品 6〉。詳 CBETA, T15, no. 643, p. 679, a。
38 參《優婆塞戒經》卷 5〈雜品 19〉。詳 CBETA, T24, no. 1488, p. 1059, c。

但他的親人還是繼續在幫他「做功德」時，因為他還有「通力」，所以仍能「遠遠」的獲得「歡喜心」。第二種是如果這「餓鬼」並沒有投生到很遠的他方，只是在自己「住家附近」當餓鬼，那麼他的親人還繼續幫他「做功德」時，他便能「親眼目見」而生「歡喜心」，如《法苑珠林》云：

> 若鬼「異處」受生(如果鬼到了「他方」去轉受投生)，親為施時(為餓鬼作福之施)。彼鬼業力，遙知「生喜」(以鬼的神通業力，會「遙知」有人為他們「設施法會」而生出「歡喜心」來)。
>
> 若還「在家」受苦報者(指餓鬼仍在家附近受苦報，沒有到遠方的「異處」去)，親為施者，鬼自親見「生喜」。[39]

在《阿毘曇毘婆沙論》也說如果有「親人」為這些已投生成「餓鬼」做「布施供養等功德迴向」，他們都會獲得「歡喜心」，只要一生「歡喜心」便能獲得殊勝的身心，但仍無法「超度」到「了脫生死輪迴」的目的。如下《阿毘曇毘婆沙論》所云：

> 施與「餓鬼」，揣食則到(「一揣食」，又作「節量食」，即受「一九之食」於缽中便止，而不多受)……若諸親里，為其人故，修布施時。其鬼見已，於「所施物」及「福田所」，生歡喜心。以此「信樂心」故，便得「勝身心」。以得「勝身心」故，而能往詣諸「餓鬼」中「有威德者所」，生喜心樂心。所得飲食，盡能食之。[40]

同《阿毘曇毘婆沙論》，又云：

---

[39] 參《法苑珠林》卷 62。詳 CBETA, T53, no. 2122, p. 754, a。及《諸經要集》卷 19。詳 CBETA, T54, no. 2123, p. 182, b。

[40] 參《阿毘曇毘婆沙論》卷 7〈智品 2〉。詳 CBETA, T28, no. 1546, p. 46, c。

身壞命終「墮餓鬼」中……以「苦惱心」故，欲施其「食」(此餓鬼有苦惱心，很想親屬佈施「飲食」給他)，請諸眷屬、親友知識、沙門、婆羅門，施其「飲食」(佈施飲食給此餓鬼)。

爾時「餓鬼」請自見之，於眷屬「財物」，生「己有想」(產生了是自己所擁有的想法)。作如是念：如此「財物」，我所積聚。今施與人，心大歡喜。於「福田」所，生信敬心，即時增長「捨相應思」，以如此業，能得現報，是故施其「搏 食」則到(「一搏食」，又作「節量食」，即受「一九之食」於缽中便止，而不多受)。⁴¹

以上所舉的經論，如《雜阿含經》、《阿毘曇毘婆沙論》、《優婆塞戒經》、《法苑珠林》、《撰集百緣經》……等都沒有提到能將「餓鬼」眾生「超度」到「了脫生死，解脫三界輪迴」的目的，只能停留在「食物薦饗、布施功德迴向、領取經咒功德」與令他生起「歡喜心」的結果，或者「送」他生「天」。

---

⁴¹ 參《阿毘曇毘婆沙論》卷 7〈智品 2〉。詳 CBETA, T28, no. 1546, p. 46, b。

第四節　大乘經咒不可思議，連「三惡道」都能接受福德超薦

　　在早期的佛典很明確的說只有「餓鬼道」才能接受「福德超薦」，但在晚譯出的大乘經典與密咒就說連「地獄、畜生」道都能接受「福德超薦」與「功德迴向」之說。稍晚譯出的大乘經典與密咒教儀，就出現很多可以「經咒迴向」給「三惡道」(地獄、餓鬼、畜生)等眾的說法，已經不再侷限於只有「餓鬼道」眾才能獲得「福德超薦」；甚至「六道群靈[42]、十方法界眾」[43]通通都可獲功德迴向。中國祖師更編撰很多與亡靈有關的「懺儀」經咒，[44]目的都是為了利益整個「三惡道」，這已經「超越」只能有「餓鬼道」才能接受「福德超薦」之說。最近的楊士賢〈台灣釋教喪葬拔渡法事及其民間文學研究—以閩南釋教系統為例〉一文指出：

> 台灣有一種介於「僧侶」和「道士」之間的「神職」人員，長期主導了老百姓人生的「濟渡」大事，這群活躍於民間的宗教人士，將其自屬的教派稱之為「釋教」，而此團體內的從業人員亦隨之名為「釋教法師」。事實上「釋教」仍以「佛教」為主體，另是兼容了「道教」與民間

---

[42] 此四字出自《瑜伽集要燄口施食儀》卷 1。詳 CBETA, J19, no. B047, p. 209, c。

[43] 如《一字佛頂輪王經》卷 4〈大法壇品 8〉云：「為『十方法界』、六道四生、三塗八難、一切有情……同誦『一切頂輪王心呪』。」詳 CBETA, T19, no. 951, p. 252, a。

[44] 中國佛教中之懺法起源於晉代，漸盛於南北朝，經常被用來亡者所修的懺儀計有：(1)梁武帝(464~549)之《慈悲道場懺》，俗稱《梁皇寶懺》，後世於滅罪、消災、濟度亡靈時，常請僧人修此懺法，流傳頗久。(2)唐・悟達(811~883)國師抄錄宗密(780~841)法師所撰《圓覺經道場修證儀》而輯成《慈悲三昧水懺》。(3)《大悲懺》，係根據「大悲咒」而作之消災祈福懺法，流行最廣。(4)藥師懺，又稱《師三昧行法》，乃根據《藥師如來本願功德經》而作之懺法；凡消災延壽之法事，多禮拜此懺。(5)淨土懺，又稱《往生淨土懺願儀》，係採用《無量壽經》等諸淨土信仰經典而立之懺法。(6)地藏懺，又稱《慈悲地藏懺法》，為較晚出之懺法；凡報親恩或祈父母冥福之法事，多禮拜此懺。此外還有另有《金剛懺》、《八十八佛洪名寶懺》、《千佛洪名寶懺》等，都是一般常行之懺法。

信仰,是一支頗具自我特色的教團組織,分布範圍廣及台灣三分之二以上的縣市,從業人員平日以「主持喪葬、拔渡法事」為首要服務項目。[45]

這些「釋教法師」們平時所誦的經咒就是混合了佛教經典與某些道教儀式,當然「超度」的對像都包含了可能會在「三惡道」的親人,而不是只有專門超度「餓鬼」道的親人。在《清淨法身毘盧遮那心地法門成就一切陀羅尼三種悉地》中普賢菩薩也問過同樣的問題,就是為何亡者在聽聞「咒語」後,甚至能救他們出離「地獄」之苦呢?毘盧遮那佛回答說:因為深達「法性」的人會知道「罪體本空」的道理,就算是處在「三惡道」,也是如夢幻泡影一般,所以在「地獄」的眾生只要聽聞咒語就能「蒙佛的神力」救度而「脫離」地獄之苦。如《清淨法身毘盧遮那心地法門成就一切陀羅尼三種悉地》所云:

> 普賢菩薩又言:世尊!云何聞「陀羅尼」(即)能「滅重罪」?又能救「地
> 獄苦」?其義云何?
> 毘盧遮那言:此有二義:
> 　一者、真聞。
> 　二者、耳聞。
> 真聞者:深達「法性」,知(諸)法如幻,「罪體」(罪惡之體性)亦爾,(皆)了
> 不可得。如是之人,是真「悉地」(成就),(故聞陀羅尼,則)能救地獄(之苦),
> 何以怪之?
> 耳聞者:假諸「因緣合和」聞之(陀羅尼),諸佛以此方便,令此聞(陀羅
> 尼)者,漸漸薰修,自識「本性」(本來之心性)。以是因緣,眾罪(便可)消

---

45 以上節錄自楊士賢〈台灣釋教喪葬拔渡法事及其民間文學研究—以閩南釋教系統為例〉一文,國立東華大學民間文學研究所博士論文,2010 年,全文摘要內容。

滅，(並)承諸「佛力」亦然，(而)救地獄苦。[46]

　　底下再例舉大乘經咒能「救度」已墮「三惡道」眾生的證明，其中最有力的咒語應為「佛頂尊勝陀羅尼咒」，就算「亡者魂識」已將進入「地獄、畜生、餓鬼、閻羅」者，都還能靠咒語而獲得「超昇」到「天上」去，經文如下所舉：

《最勝佛頂陀羅尼淨除業障咒經》云：
佛告天帝：若人「初亡」，及「亡已久」。有人以此陀羅尼呪，呪「黃土」一把，滿二十一遍，散其骸上，而是亡者即得「往生十方淨土」。
若「亡者魂識」已入「地獄、畜生、餓鬼、閻羅趣」者，呪土「霑骨」，便得解脫，即捨「惡趣」而得「生天」。[47]

《最勝佛頂陀羅尼淨除業障咒經》云：
此「陀羅尼呪」，八十八俱胝殑伽沙諸佛同共宣說。嚴記守護，隨喜讚歎，一切如來所共印可，能淨除一切眾生「十惡罪」故，能救一切「地獄、畜生、餓鬼「閻羅趣」故。[48]

《佛頂尊勝陀羅尼別法》云：
八法：欲得救「地獄苦」眾生者，每時結「佛頂印、誦咒」，即向四方散，
　　　　即得罪障消滅……
十法：若欲救「畜生罪苦」者，呪「黃土」二十一遍，散「畜生」上，及四
　　　　方，即得罪障消滅。[49]

---

[46] 《清淨法身毘盧遮那心地法門成就一切陀羅尼三種悉地》卷 1。詳 CBETA, T18, no. 899, p. 780, a。
[47] 參《最勝佛頂陀羅尼淨除業障咒經》卷 1。詳 CBETA, T19, no. 970, p. 360, c。
[48] 參《最勝佛頂陀羅尼淨除業障咒經》卷 1。詳 CBETA, T19, no. 970, p. 359, c。
[49] 參《佛頂尊勝陀羅尼別法》卷 1。詳 CBETA, T19, no. 974F, p. 397, a。

《不空羂索神變真言經》之〈三三昧耶像品〉云：

一切「地獄趣」、一切「餓鬼趣」、一切「傍生趣」，一時震動，遇「大光明」，

出大吼聲，除滅彼諸一切有情種種「罪苦」，一時解脫，捨「惡趣身」，則

得「生天」。[50]

《三種悉地破地獄轉業障出三界祕密陀羅尼法》云：

瑜伽事法約有千條，略述少分，口開舌舉震法界宮，蓮華藏世界如來出

定，即以摧破「地獄」，轉業障，出三界。[51]

《觀自在菩薩隨心咒經》中的〈破地獄印第三十七〉云：

作此印時，「地獄門」開，受苦眾生一時解脫。「焰摩羅王」心生歡喜。[52]

　　屬於「經典」的記載也有很多，有的是因「佛光、菩薩光」而讓「三惡

道」眾生獲得「解脫」，超昇到「天上」去，有的是佛菩薩的願力而讓「三

惡道」眾生全部獲得「解脫」，如下經文所舉：

《大方廣如來藏經》云：

是彼諸世界中一切有情，墮于「地獄、傍生、閻魔羅界、阿蘇羅趣」者，

由彼菩薩身「光明」照，光纔觸已，一切皆捨「惡趣之身」，生於「人天」。

[53]

---

[50] 參《不空羂索神變真言經》卷8〈三三昧耶像品 9〉。詳 CBETA, T20, no. 1092, p. 266, b。

[51] 參《三種悉地破地獄轉業障出三界祕密陀羅尼法》卷1。詳 CBETA, T18, no. 905, p. 909, b。

[52] 參《觀自在菩薩隨心咒經》卷1。詳 CBETA, T20, no. 1103a, p. 460, b。

[53] 參《大方廣如來藏經》卷1。詳 CBETA, T16, no. 667, p. 465, a。

《大方廣佛華嚴經》之〈入法界品〉云：

或復見其處「閻羅界」，放大光明，救「地獄」苦；或見在於「餓鬼」之處，施諸飲食，濟彼飢渴；或見在於「畜生」之道，種種方便，調伏眾生。[54]

《大方廣入如來智德不思議經》云：

從一佛剎，至一佛剎，能救「地獄、餓鬼、畜生、閻羅王界」諸苦眾生。[55]

《思益梵天所問經》之〈序品〉云：

佛以此「光」能滅「地獄眾生」苦惱；又如來光名曰「上慈」，佛以此光能令「畜生」不相惱害；又如來光名曰「涼樂」，佛以此光能滅「餓鬼」飢渴熱惱。[56]

　　諸佛菩薩還有一種「不可思議」力量，就是也能把「中陰」眾生直接讓他證入「涅槃」的大願力(但這已不屬於採取「佛事功德」而迴向「亡靈」的超度方式)，如《中陰經》上說：「如來捨身壽命，現取滅度，入於『中陰』教化眾生。」[57]以這種度化眾生的方式就名為「中陰救度」。[58]在《最勝問菩薩

---

[54] 參《大方廣佛華嚴經》卷 79〈入法界品 39〉。詳 CBETA, T10, no. 279, p. 435, b。

[55] 參《大方廣入如來智德不思議經》卷 1。詳 CBETA, T10, no. 304, p. 927, c。

[56] 參《思益梵天所問經》卷 1〈序品 1〉。詳 CBETA, T15, no. 586, p. 33, c。

[57] 參《中陰經》卷 1〈1 如來五弘誓入中陰教化品〉。詳 CBETA, T12, no. 385, p. 1058, c。

[58] 「中陰救度」其實就是《西藏生死書》的另一譯名，諸如名為❶《中有聞教得度密法》。1945 年本。這本是 1945 年的趙洪鑄的譯本，但現有的譯本又改名為《中陰聞教救度大法》，故舊的《中有聞教得度密法》改以 1945 年本稱之。❷《中陰教授：死亡與轉生之道》（Bardo Teachings：The Way of Death and Rebirth）此書作者是羅德喇嘛。譯者為林慧卿。台北圓明出版社。1996 年出版。❸《中有大聞解脫》。2000 年出版。作者是蓮花生大士。譯者為許明銀。佛哲書舍有限公司。2000 年出版。❹《白話本西藏中陰度亡經：中陰聽聞救度教誡即得大解脫秘法》。作者為蓮華生大師。譯者為蔡東照。曼尼文化。2003 年出版。

十住除垢斷結經》中還說當時聽此法座有「九萬眾生」及「十一那術天人，及諸天龍鬼神」皆向佛祈求；希望世尊在未來世能使「人道、天道」的「中陰身」眾生直接證入「無為」，讓原本是「人道、天道」的「中陰身」眾生當下就轉生成為「佛土境界」，大眾皆能同時得道，甚至直接成佛，如經云：

> 唯願世尊，使將來世生「人、天」中陰，「佛土境界」即於彼處受「無為證」，同日同時，共一國土……爾時世尊告阿難曰：汝今見此九萬眾生，十一那術天人，於此命終，皆當往生微塵空界「中陰」，已生「中陰」；各各以次「成佛」，皆同一號，號無色如來……純以「菩薩」以為翼從。[59]

從經中可發現諸佛世尊是以度化「中陰身」眾生直接「成佛」為終極目標(這些都不屬於後「佛事功德」而迴向「亡靈」的超度方式)，甚至如果「中陰身」已投生進入「胎中」，只要在此眾生「未出世」之前，仍具有逆轉勝「起死回生」的「因緣」。在《法句譬喻經》內就有這麼一個例子，往昔有位「天帝釋」[60]在命終時自知己將轉世為「驢」，此「天帝釋」很有善根，心中一直默念著唯有佛陀才能救濟轉化這個「畜生劫」，於是「天帝釋」奔馳到佛處所，見了佛陀馬上頂禮，而且非常虔誠的念誦著「三皈依文」，就在「天帝釋」頂禮佛陀未起身之際，就忽然命盡，然後轉投到母驢胎去。當時這位母驢竟然自己解開繩子，然後亂走而破壞了主人的「磚瓦陶器」，當時主人大怒立刻鞭打這隻母驢，結果傷到母驢的胎兒而死亡，此時「天帝釋」的「中陰身」就立刻返回天官，重新復原成「五德」[61]具足的「天帝

[59] 參《最勝問菩薩十住除垢斷結經》卷9〈24 道智品〉。詳 CBETA, T10, no. 309, p. 1036, a。

[60] 「天帝釋」梵名作 Śakra Devānām-indra。音譯為「釋迦提桓因陀羅」。略稱「釋提桓因、釋迦提婆」。又譯作「天帝釋、天主」，也有「因陀羅、憍尸迦、娑婆婆、千眼」等異稱。

[61] 「五德」其實就是指天人原本擁有的五種「威德」，但這五種「威德」在天人即將臨

釋」，最後在聽完佛陀的偈頌後就證得初果「須陀洹」。[62]

　　由上文所舉的經論可知眾生「中陰身」獲救的方式千變萬化，可在「特殊因緣」下而改投生到另一道去，也可被諸佛菩薩於「中陰身」中救度而直成「涅槃」，甚至已經「入胎」仍能「起死回生」而被救度。所以早期的佛典說只能有「餓鬼道」才能接受「福德超薦」，這應該是「原則」問題，但到了大乘經典與密咒就連「地獄、畜生」道都能接受「福德超薦」與「功德迴向」。可見佛法是「不可思議」的「法無定法」，[63]這在《增壹阿含經》上佛有明確的說「四種不可思議」的事，第一就是「眾生不可思議」，因為眾生從何而來？從何而去？命終後又從何而生？都是屬於「眾生不可思議」的地方。如《增壹阿含經》所云：

> 爾時，世尊告諸比丘：有四事終不可思議。云何為四？
> 「眾生」不可思議、「世界」不可思議、「龍國」不可思議、「佛國」境界不可思議。所以然者，不由此處得至「滅盡涅槃」。

終時就會變成「五衰」，即所謂的「天人五衰」。如《佛本行集經》卷35〈38 耶輸陀因緣品〉云：「時忉利天有一『天子』，『五衰』相現，不久定當墮落世間。五衰相何？一者彼天頭上妙花，忽然萎黃；二者彼天，自身腋下，汗汁流出；三者彼天，所著衣裳，垢膩不淨；四者彼天，身體威光，自然變改；五者彼天，常所居停，微妙寶床，忽然不樂，東西移徙」。詳 CBETA, T03, no. 190, p. 815, b。

62 以上故事內容可參閱《法句譬喻經》卷1〈1 無常品〉云：「昔者天帝釋五德離身，自知命盡當下生世間，在陶作家受驢胞胎……自念三界之中，濟人苦厄唯有佛耳，於是奔馳往到佛所。時佛在耆闍崛山石室中，坐禪入普濟三昧。天帝見佛，稽首作禮伏地，至心『三自歸命』佛法聖眾，未起之間其命忽出，便至陶家驢母腹中作子。時驢自解走瓦坏間破壞坏器，其主打之，尋傷胎，其神即還入故身中，五德還備復為天帝……爾時世尊以偈頌曰……帝釋聞偈，知無常之要，達罪福之變，解興衰之本，遵寂滅之行，歡喜奉受得須陀洹道」。詳 CBETA, T04, no. 211, p. 575, b-c。

63 「法無定法」乃大乘經典常見之處，例如《小品般若波羅蜜經》卷1〈初品 1〉云：「一切法無定故。」詳 CBETA, T08, no. 227, p. 539, c。如《大寶積經》卷27云：「一切諸法無定主故。」詳 CBETA, T11, no. 310, p. 148, c。如《大般涅槃經》卷31〈迦葉菩薩品 24〉云：「是故如來說一切法無有定相。」詳 CBETA, T12, no. 375, p. 809, b。

云何「眾生」不可思議？此「眾生」為從何來？為從何去？復從何起？從此「終」當從何生？如是「眾生」不可思議。[64]

這四種的「不可思議」在其餘的經典也可見，如《大方便佛報恩經》云：「當知如來不可思議，世界不可思議，業報不可思議，眾生不可思議。」[65]及《佛說仁王般若波羅蜜經》云：「佛身不可思議，眾生身不可思議，世界不可思議。」[66]「佛力」既然有這種「不可思議」力量，那麼連「地獄、畜生」道都能接受「福德超薦」與「功德迴向」的「救拔」或「超度」就不足為奇了。

---

[64] 參《增壹阿含經》卷 21〈苦樂品 29〉。詳 CBETA, T02, no. 125, p. 657, a。

[65] 參《大方便佛報恩經》卷 1〈孝養品 2〉。詳 CBETA, T03, no. 156, p. 128, a。

[66] 參《佛說仁王般若波羅蜜經》卷 2〈散華品 6〉。詳 CBETA, T08, no. 245, p. 831, a。

第五節　對亡靈應多持誦《佛說無常經》

唐‧<u>義淨</u>(635〜713)大師曾譯有《佛說無常經》[元、明本]，此經亦名《三啟經》。這部經在最近幾年來非常的流行，已被列入為「臨終亡者」必誦的一部經典，為何《佛說無常經》對臨終亡者有那麼重要？因為經典有云：

請一「苾芻」、能讀經者，昇於法座，為其亡者讀《無常經》。[67]

<u>義淨</u>於《南海寄歸內法傳‧卷二》中又云：

親友咸萃，在一邊坐，或結草為座，或聚土作臺……以充坐物，令一能者，誦《無常經》，半紙、一紙，勿令疲久。[68]

經文的意思是說，如果有人去逝，我們要找一位「有能力的人」到亡者的旁邊誦《無常經》，這個「有能力的人」，最好是「法師」來帶領，如果沒有「法師」的話，則亦可請會誦經的善知識、大德居士、或親眷代誦亦可。至於要誦《無常經》多少遍呢？因為經文很短很少，所以至少誦一遍以上，若能誦多遍，或 108 遍則更好。因為人剛斷氣時，他的「智慧」與「領悟能力」是他生前的 9 倍之多(據《西藏度亡經》所言)。就算亡者生前是「愚鈍」或「植物人」，但在「中陰身」的此時，他的「神識」會非常的清醒，思想也非常的靈敏，所以這時候如果教導他什麼內容，他都能具有「修習智慧」、及吸收「開導、開示」的能力，所以在「此時」為亡者作法事、開示，效果都是最大的。

---

[67] 參《佛說無常經》。詳 CBETA, T17, no. 801, p. 746, c。
[68] 參《南海寄歸內法傳》，卷二。詳 CBETA, T54, no. 2125, p. 216, c。

　　網路上有一項針對 100 個「晚期癌症」病人的調查顯示：[69]在死前的「一個星期」，有 56%的病人是清醒的，有 44%都在嗜睡中，但沒有一個處於「無法交流」的「完全昏迷」狀態。但當進入死前最後 6 小時，清醒者僅佔 8%，92%處於「嗜睡」狀態，一般人都會進入「昏迷」。所以家屬應抓緊與病人「交流」的合適時間，不要等到最後而措手不及。底下謹附上《無常經》的全文與相關註解如下，不再以「學術論文」方式撰寫。

讚　頌

稽首歸依「無上士」(anuttara 佛十名號之一，又作無上、無上丈夫)，常起弘誓(弘大誓願)大悲心，為濟有情生死流(生死輪迴的流轉)，令得「涅槃」安隱處。

大捨(財施、法施、無畏施等)防非(防身口意三非)忍(忍辱)無倦，一心方便正慧力，
自利利他悉圓滿，故號「調御、天人師」。

稽首歸依「妙法藏」(微妙佛法藏典)，
(佛所教導之)三四(❶四念處：身念處、受念處、心念處、法念處。❷四正勤：已生惡令永斷、未生惡令不生、未生善令生、已生善令增長。❸四如意足：欲如意足、精進如意足、念如意足、思惟如意足)
二五(❶五根：信根、精進根、念根、定根、慧根。❷五力：信力、精進力、念力、定力、慧力)理圓明，
七(七覺支：擇法覺分、精進覺分、喜覺分、輕安覺分、捨覺分、定覺分、念覺分)
八(八正道：正見、正思惟、正語、正業、正命、正精進、正念、正定)能開「四諦門」(苦、集、滅、道)，(能令)修者咸到「無為岸」(無為涅槃之彼岸)。

(佛之)法雲法雨潤群生，能除熱惱(焦熱苦惱；煩惱)蠲除(蠲除)眾病，
(能令)難化之徒使調順，(能)隨機引導非(採用)強力(強橫暴力)。

---

[69] 參網址：http://www.buzzhand.com/post_433744.html。

稽首歸依「真聖眾」(真實聖賢之大眾)，(例如)八輩(聲聞依其修行之淺深而分四階之果位及其向道。即預流向、預流果、一來向、一來果、不還向、不還果、阿羅漢向、阿羅漢果等四對八種)上人(對智德兼備而可為眾僧及眾人師者之高僧的尊稱)能「離染」。

(諸聖賢大眾執持)金剛智(vajra-prajñā，堅固不壞之智體，此智能破除「煩惱習氣」，猶如金剛之摧毀諸物，故稱金剛智)杵破邪山，永斷無始相纏縛(纏結繫縛之業)。

(釋尊的教化)始從鹿苑(Mṛgadāva，釋尊成道後初轉法輪之地)至雙林(Kuśinagara，中印度之都城或國名，為佛陀入滅之地)，(諸聖賢大眾)隨佛一代弘真教(弘揚真實的法教)，

(諸聖賢大眾)各稱本緣(本生度化眾生之因緣)行化(遊行教化眾生)已，(最終皆能證得)灰身滅智(又作「無餘灰斷、焚身灰智」，略稱「灰滅、灰斷」。將肉身焚燒成灰，將心智滅除之意，亦即將身心悉歸於「空寂無為」之涅槃界)寂(寂滅)無生(涅槃)。

稽首總敬三寶尊(以上總共皈依了佛法僧三寶)，是謂正因(指歸依三寶是正因)能普濟(普遍的救濟)，(歸依三寶能於)生死迷愚(迷惑愚癡)鎮(鎮壓而令解脫)沈溺，咸令出離至菩提。

生者皆歸死，容顏盡變衰，強力病所侵，無能免斯(此)者。

假使妙高山，劫盡皆壞散，大海深無底，亦復皆枯竭，

大地及日月，時至皆歸盡(導歸滅盡)，未曾有一事，不被無常吞。

上至「非想處」(非想非非想處)，下至轉輪王，(就算擁有)七寶(總稱轉輪聖王所擁有之七種寶。即：輪寶、象寶、馬寶、珠寶、女寶、居士寶[主藏寶]與主兵臣寶[將軍])鎮隨身，(擁有)千子

常圍遶，如其壽命盡，須臾不暫停，還漂死海中，隨緣受眾苦。

循環三界內，猶如汲井輪(ghatīyantra，又作汲水輪，以汲井輪之輪轉不絕，比喻生死輪迴之相續無窮)，亦如蠶作繭，吐絲還自纏(通「縛」)。

無上諸世尊，(以及)「獨覺、聲聞」眾，(佛陀與二乘者)尚捨「無常」身，何況於「凡夫」？

父母及妻子，兄弟并眷屬，目觀(放眼所觀)生死隔(隔閡)，云何不愁歎？

是故勸諸人，諦聽真實法，共捨「無常」處，當行「不死門」(指入涅槃之門)。

佛法如甘露，除熱得清涼，一心應善聽，能滅諸煩惱。

正 文

如是我聞：一時薄伽梵在室羅伐城(Śrāvastī)逝多林給孤獨園(Jetavana-anāthapindasyārāma，位於中印度 憍薩羅國舍衛城之南；略稱「祇園或祇樹、祇園精舍、祇洹精舍、祇陀林、逝多林」)。

爾時佛告諸苾芻：「有三種法，於諸世間是「不可愛」(不令人獲敬愛喜愛)、是「不光澤」(不令人獲光彩明澤)、是「不可念」(不令人獲憶念執持)、是「不稱意」(不令人獲稱心如意)。

何者為三？謂：老、病、死。

汝諸苾芻，此「老、病、死」，於諸世間實「不可愛」(不令人獲敬愛喜愛)、實「不光澤」(不令人獲光彩明澤)、實「不可念」(不令人獲憶念執持)、實「不稱意」(不令人獲稱心如意)。

若「老、病、死」，(於諸)世間「無者」(沒有發生的話)，(則)如來‧應‧正等覺(即)不出(現)於(五濁惡)世，(而)為諸眾生說「所證法」(所能證得涅槃之法)及「調伏事」(如何調和與降伏身口意三惡業；調教降伏)。

是故應知此「老、病、死」，於諸世間是「不可愛」、是「不光澤」、是「不可念」、是「不稱意」。

由此三事(老、病、死)，(故)如來‧應‧正等覺(即)出現於(五濁惡)世，(乃)為諸眾生說「所證法」(所能證得涅槃之法)及「調伏事」(如何調和與降伏身口意三惡業；調教降伏)。

爾時世尊重說頌曰：

「外事」(外相諸事)莊(通「粧」)彩咸歸壞，「內身」(內在身心)衰變亦同然，
唯有勝法(殊勝之法)不滅亡，諸有智人應善察。

此「老、病、死」皆共嫌(共同嫌棄)，(吾人色身之)形儀(形體儀容)醜惡極可厭(令人厭惡)，少年容貌暫時住，不久咸悉見枯(萎)羸𤄃(憔悴瘦弱)。

假使壽命(能)滿百年，終歸不免無常逼(迫)，「老、病、死」苦常隨逐，恒與眾生作「無利」(無有任何利益)。

爾時世尊說是經已，諸苾芻眾、天、龍、藥叉、捷闥婆、阿蘇羅等，皆大歡喜，信受奉行。

迴向文

《佛說無常經臨終方訣首》但無首題【元本】。
《臨終方訣首》【明本】

(眾生)常求諸「欲境」(五欲樂境)，不行於「善事」，云何保「形命」(形體身命)，不見死來侵(侵奪)？

(死亡來臨時)「命根」氣欲盡，支(通「肢」)節悉分離，眾苦與死俱，此時徒歎恨(嘆息怨恨)。

(死亡來臨時)「兩目」俱飜(通「翻」)上，死刀(死亡之刀將)隨業(隨著業力而)下，意想(心意諸念想)並悸 惶(恐懼驚惶)，無能相救濟。(你將遭)長喘(長氣的喘息)連胸急(胸中氣急)，短(嗌)氣喉中乾，

(此時)死王(閻魔羅王)催(催逼)伺(窺伺)命，親屬徒(白白徒然的與你)相守。諸識(八個識)皆昏昧(昏迷闇昧)，(一個人將)行入「險城」(險厄怖城)中，

親知(親友知識)咸棄捨(遠離棄捨你)，(你只能)任彼「繩」(業力之繩)牽去。(你)將至「琰魔王」(的處所報到)，隨業(隨著業力)而受報(遭受果報)，

(若造)「勝因」生「善道」，(若造)「惡業」墮「泥犁」(naraka 地獄道、地獄趣、地獄有、地獄界)。
(最大的)「明眼」無過(無有超過)「慧」，(最大的)「黑闇」不過(沒有超過)「癡」，
(最大的)「病」不越(沒有超越)「怨家」，(最極的)「大怖」無過(無有超過)「死」。

有「生」皆必「死」，「造罪」(造作罪業所受之諸)苦「切身」(親身逼迫著你)，
當勤策(精勤鞭策勉勵自己的)「三業」(身口意三業)，恒修於「福、智」。

(所有的至親)「眷屬」皆捨(你而)去，(你的)「財貨」(也將)任他將(拿;持)，
但(執)持自「善根」，(你生前所修的諸善根，將於)「險道」充(當)糧食。

(人的一生遭遇)譬如路傍「樹」，(你只能)暫息(暫時停息)非久停，
(所有五欲樂事)「車馬」及「妻、兒」，「不久」皆如是。

譬如群宿(整群夜宿)鳥，夜「聚」旦隨「飛」(亦如「夫妻本是同林鳥」一般，大難來時各自飛)，
死去別「親知」(親友知識)，乖離(乖背別離)亦如是。

唯有「佛菩提」，是真「歸仗」(歸依仰仗)處，依經我略說，智者善應思。

天、阿蘇羅、藥叉等，來聽法者應至心，(天龍八部)擁護佛法使長存，各各
勤行世尊教(世尊所遺留下來的教誨)。

諸有聽徒(聽法徒眾)來至此，或在地上或居空，(天龍八部)常於人世(人間世間)起
慈心，晝夜自身依法住。

願諸世界常安隱，無邊福智益群生，所有罪業並消除，遠離眾苦歸圓寂。

恒用「戒」香塗瑩體(晶瑩潔白之軀體)，常持「定」服以資身(資養自身)，
菩提妙華遍莊嚴，隨所住處常安樂。

第六節　必須為亡者「追福」，供佛請僧，讀誦經典的功德迴向

　　佛經中有明確說要為「亡者」作「福德」的經文，最早應該是三國吳·支謙(222～253 年間譯經)的《撰集百緣經》譯文，內容是說波斯匿王有一位善愛婇女，因為她生前具「大慳貪」，所以命終後就轉生為「曠野餓鬼」，躲在一顆樹下。後來善愛「餓鬼」又碰到了波斯匿王，善愛就要求波斯匿王是否能為他辦一個「供佛齋僧」的「施設大會」？來為自己「設福、增長福德」；以脫離「餓鬼」之身？後來波斯匿王就為善愛舉辦「供佛齋僧」大會，在「功德迴向」之後，佛陀還親自為善愛講法，最終善愛因此證得「初果」須陀洹果。這是透過「供佛齋僧」的「設福」而將善愛「餓鬼」完全「超度」到初果羅漢的「解脫」境界，原經文如下所舉：

> 時彼城中波斯匿王，后宮婇女，名曰善愛。年在老邁，極大慳貪，不好惠施……命終，生曠野中，在一樹下，食果飲水(指成為「鬼道」眾生)，以自存活……
> 唯願(波斯匿)大王慈哀憐愍，為我(指善愛)設「供」，請「佛及僧」，使我脫此「弊惡之身」。(波斯匿)王即問言：為汝(指善愛)「設福」，可得知不？
> 彼人(指善愛)答言：「設福」必得……尋即為設「請佛及僧」……佛為(善愛)說法，得「須陀洹果」[70]

　　接下來就是晉·法炬(308 年參加譯經)共法立(290～311 年間譯經)譯《法句譬喻經》的內容，經云：

> 佛告大王……夫為孝子，哀愍亡者，為「福」為「德」，以歸流之(福德

---

[70] 參《撰集百緣經》卷 3〈授記辟支佛品 3〉。詳 CBETA, T04, no. 200, p. 214, c。

如大海般的流向「亡者」)。**福祐**(賜福保佑)**往追**(追念已過往者)，**如餉玉 遠人**(就像送飯食給遠方的人一樣)。⁷¹

經文說一位「孝子」，為了哀愍「亡者」，應該要為亡者「**為福為德**」的做功德。再來就是可能為東晉・帛尸梨蜜多羅(Po -śrīmitra？~343 年)的「後人」⁷²所造的《佛說灌頂隨願往生十方淨土經》經文內容，經文也說要為「亡者」多「修福」，方法包括「**轉讀尊經、燒香、燃燈**」等，還要為亡者「**稱其名號**」，類似現代佛寺為亡者所立的「牌位」方式，如下經所云：

> 普廣菩薩復白佛言：若四眾男女。若命「未終」，若「**已終**」者。我今當**勸修諸福業**，得生十方諸佛刹也。
>
> 佛言：善哉！普廣菩薩摩訶薩，隨意教導十方人也。普廣菩薩語四輩言：若人「臨終、未終」之日，當為「燒香」燃「燈」續明。於塔寺中表刹之上，懸命過幡，**轉讀尊經**，竟「三七日」。所以然者？命終之人，在「中陰」中，(有些狀態是會)身如「**小兒**」，**罪福未定**，應**為修福**。願亡者「神」(指神識)使生十方無量刹土，承此功德必得往生……
>
> **為亡者修福**，如餉玉 遠人，無不獲果。譬如世間犯罪之人，心中思維，望諸親屬，求諸大力，救其危厄。今日「燒香」，(祈)望得解脫，(吾人須)**為亡者稱其「名號」**(稱唸亡者的名號，即今日所謂「立亡者牌位」，而呼其名字)，(代亡者)**修諸功德**。以福德之力，緣是解脫，亦復如是，徑生「十方」，無願不得。⁷³

---

⁷¹ 參《法句譬喻經》卷 1〈無常品 1〉。詳 CBETA, T04, no. 211, p. 575, c。
⁷² 《灌頂經》被疑為中國梁代以前所作之「偽經」，《灌頂經》的「後三卷」：《佛說灌頂梵天神策經》、《佛說灌頂隨願往生十方淨土經》、《佛說灌頂拔除過罪生死得度經》可能都是帛尸利蜜多羅的「後人」所附加進去。以上可參閱洪啟嵩《如何修持藥師經》一書，台北全佛文化出版。2003 年 10 月，頁 212~213。
⁷³ 參《佛說灌頂經》卷 11。詳 CBETA, T21, no. 1331, p. 530, a。

　　「為亡者稱其名號」的方式在東晉・聖堅所譯的《佛說除恐災患經》也有相同說法，如云：「餓鬼報佛言：或有世間，父母親里，『稱其名字』(稱唸亡者的名號，即今日所謂「立亡者牌位」，而呼其名字)，為(已亡者)作『追福』者，便小得食(稍為少少的能獲得飲食)。不(不為亡者)『作福』者，不得飲食。」[74]在《法苑珠林》及《諸經要集》中更說為亡者所做的「幡」必須要書寫上亡者的「姓名」，因為「亡靈」知道自己的名字，就會尋著「名字」來進入這個「做法會」的道場內，如云：

　　問曰：何須「幡」上書其「姓名」？
　　答曰：幡「招魂」，置其「乾地」，以「魂」識其「名」，尋「名」入於「闇
　　　　　室」，亦投之於「魄」，或入於重室……[75]

　　接下來就是姚秦・竺佛念(365～384年間譯經)譯的《出曜經》，經文也說要為亡者「作福」，因為這個「福」可以追上「魂靈」，可以「福祐助人」，如經云：

　　佛告大王，世皆有是，無長存者，皆當歸死，無有脫者……空為悲
　　戀亡者。為「福」不惓(不感疲倦)，「福」追「魂靈」，如餉遺田夫(就像送飯食
　　給農夫一樣)。王由此緣，廣設「福業」，「福祐」助人，如憑強杖。[76]

　　同時代還有北涼・曇無讖(385～433)所譯的《優婆塞戒經》，裡面也有「為亡追福」的字眼，如經云：

---

[74] 參《佛說除恐災患經》卷1。詳 CBETA, T17, no. 744, p. 554, c。
[75] 參《法苑珠林》卷97。詳 CBETA, T53, no. 2122, p. 999, b。及《諸經要集》卷19。詳 CBETA, T54, no. 2123, p. 178, c。
[76] 參《出曜經》卷3〈無常品 1〉。詳 CBETA, T04, no. 212, p. 621, b。

是人「祀ㄙ」已(指作祀的施主本人)，亦得「福德」，何以故？

令彼「受者」生「喜心」故，是祀「福德」能「護身財」(這種祠祀的福德能護衛自己身體平安、財源不漏)……若欲祀ㄙ者，應用「香花、乳酪、酥藥」。

為亡追福，則有三時。春時「二月」，夏時「五月」，秋時「九月」。[77]

另一部是由劉宋・沮渠京聲(？～464)居士所譯的《佛說五無返復經》，經云：

我聞佛說，如病得愈，如盲得視，如闇遇明。於是梵志，即得道跡。一切死亡，不足啼哭。欲為「亡者」，請「佛及僧」，燒香供養，讀誦經典。能日日作禮，復志心「供養三寶」，最是為要。於是梵志，稽首作禮，受教而去。[78]

《佛說五無返復經》也同樣出現要為「亡者」去做「供佛齋僧」的「施設大會」，但後面出現了「讀誦經典、供養三寶」八個字，也就是原本為「亡者」所做的功德只有「供佛齋僧」，但到了劉宋時代譯出的《佛說五無返復經》就明確出現還要多做「讀誦經典、供養三寶」的功德迴向給亡者。梁・寶唱(505 年譯經)的《經律異相》之〈薄拘羅持一戒，得五不死報第八〉中記載了一個故事，就是有一位繼母因為很討厭前妻生的小孩，於是就把前妻生的小孩丟入深水，讓魚吃掉而死，在小孩亡後的第七天，父親便為小兒舉辦一場「供佛齋僧」的「施設大會」，就在法會結束後，這父親買到一條魚，然後用車子將魚載回家，回家後準備剖開魚腹時，裡面竟然有位小兒開口說話：莫傷兒頭。雖然這只是個「故事」，但裡面也

---

[77] 參《優婆塞戒經》卷 5〈雜品 19〉。詳 CBETA, T24, no. 1488, p. 1059, c。

[78] 參《佛說五無反復經》卷 1。詳 CBETA, T17, no. 751a, p. 573, c。另一版本為《佛說五無返復經》卷 1。詳 CBETA, T17, no. 751b, p. 574, b。

同樣提到要為「亡者」做「供佛齋僧」的「施設大會」。原經文如下所舉：

（此繼母）後詣河邊浣系 衣（洗衣），（便）擲（此兒於）深水中，（此兒便）為魚所吞。
經于七日，父請「眾僧」，為（供僧而）「設大會」（施設供僧法會）。（此父便）買得
一魚，（用）車載歸家，欲破「魚腹」（之時）。（魚腹裡面的）兒言：徐徐！莫
傷兒頭。此兒先受「不殺」一戒，今得五種不死（出《譬喻經》）。[79]

最後是唐・道世(？～683)所撰的《法苑珠林》的資料記載，內容說有
五百位已投生「餓鬼」的陽世親人為他們「作福行」，後來這些「餓鬼」們
在獲得「功德迴向」後便得到某些程度上的「解脫」，於是這五百餓鬼就「載
歌載舞」起來。而另外有位「好人家」的兒子或親屬只為家中「亡者」作殺
害的事，沒有為「亡者」廣作「福行」，後來便遭受「大火」來逼害這個「亡
者」的「好人家」裡面，因為他們採取殺生，並沒有為亡者作「福田功德」
而感召的「業報」，《法苑珠林》的記載如下：

又《譬喻經》云：佛與阿難，到河邊行，見五百餓鬼「歌吟」而行。
復見數百「好人」啼哭而過。
阿難問佛：鬼何以「歌舞」？人何以「歌吟」？
佛答阿難：餓鬼家「兒子親屬」，為其「作福行」（指餓鬼家的兒子或親屬為這
餓鬼作福田），得解脫，是以「歌舞」。
「好人家」兒子親屬，唯為「殺害」（指好人家的兒子或親屬只為亡者作殺害之事，此
理同《地藏經》），無有「與作福德之者」（沒有為亡者作福德諸事）。後大火逼之
（後來遭受大火來逼害這個亡者的好人家裡，因為他們都殺生，沒作福田功德），是以「啼哭」
也。[80]

---

[79] 參《經律異相》卷37。詳 CBETA, T53, no. 2121, p. 201, a。
[80] 參《法苑珠林》卷62。詳 CBETA, T53, no. 2122, p. 755, a。及《諸經要集》卷19。
詳 CBETA, T54, no. 2123, p. 183, c。

　　上述所舉的經典，從最早三國吳·支謙(222～253 年間譯經)《撰集百緣經》開始，後面的晉·法炬(308 年參加譯經)共法立(290～311 年間譯經)《法句譬喻經》、東晉·帛尸梨蜜多羅(？~343 年)的「後人」所造《佛說灌頂隨願往生十方淨土經》、姚秦·竺佛念(365～384 年間譯經)譯《出曜經》、北涼·曇無讖(385～433)《優婆塞戒經》、劉宋·沮渠京聲(？～464)《佛說五無返復經》……等，至少有六部經典以上，內容都是說要為亡者「追福、供佛請僧、讀誦經典、供養三寶」的功德迴向內容。

　　到唐代以後，這類的經論就愈來愈多，例如唐·道世(？～683)《法苑珠林》、唐·義淨(635～713)譯的《佛說無常經》、唐·實叉難陀(652～710)譯的《地藏菩薩本願經》……等，都有很多針對亡者作福誦經的內容經文。

　　在唐·道世(？～683)《法苑珠林》還有記載對不認識的人作「設福、供佛請僧、誦經持咒」的功德迴向，仍會有效嗎？答案是「有效的」。《法苑珠林》故事的內容說有一位「賢者」路過一位夫妻的屍體，但這對夫妻已轉世成為「餓鬼」了，這位「賢者」就發心為這對夫妻做很多功德的迴向，最終這對夫妻就解脫「餓鬼」身，然後改投生到「天上」了，當然只是到「天上」，也沒有被「超度」到「了脫生死輪迴」的境界。故事如下所述：

又《宿願果報經》云，昔有婆羅門夫婦二人，無有兒子，財富無數。臨壽終時自相謂言：各當「吞錢」以為資糧。其國俗法(那個國家的葬亡俗法)，死者「不埋」(不土葬)，但著樹下(此即謂「樹葬」之法也)。各吞五十金錢，身爛錢出(結果身體爛了，錢就從嘴裡掉了出來)。
國中有一「賢者」，行見愍之(路過看到，悲愍他們這對夫婦)，自然流淚，傷其

「慳貪」(對他們前世慳貪而招感的餓鬼罪業傷心)，取為「設福」(於是這位「賢者」代為「設福」、作功德)，請「佛」及「僧」，盡心「供辦」(幫他作福，供佛、供僧，樣樣都辦)。擎飯(持飯、取飯)佛前，稱名咒願(稱念佛名及祈禱祝福)。

時「慳夫婦」(原本遭)受「餓鬼苦」，即生「天上」。為請四輩(指比丘、比丘尼、優婆塞、優婆夷等出家、在家之男女)。時生天者(指那對慳貪夫婦)，即「得天眼」，知為作福(知道是那位「賢者」幫他們作福所得的「不可思議功德」)。[81]

　　雖然為「不認識」的亡者作功德，對方仍可獲得功德迴向，但有兩部經都說，為別人修福迴向，如果有七分功德，亡者只能獲得「一分」，其餘「六分」還是歸於「作功德者本人」。如東晉・帛尸梨蜜多羅譯《佛說灌頂隨願往生十方淨土經》云：

卒得病苦緣此命終。或墮在三塗八難之中。受諸苦惱無有休息。父母兄弟及諸親族。為其修福，為得福不？
佛言：普廣！為此人修福，七分之中為獲一也。何故爾乎？緣其前世不信道德。故使福德「七分獲一」。[82]

另一部是唐・實叉難陀(652～710)譯的《地藏菩薩本願經》云：

是命終人，了不得力，如「精勤護淨」奉獻佛僧。是「命終人」七分獲一。[83]

　　雖然被不認識的人作「設福、供佛請僧、誦經持咒」的功德迴向，還

---

[81] 參《法苑珠林》卷 62。詳 CBETA, T53, no. 2122, p. 755, a。及《諸經要集》卷 19。詳 CBETA, T54, no. 2123, p. 183, c。
[82] 參《佛說灌頂經》卷 11。詳 CBETA, T21, no. 1331, p. 530, a。
[83] 參《地藏菩薩本願經》卷 2〈利益存亡品 7〉。詳 CBETA, T13, no. 412, p. 784, b。

是會有靈驗；但如果一位在家居士，自己很「精進修道」，臨終死後，他的家眷不為他作功德，甚至竟然為他「殺生烹煮」造業祭拜，可是這位「精進修道者」並不受影響，因為最終他還是「昇天」了，絲毫不受陽間親人為他「造業」的果報，可見有時真的是「個人生死個人了」，不一定是靠在世的親人給他做了什麼「善」或「惡」的臨終「祭拜」模式。這樣的事情記載在後漢・支婁迦讖(147～？)所譯的《雜譬喻經》內，如經云：

> 昔有「賢者」奉法精進(此賢者乃自我精進修道者)。得病奄亡，妻子號戀，無聊(貧窮無依)有生。火葬收骨，埋去既訖。廢忘經道(妻子家人廢棄經典修道)，香燈不設。家財饒富，月旦(月初)晦朔(月底)，烹殺饌餚，上塚(墳墓)集會，相哭哀摧，悲悼斷絕。
> 亡者「戒德」(因此賢者修行的戒律德行)，終乃昇天。天眼遙見(用天眼看其家眷用殺煮葷食在祭拜他)，愍其笑之，愚癡之至。[84]

　　看完《雜譬喻經》這段故事，相信有些很多非「佛化家庭」的人應該感到「安心」了，因為很少家庭是「全部」都信佛修行的，所以如果您只是一個人在精進用功，那就不必太擔心臨終時會被「沒信佛」的家人給亂作「佛事」、亂「搞」了。個人因果個人了，個人福報個人修，只要您堅定要「了脫生死輪迴」與「求生西方的願望」，就不必太擔心「後事」問題了。

---

[84] 參《雜譬喻經》卷1。詳 CBETA, T04, no. 204, p. 499, c。

第七節　對亡者為何要用黃幡或黃紙的理由

　　在為亡者所做的法會佛事中，為何使用的都是「黃幡」或「黃紙」呢？其實這還是有經典根據的，在早期由三國吳・支謙(222～253 年間譯經)所譯的《撰集百緣經》中就提到當時有一古佛毘婆尸在涅槃後，有一位槃頭末帝王便舉辦一場「供佛齋僧」的「施設大會」，在法會上有一位發心的人在供養佛後，就布施了一條「長幡」，然後懸著在毘婆尸佛的「涅槃塔」上，並發願而去。結果此人於佛的「塔廟」前布施「長幡」的功德，便感召「九十一劫」都不墮入「三惡道」，且經常於天上人中，常有「幡蓋」覆蔭在他的身上。如下經所云：

> 吾當為汝分別解說，乃往過去九十一劫，波羅奈國，有佛出世，號毘婆尸，教化周訖，遷神涅槃。爾時有王，名槃頭末帝，收取舍利，造四寶塔，高一由旬(yojana「由旬」之音譯，1 由旬為 8 英哩，即約 12.872 公里)，而供養之。
> 時有一人，(於)施設大會(中)，(在)供養訖竟，(便)作一「長幡」，(然後)懸著「塔」上，(並)發願而去。緣是功德，(此人於)九十一劫，(都)不墮「地獄、畜生、餓鬼」。(於)天上人中，常有「幡蓋」，覆蔭(於)其(人之)上，受天快樂。[85]

　　這大概是為何在亡者追悼的法會中要懸掛「長幡」的由來，但也不是只有亡者的追悼法會才要掛，平常供養佛的道場也是可以掛「長幡」的，如唐・義淨(635～713)譯的《藥師琉璃光七佛本願功德經》就說：「造彼如來形像七軀，一一像前各置七燈，其七燈狀圓若車輪，乃至四十九夜，光明不絕；造雜綵幡四十九首，并一長幡四十九尺；放四十九生。如是

---

[85] 參《撰集百緣經》卷 7〈現化品 7〉。詳 CBETA, T04, no. 200, p. 238, b。

即能離諸厄難，不為諸橫、惡鬼所持。」[86]

接下來由東晉・帛尸梨蜜多羅(Po-śrīmitra ?~343 年)的「後人」[87]所造的《佛說灌頂隨願往生十方淨土經》就出現應該要為「亡者」去懸掛「黃幡」在他的墳塔上，這樣就可讓亡者獲得「福德」，然後遠離「八難苦」而能「超度」到十方諸佛淨土去，如經云：

> 普廣菩薩白佛言：世尊！若四輩男女，若臨終時，若已過命，是其亡七日，我今亦勸造作「黃幡」懸著剎上，使獲「福德」，離「八難苦」，得生十方諸佛淨土。幡蓋供養，隨心所願，至成菩提。[88]

到了元魏・般若流支(Prajñāruci 538~543 年間譯經)譯《正法念處經》中就開始說為何對「亡者」都要使用「黃色」呢？因為「青色」為「地獄道」所攝，「黃色」為「餓鬼」道所攝，「紅色」為「畜生」道所攝，「白色」為「天人」所攝。既然是「亡者」，此又跟「鬼」有關，所以我們可推出人死後所用的「幡」都會以「黃色」為主。如《正法念處經》云：

> 何者是「青」？「不善業」攝，「地獄」之人，入「闇地獄」，是「青生死」。比丘如是，緣於相想。
> 何者是「黃」？黃色業攝，生「餓鬼」中，互相加惡，迭共破壞。如是餓鬼，是「黃生死」。比丘如是，緣於相想。
> 何者是「赤」？赤業所攝，生「畜生」中。迭相食血，於血生愛，是

---

[86] 參《藥師琉璃光七佛本願功德經》卷 2。詳 CBETA, T14, no. 451, p. 415, c。
[87] 《灌頂經》被疑為中國梁代以前所作之「偽經」，《灌頂經》的「後三卷」：《佛說灌頂梵天神策經》、《佛說灌頂隨願往生十方淨土經》、《佛說灌頂拔除過罪生死得度經》可能都是帛尸利蜜多羅的「後人」所附加進去。以上可參閱洪啟嵩《如何修持藥師經》一書，台北全佛文化出版。2003 年 10 月，頁 212~213。
[88] 參《佛說灌頂經》卷 11。詳 CBETA, T21, no. 1331, p. 530, b。

「赤生死」。比丘如是，緣於相想。

何者是「白」？白色業攝，生於「天中」。彼人白業，善道寶價，賈天

人生……

如是天人，是「白生死」。比丘如是，緣於相想。[89]

為何一定要用「黃色的幡」的這個問題；這在唐・道世(？～683)所撰的《法苑珠林》中就有提出，筆者推測道世法師當年應該沒有見過《正法念處經》的經文，所以他才懷疑「懸黃幡於塚塔」上的道理是「未見經釋」的，但可「以義推求」而得知使用「黃色」是對的，他解釋的理由如下：

問曰：何故經中為亡人造作「黃幡」？掛於「塚塔」之上者？

答曰：雖未見經釋，然可以義求。此五大色中，「黃色」居中，用表「忠誠」，盡心修福，為引「中陰」不之「惡趣」，莫生「邊國」也。

又「黃色」像「金」，鬼神冥道，將為「金」用故。俗中解祠之時，剪「白」紙錢，鬼得「白錢」用。剪「黃」紙錢，鬼得「金錢」用。

問曰：何以得知？

答曰：《冥報記》、《冥祥記》，具述可知。[90]

道世法師認為「黃色」表示「忠誠」，主要功能可以引導亡者的「中陰身」不會墮入「惡趣」或投生到「邊地無佛法之國」去，而且「黃色」就像是「黃金」一樣，可以吸引鬼道眾生去使用這種「類似金色」的冥錢，最後道世說這個「依據」是引用了《冥報記》與《冥祥記》的說法。

---

[89] 參《正法念處經》卷 4〈生死品 2〉。詳 CBETA, T17, no. 721, p. 19, a。

[90] 參《法苑珠林》卷 36。詳 CBETA, T53, no. 2122, p. 568, c。及《諸經要集》卷 4。詳 CBETA, T54, no. 2123, p. 38, a。

在道世撰《法苑珠林》中還有一段故事記載為何鬼要用「黃色」的東西來引誘他，所以「幡」就應該使用「黃色」的才對。這段故事的來源指向《譬喻經》說的，故事大略說：有一個人在「地下室」放了很多米粟，後來被「盜賊」全盜走了，等到主人打開地下室時發現米粟全不見，只剩下一隻「大蟲」，後來主人就抓這隻「大蟲」審問，結果「大蟲」便說：你可以把我帶到大馬路上，有人會「認」出我的。結果主人就把「大蟲」帶到大馬路上，剛好有一位騎著「黃色馬」、穿著「黃色衣」的官人走來。黃官人就問「大蟲」你為何在這裡？後來主人才領悟到原來「大蟲」就是那位「盜賊」啊！而那位「黃官者」就是一位「黃金之精靈」啊！後來「大蟲」說：這位「黃金精靈」會回報你所遺失的米粟「價錢」。後來主人因丟了「米粟」，反而獲得「用之不盡」的「黃金精靈」。這段故事就被衍生成「黃色」是代表「誘人獲得功德寶」的意思。《法苑珠林》原經文如下所舉：

> 又《譬喻經》云：有人窖藏（貯藏物品的地下室）粟米，數百石多，時有「穀賊」盜「主人」粟米。（待主人）盡開「窖藏」（貯藏物品的地下室），（竟）不見一粒，主人唯見一蟲，身軀極大。
>
> （主人）捉得（此一大蟲）拷問：汝何以盜我粟米盡？汝是何神？
>
> 蟲報主人言：汝將我（帶）至四衢道路首，（會）有（人）識知我者。
>
> 主人取語，將（此大蟲帶）至「交首」（快到郊外之路頭時），道逢有「官」（官人），騎「黃馬」，著「黃衣」，車乘衣服皆同「黃色」。
>
> 「黃官」問蟲云：穀賊！汝何在此？主人方知（此大）「蟲」是「穀賊」。
>
> 主人又問：向（剛剛）乘馬「黃衣」是誰？
>
> 「穀賊」言：是「黃金之精」，以報主人「食粟米」之「直」（價錢）。（此）主人因此得「金」，用不可盡（意指主人雖喪失糧粟，但遇著黃衣、騎黃馬之「精靈」，反得大福報也，故「黃色」有誘人得功德寶之意）。
>
> 良由「人鬼趣別」，感見不同。故聖制「黃幡」，為其亡人掛之「塔塚」，

令「魂神」尋見得寶，救濟「亡靈」也。[91]

　　從上面的故事來看，從此以後為「亡者」懸掛「黃幡」在他的墳塔上，這樣死去的「魂神」會因為看見「黃色」而以為有「寶藏」存在，所以就會前往「黃幡」的地方來領取我們為他「誦經咒迴向的功德」。

　　最後是唐・善無畏(Śubhakara-siṃha 637～735)譯《尊勝佛頂真言修瑜伽軌儀》內容，經文也提到懸掛「長幡」的內容，但這個「幡」是有寫上咒語的，如云：

　　若有瑜祇者，愍念一切六趣有情。於高山頂上，各禮十方，各誦「尊勝真言」一遍……或寫(咒語於)幡上，(再將幡)安於高山頂上，(於)豎「幡竿」頭(上)懸(掛)幡，(只要)幡腳所指(之任何)方處，一切眾生「十惡、五逆、四重罪」等，皆悉得消滅。[92]

　　如果將咒語寫在「幡」上，然後再把「幡」懸掛於高山頂上，只要有此「幡腳」因隨風而指向任何之處，則此處的所有眾生都可以消滅「十惡、五逆、四重罪」等。

　　以上是本節所舉出的相關經典，解釋了為何要對「亡者」要使用「黃幡」或「黃紙」的理由。

---

[91] 參《法苑珠林》卷 36。詳 CBETA, T53, no. 2122, p. 568, c。及《諸經要集》卷 4，詳 CBETA, T54, no. 2123, p. 38, b。

[92] 參《尊勝佛頂脩瑜伽法軌儀》卷 2〈入成就境界品 12〉。詳 CBETA, T19, no. 973, p. 383, b。

附錄：為臨終亡者開示內容 1 與 2

　　這節屬「附錄」內容，乃是筆者整理「為臨終亡者開示內容」。坊間有關於「臨終」應該要注意的事項，其相關資料皆已非常的「完備」了，例如：弘一大師《人生之最後》、信願法師《生命的終極關懷》、慧律法師《臨終切要、臨終備覽》、台中蓮社編《助念生西須知》、大光法師《阿彌陀佛助念法》、印光大師《臨終三大要》、了凡弘法學會《臨終關懷注意事項》、大寂法師《臨終、中陰身、作七、度亡開示》……等。近年來「網路」資料也非常豐富，讀者可自行上網參考即可。

　　底下內容是筆者依據佛教經典《修行道地經》的〈五陰成敗品〉而整理，[93]並參考《西藏生死書》的部份內容。若您需要「隨身型」的縮小版，也可參考筆者《袖珍型《佛說無常經》課誦本暨「臨終開示」(全彩版)》【140 x 100 mm】規格(活頁裝)一書。2017 年 8 月。萬卷樓圖書股份有限公司發行。ISBN：978-986-478-111-9。

---

[93] 參《修行道地經》卷 1〈五陰成敗品 5〉。詳 CBETA, T15, no. 606, p. 186, b-c。

1 為臨終亡者開示內容（可重複的宣讀）

○○○居士（大德、菩薩、法師）阿彌陀佛！

您現在是「世緣已盡、壽終正寢」，這是您的「靈魂神識」正準備要「投胎轉世」的重要時刻。佛陀釋迦牟尼佛曾說過：這世間一切都是「苦」的、都是「空」的、都是「無常」的，每一個人都要經歷「生老病死」的過程，誰也逃不掉，大家都是公平的。現在有一件很重要的事情就是，您要將世間所有的「一切萬緣」都全部放下，千萬不可再有任何一點點的「貪戀執著」。

你現在要提起「正念」，心中要想著「往生」到「西方極樂世界」這件事，要有「發願往生到西方」的「正念」，你一定要把握這個難得的機緣，只要你願意一聲一句的念「阿彌陀佛」，就可以決定「了生脫死」，永出「三界輪迴」。

你千萬不要以為自己今生「沒信佛」，或今生修行的「功德」不夠多。其實人的修行是「累生累世」的，也許你前世已經修了 95 分功德，現在你只要再花 5 分的修行，就可以順利「往生西方極樂世界」了，所以每個人都是「平等」的，絕對不可以生出「我今生恐怕不能去西方」的心。

今天有這麼多的「六親眷屬」與「善知識」在幫你「助念」，就證明了你前世、今生一定種了很多很多的「善根」。

再者，你千萬不要以為自己的「罪業深重」，或者「欠債累累」，或者「心願未了」，所以沒有資格去西方淨土。你要知道有一部佛經叫《觀無量壽佛經》，經上說：只要你至心懇切，具足十念，稱念「南無阿彌陀佛」的

佛號聲，就可以滅除「八十億劫生死之罪」，臨終可以受到阿彌陀佛的「接引」。《妙法蓮華經》上更說：「一稱南無佛，皆已成佛道」。

現在就請您放下一切的「仇恨心、計較心」，要心存「感恩」，要「無怨無悔」，在這個重要的時刻，你將準備要告別「三界六道」的輪迴。

現在就請您以「至誠」的恭敬心，和家人、和我們這些蓮友師兄師姊們，一心念佛，念阿彌陀佛。我們會懇求大慈大悲的阿彌陀佛，佛力加持、佛光普照你。

此時的阿彌陀佛，正以「金色佛光」普照著你，你正沐浴在阿彌陀佛「慈悲」的佛光之中。自無始劫以來，您的業障、種種無明煩惱、所有的冤親債主，一切的苦因，都會被阿彌陀佛的「佛光」給全部淨化消滅掉。

阿彌陀佛有發過願，只要你願意稱念「南無阿彌陀佛」的聖號，並堅持「發願」要前往西方淨土，阿彌陀佛一定會親自來「接引」你，來帶你前往西方極樂世界，在西方淨土中成佛。然後你就可以到十方世界去度化一切的眾生，包括度化你的親朋好友、六親眷屬，讓大家都能一起成佛。

你現在要馬上「發願」先去極樂世界，先去親近禮拜阿彌陀佛，你的家庭眷屬親人，以後也都會去極樂世界與你團聚在一起的。

好！現有就請您跟著我們一起稱念「阿彌陀佛」的佛號聲。

2 為臨終亡者開示內容（可利用念佛休息的當中進行開示，亦可重複的宣讀）

佛陀在經典上說，人死後會經歷「六道輪迴」，這六種名稱由上而下是：「天、人、阿修羅、地獄、餓鬼、畜生」。這六個地方都是我們將來會「輪迴投生」的地方，就算你將來轉世到「天上」去，等到壽命終了，還是要重新進入「六道輪迴」，所以去「天上」並不是最好的選擇。

六道中的「阿修羅」是屬於「好戰、好鬥」的類型，所以轉世到「天上」去，也會有「阿修羅道」。若轉世到「人道、餓鬼道、畜生道」去，也會有「好戰、好鬥」的「阿修羅」類型。

除了「阿修羅」是屬於「好戰、好鬥」類型外，底下我將為你介紹其餘「五道」的特質。

(1)罪業最重的「地獄」之門：

在你臨終之時，只要你看見有「大火」，任何的「火」都不可以靠近，因為那是「地獄」之門。

如果你看見「獄卒鬼差」，頭上還有火在燒，手上拿著兵仗武器，那是要來把你帶去「地獄」的，千萬別跟他們去。

如果你聽到恐怖的「哀叫」聲音，或看見「漆黑」及「血腥」恐怖的景象，此時你心中不可以害怕，不可為了閃躲「眼前恐怖的景象」而前往「叢林樹木」中去「躲藏」，因為你一旦躲入「叢林樹木」就會等同進入「地獄之門」一樣。此時的你只要能「正心觀照、一心念佛、稱念南無阿彌陀佛」佛號，就可以破解眼前可能會墮入「地獄」的恐怖景象。

(2)「餓鬼」之門：

在你臨終之時，如果你身邊突然吹起一陣陣的「熱風」，你的身體也會感到非常的火熱，以及出現「又飢又渴」的情形。

如果你身邊突然現多一些恐怖的「惡人鬼差」，手上還拿著「兵仗、刀劍、弓箭」等的武器，然後把你團團的「圍住」，甚至準備要過來「刺殺你、追趕你」。此時的你心中不可以害怕，不可為了閃躲這些恐怖的「惡人鬼差」而前往「像一座城市」中去「躲藏」，因為你一旦躲入這種「城市」中，就會等同進入「餓鬼之門」一樣。此時的你只要能「正心觀照、一心念佛、稱念南無阿彌陀佛」佛號，就可以破解眼前可能會墮入「餓鬼」的恐怖景象。

如果你沒有看見拿著「兵仗、刀劍、弓箭」武器的「惡人鬼差」，但會突然走入「濃密的草原」或走入「草木不生」的「荒蕪原野」，然後你腳踩的土地都呈現出「龜裂、破裂」的相狀，這是要進入「餓鬼」的象徵，此時你心中不可以害怕，只要能「一心念佛、稱念南無阿彌陀佛」佛號，就可以破解眼前可能會墮入「餓鬼」的恐怖景象。

(3)「畜生」之門：

在你臨終之時，如果你看見有很多「煙霧」圍繞著你的全身，或者你的身邊起了很多的「煙霧」，任何的「煙霧相」你都不可以靠近，因為那是要抓你去當「畜生動物」的陷阱。

如果你身邊突然現出很多恐怖的「獅子、老虎、野狼、毒蛇、大象」等，這些動物會開始追逐你，要咬你、吃你。此時你心中不可以害怕，不可為了閃躲這些恐怖的「動物」而前往「泉水、深水、山洞、溪流、洞穴」中去「躲藏」，因為你一旦躲入「山洞、洞穴」中，就會等同進入「畜

生之門」一樣。此時的你只要能「正心觀照、一心念佛、稱念南無阿彌陀佛」佛號，就可以破解眼前可能會墮入「畜生」的恐怖景象。

(4)福報最大的「昇天」之門：

在你臨終之時，如果你身邊突然吹起一陣陣的「涼風」，風還帶著「香味」，你的身體也會受到這種「帶著香味的風」所包圍。此時會聽到天上的「仙樂」，非常的好聽，你在人間從沒聽到過的一種「天樂」。接著還會看見很多華麗的「天宮」、美麗的「天女」、茂盛的「花園果樹」，或者看見「天男天女」們正在「享樂、歡樂」的畫面，你也會感覺到「快樂無比」。

其實這是準備要進入「昇天」的象徵，但你不要選擇去「天上享樂」，因為在「天上享樂」將來仍然還會進入「六道輪迴」，進入「生老病死、悲歡離合」的生活。此時你心中不可以「愛樂」這些景象，你只要能「正心觀照、一心念佛、稱念南無阿彌陀佛」佛號，就可以破解眼前可能會進入「天道」的「歡樂」景象。

(5)善惡均等的「人道」之門：

在你臨終之時，如果你突然看見一對男女在「恩愛」、在「男歡女愛」的畫面，你千萬不要好奇的前往「觀看」，或者想要「代替」那對正在「恩愛交歡」的男性或女性。因為只要你想「走進去」，或者想要「代替」這對正在「恩愛交歡」的男女，你就會被抓進去「投胎」成為「人類」了。

接著你還會看見很多很整齊、很漂亮的「房屋建築」，或者是一棟棟的「民宅房子」及種種的「房間家俱」。

其實這是準備要進入「人道、重新做人」的象徵，但你不要選擇去「重

新做人」，因為只要再來「做人」，你就會再體驗一次「生老病死的無常、悲歡離合的痛苦、七情六慾的追逐、家庭倫理的悲劇、癌症腫瘤的威脅、種種有關事業婚姻錢財求不得苦」的生活。尤其是親人與自己的「生老病死」與「求不得苦」，這兩件事是會讓你「痛苦」一生的。

此時你心中不可以「貪愛」眼前這些景象，包括漂亮的「房屋建築、房間家俱」，包括正在「恩愛交歡」的那對男女，你都不可以生出一念的「貪愛心」，你只要能「正心觀照、一心念佛、稱念南無阿彌陀佛」佛號，就可以破解眼前可能會墮入「人道」的「貪愛」景象。

✳那麼你要看見什麼樣的「境界」才可以跟著去呢？你一定要看見阿彌陀佛，或者是觀世音菩薩，或者是大勢至菩薩，一定要是「佛菩薩」出現，然後放出「金色」的光芒，你才能信任。你會看見阿彌陀佛「伸手」來接迎你，菩薩也會拿著「金剛台」狀的蓮華座，或者「紫金色」狀的蓋華座，或者「金色蓮華座、七寶蓮華座」來「迎接」你。這時你就可以順利登上「蓮華台座」而隨著「西方三聖」往生到「極樂世界」去。

「西方極樂世界」是一個沒有災難、沒有戰爭、沒有病苦、沒有憂愁、沒有煩惱、沒有生死輪迴的清淨世界，你一定要「發願往生」到這個西方淨土去。

最後請記住！當我們沒有繼續誦經、或者沒有再繼續為你念佛的時候，你一定要自己勤快的「念佛」，不管你「念佛」念了多久，一直要念到阿彌陀佛出現為止，然後跟著佛菩薩一起離開人間才可以。依照佛陀的經典告訴我們，你最快7天後就可以往生淨土，平均是49天。祈望你在49天內都能自己好好「發心念佛」，並祈求佛菩薩來接引你。

大家以後西方極樂世界再見！

如果您需要影音視頻的讀誦檔案，也可到下面網址去下載。

為臨終亡者開示內容 01

https://youtu.be/LWjHwwQsEtc

為臨終亡者開示內容 02

https://youtu.be/kg7j5Mzmycc

(底下是相同的影片)
為臨終亡者開示內容 01

https://drive.google.com/open?id=0B6JubQVR79UYeG9MLU04NEJuems

為臨終亡者開示內容 02

https://drive.google.com/open?id=0B6JubQVR79UYazFMQXBxNmNvR3c

第二章　佛教的「三魂七魄」說

第一節　佛典中有關「魂、魄、神、靈」字詞使用的探討

在佛典的翻譯文字中，曾經使用「魂、魄、神、靈」這幾個字詞的約有十一種以上，如：❶魂神、❷魂靈、❸魂魄、❹魂識、❺精神魂魄、❻精魂、❼魂神精識、❽神魂、❾精魄、❿靈魄、⓫魂魄精神。

在這十一種的名詞中，與人死後的「中陰身」名詞有相關的則有七個，如「魂神、魂靈、魂魄、魂識、精神魂魄、魂神精識、靈魄」。另外「精魂、神魂、精魄、魂魄精神」這四個名詞則與「中陰身」無關。其中使用率最高的就是「魂神」二個字，其次是「魂靈」，但一般世俗人或祖師的著述裡面較少稱「魂靈」，而是直接稱為「靈魂」這個字詞。在整個 CBETA藏經中，如果檢索「靈魂」二個字，「藏經」是從沒有出現及使過的，只出現在「祖師」的論述與少數的「南傳漢文」佛典中，約有 990 個被搜尋到。如下圖所示：

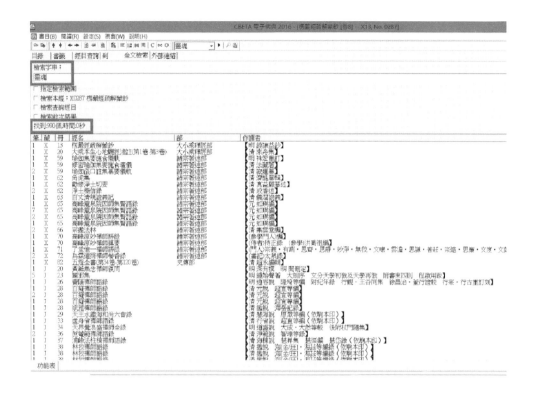

　　雖然「祖師」的著作與少數「南傳」經典有使用這個「靈魂」字眼，但它的定義還要再細分類成四種情形。

一、指眾生「死後」到轉世之間的一個過渡身「中陰身」的代名詞。例如《楚辭・屈原・九章・哀郢》中的句子：「羌靈魂之欲歸兮，何須臾而忘反。」其中「靈魂」就是指人死後的「靈魂」。在佛教經典中稱呼人死後的「靈魂」或「神識」，或者未轉世前的「過渡身」都叫「中陰身」，這是最準確的說法，也是本論文要闡述的重點。通常要確認這字詞是否與「中陰身」有關，只要在經文的前後發現「人死、死亡、命終、壽終」的字眼就可以確認。

二、指活著的眾生的「心靈」，或者任何人事物的「精神」，有時也叫它為「靈魂」。例如《楚辭・屈原・九章・抽思》中的句子：「何靈魂之信

直分，人之心不與吾心同。」其中「靈魂」就是指人的「心靈」或「精神」。

三、指眾生活著的「神識」，類似指稱一位眾生身上的第八意識「阿賴耶識」。

四、指附著在人事物上的某一個「精靈」力量，有時也被稱為「靈魂」。

根據藏經的「譯文」使用方式，出現頻率最多的字詞是「魂神」，大約有 30 次，而且都是指向「中陰身」的意思有 26 次。其次是「魂靈」14 次，再來就是「魂魄」6 次，其餘的稱呼都是比較少出現的，統計如下圖所示：

	出現次數 (大約統計值)	確定是指「中陰身」的次數
❶魂神	30	26 其中 西晉・竺法護譯《修行道地經》。 東晉・竺曇無蘭譯《佛說寂志果經》。 後秦・鳩摩羅什譯《佛說海八德經》。 後漢・支婁迦讖譯《般舟三昧經》 以上四部經所出現的「魂神」字詞不是指「中陰身」的意思。
❷魂靈	15	14 其中 三國吳・支謙譯《梵摩渝經》 上面經文所出現的「魂靈」字詞不

		是指「中陰身」的意思。
❸魂魄	12	6
		其中
		東晉·帛尸梨蜜多羅譯《佛說灌頂摩尼羅亶大神咒經》。
		東晉·竺曇無蘭譯《佛說摩尼羅亶經》。
		南朝宋·寶雲譯《佛本行經·卷四》。
		隋·闍那崛多等譯《大法炬陀羅尼經》。
		隋·達摩笈多譯《佛說藥師如來本願經》。
		唐·般剌密諦譯《楞嚴經》。
		以上六部經所出現的「魂魄」字詞不是指「中陰身」的意思。
❹魂識	6	2
		其中
		後漢·竺大力共康孟詳譯《修行本起經》
		三國吳·支謙譯《佛說太子瑞應本起經》
		唐·不空譯《不空羂索毘盧遮那佛大灌頂光真言》
		唐·菩提流志譯《不空羂索神變真言經》

		以上四部經所出現的「魂識」字詞不是指「中陰身」的意思。
❺精神魂魄	4	2
		三國吳・支謙譯《佛說八師經》 三國吳・支謙譯《佛說四願經》 以上二部經所出現的「精神魂魄」字詞不是指「中陰身」的意思。
❻精魂	2	0
		隋・闍那崛多等譯《起世經》 南朝北齊・那連提耶舍譯《大寶積經》 以上二部經所出現的「精魂」字詞不是指「中陰身」的意思。
❼魂神精識	2	2
❽神魂	1	0
		北宋・法賢譯《難儞計濕嚩囉天說支輪經》 上面經文所出現的「神魂」字詞不是指「中陰身」的意思。
❾精魄	1	0
		東晉・寶雲譯《佛本行經》 上面經文所出現的「精魄」字詞不是指「中陰身」的意思。
❿靈魄	1	1
⓫魂魄精神	1	0
		隋・闍那崛多譯《佛本行集經》

		上面經文所出現的「魂魄精神」字詞不是指「中陰身」的意思。

底下是將與「亡靈」有關的名詞及「藏經」的經文詳細出處比對如下圖所示：

	與「亡靈」有關的名詞	藏經來源出處
❶	魂神	(1)三國吳・支謙譯《五母子經》 身但作土耳，「魂神」空去，隨其施行，不能自斷，拔其根株，便可得脫。[94] (2)三國吳・支謙譯《佛說四願經》 至於身死壽盡，「魂神」意去矣。業相追逐，不得相離。[95] (3)三國吳・支謙譯《佛開解梵志阿颰經》 道眼見人「魂神」，生所從來，死趣何道。知某人死，神墮地獄，某墮畜生，某墮鬼神。[96] (4)三國吳・支謙譯《佛說齋經》 凡人行善，魂神上天，受福無量。[97]

---

[94] 參《五母子經》卷 1。詳 CBETA, T14, no. 555b, p. 907, c。
[95] 參《佛說四願經》卷 1。詳 CBETA, T17, no. 735, p. 536, c。
[96] 參《佛開解梵志阿颰經》卷 1。詳 CBETA, T01, no. 20, p. 262, b。
[97] 參《齋經》卷 1。詳 CBETA, T01, no. 87, p. 912, a。

(5)三國吳・支謙譯《佛說阿難四事經》

人初來生，「魂神」空來，依因「二親情欲」之氣，以成己體。在母腹中，十月乃生……因極乃終，「魂神」不滅，復更求身。[98]

(6)三國吳・支謙譯《佛說阿難四事經》

乃終，「魂神」不滅，復更求身……至於壽終，「魂神」所生，輒受豪貴……中毒死者，其「魂神」或墮海中為龍。[99]

(7)後漢・支曜譯《佛說阿那律八念經》

死者，謂人「命逝形壞」，溫消氣絕，「魂神」離逝。是皆為苦。[100]

(8)後漢・安世高譯《佛說阿含正行經》

端汝目、端汝耳、端汝鼻、端汝口、端汝身、端汝意、身體當斷於土。「魂神」當不復入泥犁、餓鬼、畜生、鬼神中。[101]

(9)後漢・安世高譯《佛說阿難問事佛吉凶經》

死入泥犁，百毒掠治。「魂神」痛酷，不可得言。[102]

(10)後漢・竺大力共康孟詳譯《修行本起經》

---

[98] 參《佛說阿難四事經》卷1。詳 CBETA, T14, no. 493, p. 757, a。
[99] 參《佛說阿難四事經》卷1。詳 CBETA, T14, no. 493, p. 757, b。
[100] 參《阿那律八念經》卷1。詳 CBETA, T01, no. 46, p. 836, b。
[101] 參《佛說阿含正行經》卷1。詳 CBETA, T02, no. 151, p. 883, c。
[102] 參《佛說阿難問事佛吉凶經》卷1。詳 CBETA, T14, no. 492a, p. 753, a。

何如為死？

答言：死者盡也。精神去矣，四大欲散，「魂神」不安，「風」去息絕。[103]

(11)三國吳・康僧會譯《六度集經》

爾時值「虎」害此小兒，小兒命終，「魂神」即轉生長者家。[104]

(12)西晉・法炬譯《羅云忍辱經》

世尊告曰……旬月(滿一個月)乃死，死後「魂神」即復更生，輒無手足，頑鈍如前。[105]

(13)西晉・竺法護譯《修行道地經》

修行自念：當觀身本，「六事」合成。何謂為六？一曰地、二曰水、三曰火、四曰風、五曰空、六曰神……於是頌曰：地水火風空，「魂神」[106]合為六。[107]

(14)西晉・竺法護譯《法觀經》

往來生死不脫，卒逢惡對，「魂神」空去，趣善惡之道。[108]

(15)南朝宋・京聲譯《佛說諫王經》

---

[103] 參《修行本起經》卷 2〈遊觀品 3〉。詳 CBETA, T03, no. 184, p. 467, a。

[104] 參《六度集經》卷 6。詳 CBETA, T03, no. 152, p. 35, c。

[105] 參《羅云忍辱經》卷 1。詳 CBETA, T14, no. 500, p. 769, c。

[106] 這裡的「魂神」名詞不是指向「中陰身」。

[107] 參《修行道地經》卷 4〈行空品 21〉。詳 CBETA, T15, no. 606, p. 206, a。

[108] 參《法觀經》卷 1。詳 CBETA, T15, no. 611, p. 241, a。

王治，行不平等，海內皆怨。身死「魂神」當入太山地獄，後雖悔之無所復及。[109]

(16)西晉・法炬共法立譯《法句譬喻經》

命終，「魂神」生蠍蟲中。積五萬歲壽盡，復為螺蜯之蟲。[110]

(17)《玉耶女經》(失譯人名今附西晉錄)

萬分之後，「魂神」受形，死入地獄、餓鬼、畜生。[111]

(18)東晉・竺曇無蘭譯《玉耶經》

萬分之後，「魂神」受形，當入地獄、餓鬼、畜生，展轉三塗，累劫不竟。[112]

(19)東晉・竺曇無蘭譯《佛說忠心經》

皆當端汝目、端汝耳、端汝鼻、端汝口、端汝身、端汝心、身體皆當斷於土，「魂神」當不復墮泥犁、畜生、鬼神中。[113]

(20)東晉・竺曇無蘭譯《佛說寂志果經》

是四大身，從父母生，「魂神」[114]所依……四大合成，

---

[109] 參《佛說諫王經》卷1。詳 CBETA, T14, no. 514, p. 785, c。

[110] 參《法句譬喻經》卷1〈教學品 2〉。詳 CBETA, T04, no. 211, p. 577, b。

[111] 參《玉耶女經》卷1。詳 CBETA, T02, no. 142b, p. 865, b。

[112] 參《玉耶經》卷1。詳 CBETA, T02, no. 143, p. 866, c。

[113] 參《佛說忠心經》卷1。詳 CBETA, T17, no. 743, p. 551, a。

[114] 這裡的「魂神」名詞不是指向「中陰身」。

		從父母生，「魂神」依之。[115]
		(21)後秦‧<u>佛陀耶舍</u>共<u>竺佛念</u>譯《佛說長阿含經》 時<u>善見</u>王忽然命終……「魂神」上生第七梵天。其王<u>善見</u>死七日後，輪寶、珠寶，自然不現。[116]
		(22)姚秦‧<u>竺佛念</u>譯《出曜經》 世尊！<u>抱患</u>比丘今已命終，不審「魂神」為生何處？在何道種？[117]
		(23)姚秦‧<u>竺佛念</u>譯《十住斷結經》 彼壽已。「神」當遷轉，趣於五道。應所生處，「中陰」便往，迎其「魂神」，將詣「胎」室。[118]
		(24)後秦‧<u>鳩摩羅什</u>譯《佛說海八德經》 眾生「魂神」，[119]所當趣向。吾向道以「心淨」為珍寶。[120]
		(25)《佛般泥洹經》(不載譯人附東晉錄) 比丘以得道，能知死人「魂神」所趣向。佛經不可不讀、道不可不學。[121]

---

[115] 參《寂志果經》卷 1。詳 CBETA, T01, no. 22, p. 275, a。

[116] 參《長阿含經》卷 4。詳 CBETA, T01, no. 1, p. 24, b。

[117] 參《出曜經》卷 3〈無常品 1〉。詳 CBETA, T04, no. 212, p. 623, c。

[118] 參《最勝問菩薩十住除垢斷結經》卷 2〈了空品 5〉。詳 CBETA, T10, no. 309, p. 973, c。

[119] 這裡的「魂神」名詞不是指向「中陰身」。

[120] 參《海八德經》卷 1。詳 CBETA, T01, no. 35, p. 819, b。

[121] 參《佛般泥洹經》卷 1。詳 CBETA, T01, no. 5, p. 162, a。

		(26)《般泥洹經》(不載譯人附東晉錄) 身死，「魂神」墮三惡道。[122] (27)南朝宋・慧簡譯《佛說閻羅王五天使者經》 我見人死「識神」出生，有好色者，有惡色者……我見人死，「魂神」出生亦如是。[123] (28)南朝宋・智嚴共寶雲譯《佛說四天王經》 臨其壽終，迎其「魂神」上生天上，七寶宮殿，無願不得。[124] (29)後漢・支婁迦讖譯《般舟三昧經》 生死(行陰)、「識魂神」(識陰)，[125]地水火風。世間天上，上至梵摩訶梵，不壞敗色。用念佛故，得空三昧。[126] (30)秦・釋法堅譯《佛說阿難分別經》 由其罪故，現自衰耗，後復受殃，死「魂神」痛，酷不可言。[127]
❷	魂靈	(1)後漢・迦葉摩騰共法蘭譯《四十二章經》

---

[122] 參《般泥洹經》卷 1。詳 CBETA, T01, no. 6, p. 177, c。
[123] 參《閻羅王五天使者經》卷 1。詳 CBETA, T01, no. 43, p. 828, c。
[124] 參《佛說四天王經》卷 1。詳 CBETA, T15, no. 590, p. 118, b。
[125] 這裡的「識魂神」三個字不是指類似「中陰身」的「魂神」，而是指五陰中的「識陰」。
[126] 參《般舟三昧經》卷 1〈行品 2〉。詳 CBETA, T13, no. 417, p. 899, b。
[127] 參《佛說阿難分別經》卷 1。詳 CBETA, T14, no. 495, p. 758, b。

壽終，「魂靈」上十九天，於彼得「阿羅漢」，次為「斯陀含」。[128]

(2)後漢‧竺大力共康孟詳譯《修行本起經》

風去息絕，火滅身冷，風先火次，「魂靈」去矣。[129]

(3)《禪要經》(失譯人名，在後漢錄)

身死「魂靈」散，當知非我身。[130]

(4)三國吳‧康僧會譯《六度集經‧卷三》

壽終「魂靈」皆得上天。[131]

(5)三國吳‧康僧會譯《六度集經‧卷四》

會以重毒，鴆殺汝矣，結氣而殞。「魂靈」感化為四姓女，顏華絕人。[132]

(6)三國吳‧康僧會譯《六度集經‧卷六》

兒是卿「父」，「魂靈」旋感，為卿(對人的尊稱語)作子。一世之間，有父不識，何況長久乎？[133]

(7)三國吳‧康僧會譯《六度集經‧卷七》

十方現在眾心所念，未萌之事，眾生「魂靈」，為天

---

[128] 參《四十二章經》卷1。詳 CBETA, T17, no. 784, p. 722, a。

[129] 參《修行本起經》卷2〈遊觀品 3〉。詳 CBETA, T03, no. 184, p. 467, a。

[130] 參《禪要經》卷1〈訶欲品〉。詳 CBETA, T15, no. 609, p. 238, c。

[131] 參《六度集經》卷3。詳 CBETA, T03, no. 152, p. 11, c。

[132] 參《六度集經》卷4。詳 CBETA, T03, no. 152, p. 17, a。

[133] 參《六度集經》卷6。詳 CBETA, T03, no. 152, p. 37, c。

為人。[134]

(8)三國吳・康僧會譯《六度集經・卷八》

王將欲以斯身昇天耶？以「魂靈」乎？王曰：如斯坐，欲昇天也。[135]

(9)三國吳・支謙譯《佛說未生冤經》

夫身者，四大耳。眾生「魂靈」寄處其中，死還其本。「魂靈」空去，謂之「非身」。身尚不保，何國之常守乎？[136]

(10)姚秦・竺佛念譯《出曜經》

死為神徙，風去火次，「魂靈」散矣。[137]

(11)《佛說天王太子辟羅經》(僧祐錄云：關中異經，今附秦錄)

王後壽終，「魂靈」上生天上。作天妙王，天上壽盡，下生世間，位為飛行皇帝。[138]

(12)《佛說孝子經》(失譯人名，今附西晉錄)

壽終，「魂靈」往生天上。[139]

---

[134] 參《六度集經》卷 7。詳 CBETA, T03, no. 152, p. 39, b。

[135] 參《六度集經》卷 8。詳 CBETA, T03, no. 152, p. 44, b。

[136] 參《佛說未生冤經》卷 1。詳 CBETA, T14, no. 507, p. 774, c。

[137] 參《出曜經》卷 22〈廣演品 25〉。詳 CBETA, T04, no. 212, p. 725, c。

[138] 參《佛說天王太子辟羅經》卷 1。詳 CBETA, T15, no. 596, p. 130, c。

[139] 參《佛說孝子經》卷 1。詳 CBETA, T16, no. 687, p. 780, c。

		(13)東晉・竺曇無蘭譯《佛說自愛經》 或身終後，「魂靈」昇天，即下報之。人中畜生、鬼神、太山，更相剋賊。[140] (14)南朝宋・京聲譯《佛說佛大僧大經》 其未終時，諸天咨嗟，豫安所生，迎其「魂靈」，處忉利天。[141] (15)三國吳・支謙譯《梵摩渝經》 仙度處泥洹，永離三界不？心、意、識、「魂靈」[142]，能滅眾苦不？[143] ✼唐・不空撰《焰羅王供行法次第》 施主先亡，七代久遠，一切「魂靈」及無始時來冤家債主，降臨此道場，受我供養。[144]
❸	魂魄	(1)後漢・安世高譯《佛說罵意經》 念身不久，要當死敗……「魂魄」空去，趣善惡之道。身死墮地，日夜消腐。[145] (2)後漢・安世高譯《佛說分別善惡所起經》 佛言：人於世間，喜「殺生」無慈之心，從是得五

---

[140] 參《佛說自愛經》卷 1。詳 CBETA, T17, no. 742, p. 549, a。

[141] 參《佛說佛大僧大經》卷 1。詳 CBETA, T14, no. 541, p. 828, c。

[142] 這裡的「魂靈」名詞不是指向「中陰身」。

[143] 參《梵摩渝經》卷 1。詳 CBETA, T01, no. 76, p. 885, b。

[144] 參《焰羅王供行法次第》卷 1。詳 CBETA, T21, no. 1290, p. 375, b。

[145] 參《佛說罵意經》卷 1。詳 CBETA, T17, no. 732, p. 533, b。

惡。何等五？一者壽命短。二者多驚怖。三者多仇怨。四者萬分以後，「魂魄」入太山地獄中。太山地獄中，毒痛考治……五者從獄中來，出生為人，常當短命。[146]

(3)三國吳・支謙譯《佛說四願經》

譬如雀飛，「意」隨其兩翅。「意」為身神，兩翅為「魂魄」。人不能守護其意，皆從惡念所為……死入太山地獄中。[147]

(4)三國吳・支謙譯《佛說七女經》

第一女言：寧可各作一偈，救死人「魂魄」耶？六女皆言：大善！[148]

(5)《佛說五王經》(失譯人名今附東晉錄)

四大欲散，「魂魄」不安。欲死之時，刀風解形，無處不痛。[149]

(6)東晉・帛尸梨蜜多羅譯《佛說灌頂梵天神策經・卷十》

心行既不定，不為神所護……墮落於水中，「魂魄」隨浪流。作鬼屬河神，長有萍泊憂。[150]

---

[146] 參《佛說分別善惡所起經》卷 1。詳 CBETA, T17, no. 729, p. 518, a。
[147] 參《佛說四願經》卷 1。詳 CBETA, T17, no. 735, p. 536, c。
[148] 參《佛說七女經》卷 1。詳 CBETA, T14, no. 556, p. 908, b。
[149] 參《佛說五王經》卷 1。詳 CBETA, T14, no. 523, p. 796, c。
[150] 參《佛說灌頂經》卷 10。詳 CBETA, T21, no. 1331, p. 526, c。

(7)東晉・帛尸梨蜜多羅譯《佛說灌頂摩尼羅亶大神
　咒經》

佛告阿難：有「問人魂鬼」、「繫人魄鬼」。[151]

(8)東晉・竺曇無蘭譯《佛說摩尼羅亶經》

有國中鬼、有山中鬼、有林中鬼……有飛行鬼、有
「問人魂魄[152]鬼」。[153]

(9)南朝宋・寶雲譯《佛本行經・卷四》

諸賢士等輩，二十八鬼神。將軍凶弊惡，犯嬈人
「魂魄[154]」。[155]

(10)隋・闍那崛多等譯《大法炬陀羅尼經》

永不復得花香祭祀，亦不得彼飲食眾具，乃至不得
驚怖恐動，何緣更得奪他「魂魄[156]」？[157]

(11)隋・達摩笈多譯《佛說藥師如來本願經》

若復有人誦持此經，以得聞彼世尊藥師琉璃光如來
名號……亦復不為諸鬼所持奪其「魂魄[158]」。[159]

---

[151] 參《佛說灌頂經》卷 8。詳 CBETA, T21, no. 1331, p. 519, b。
[152] 這裡的「魂魄」名詞不是指向「中陰身」。
[153] 參《佛說摩尼羅亶經》卷 1。詳 CBETA, T21, no. 1393, p. 910, c。
[154] 這裡的「魂魄」名詞不是指向「中陰身」。
[155] 參《佛本行經》卷 4〈廣度品 19〉。詳 CBETA, T04, no. 193, p. 82, c。
[156] 這裡的「魂魄」名詞不是指向「中陰身」。
[157] 參《大法炬陀羅尼經》卷 13〈供養法師品 30〉。詳 CBETA, T21, no. 1340, p. 718,
　　b。
[158] 這裡的「魂魄」名詞不是指向「中陰身」。
[159] 參《佛說藥師如來本願經》卷 1。詳 CBETA, T14, no. 449, p. 403, a。

(12)唐・般刺密諦譯《楞嚴經》

又以此心，內外精研。其時「魂魄[160]」意志精神，除執受身，餘皆涉入。[161]

(底下為祖師著述)

�֍南宋《密菴和尚住衢州西烏巨山乾明禪院語錄》
（《密菴和尚語錄》）

只待一死而已，一旦押到市曹，「魂魄」都不知落著。驀被人從背後一刀兩段，便是百了千當。[162]

�֍南宋・王日休撰《龍舒增廣淨土文》

人間歷盡百春秋，獄內方為一晝夜。
「魂魄」雖歸鬼界，身屍猶臥棺中。[163]

✖唐・元康法師作《肇論疏・卷下》（《肇論》原由東晉・僧肇法師撰作)

「魂」者身之主，既有其身，必有餘業。業必須受，受之曰「報」。如木槍償對食馬麥等，是謂業報之事，尚如「魂魄」。「魂魄」必存身中，有身有「魂」，即令招業，故云「業報猶魂」耳。[164]

---

[160] 這裡的「魂魄」名詞不是指向「中陰身」。
[161] 參《大佛頂如來密因修證了義諸菩薩萬行首楞嚴經》卷 9。詳 CBETA, T19, no. 945, p. 147, c。
[162] 參《密菴和尚語錄》卷 1。詳 CBETA, T47, no. 1999, p. 981, c。
[163] 參《龍舒增廣淨土文》卷 12。詳 CBETA, T47, no. 1970, p. 286, c。
[164] 參《肇論疏》卷 3。詳 CBETA, T45, no. 1859, p. 194, a。

		元・廣福大師僧錄管主八撰《密跡力士大權神王經偈頌》 五路寶印左右無名指，曲向掌中八指皆直立。卒死生人，散印於心上。高聲誦咒，「魂魄」還殼體。[165] 唐・智昇撰《集諸經禮懺儀》 夢裏種種縱橫去，忽覺寂滅並虛然，四大無常歸糞土，「魂魄」零落若箇邊。[166] 唐・道世撰《法苑珠林》 抱朴子曰：山川、石木、井竈、洿ㄨ 池、澠ㄇㄢ 皆有精氣。人身之中亦有「魂魄」。況天地為物，物之至大者，於理當有「神精」。[167]
❹	魂識	(1)後漢・竺大力共康孟詳譯《修行本起經》 一、色像(色)。二、痛痒(受)。三、思想(想)。四、行作(行)。五、「魂識[168]」(識)，皆習五欲。[169] (2)三國吳・支謙譯《佛說太子瑞應本起經》 一、色像(色)。二、痛痒(受)。三、思想(想)。四、行

[165] 參《密跡力士大權神王經偈頌》卷 1。詳 CBETA, T32, no. 1688, p. 782, c。
[166] 參《集諸經禮懺儀》卷 1。詳 CBETA, T47, no. 1982, p. 462, a。
[167] 參《法苑珠林》卷 45。詳 CBETA, T53, no. 2122, p. 634, b。
[168] 這裡的「魂識」名詞不是指向「中陰身」。
[169] 參《修行本起經》卷 2〈出家品 5〉。詳 CBETA, T03, no. 184, p. 471, c。

作(行)。五、「魂識[170]」(識)，皆習五欲。[171]

(3)元魏・慧覺譯《賢愚經》

墮大坑中，即便命終，「魂識」受胎於師質家。[172]

(4)唐・地婆訶羅譯《最勝佛頂陀羅尼淨除業障咒經》

若亡者「魂識」已入地獄、畜生、餓鬼、閻羅趣者。咒土霑骨，便得解脫。即捨惡趣，而得生天。[173]

(5)唐・不空譯《不空羂索毘盧遮那佛大灌頂光真言》

若為鬼嬈，「魂識[174]」悶亂，失音不語。持真言者，加持手一百八遍。摩捫頭面，以手按於心上、額上。加持一千八十遍。則得除差(瘥差，病癒)。[175]

(6)唐・菩提流志譯《不空羂索神變真言經》

若為鬼嬈，「魂識[176]」悶亂，失音不語。持真言者，加持手一百八遍。摩捫頭面，以手按於心上、額上。加持一千八十遍。則得除差(瘥差，病癒)。[177]

---

[170] 這裡的「魂識」名詞不是指向「中陰身」。

[171] 參《太子瑞應本起經》卷 2。詳 CBETA, T03, no. 185, p. 478, b。

[172] 參《賢愚經》卷 12〈師質子摩頭羅世質品 47〉。詳 CBETA, T04, no. 202, p. 430, a。

[173] 參《最勝佛頂陀羅尼淨除業障咒經》卷 1。詳 CBETA, T19, no. 970, p. 360, c。

[174] 這裡的「魂識」名詞不是指向「中陰身」。

[175] 參《不空罥索毘盧遮那佛大灌頂光真言》卷 1。詳 CBETA, T19, no. 1002, p. 606, c。

[176] 這裡的「魂識」名詞不是指向「中陰身」。

[177] 參《不空罥索神變真言經》卷 28〈灌頂真言成就品 68〉。詳 CBETA, T20, no. 1092,

❺	精神魂魄	(1)西晉・法立共法炬譯《大樓炭經》 佛言：天地共遭水災變時，天下人，施行皆為「眾善」，好喜為「道德」。死後「**精神魂魄**」皆上第十六天上為天人。[178] (2)西晉・竺法護譯《修行道地經》 爾時其人命已盡者……「神」離人身，住於「中止」(中陰身)……如是人死，「**精神魂魄**」不齊五陰，亦不離本也，隨本所種，各得果報。[179] (3)三國吳・支謙譯《佛說八師經》 「**精神魂魄**[180]」馳，傷命而早夭。受罪頑癡荒，死復墮惡道。[181] (4)三國吳・支謙譯《佛說四願經》 凡人生時，所為善惡。「**精神魂魄**[182]」，隨其殃福(殃映和福田)。生時為人，孝順父母，忠信事君，死得上天。[183]
❻	精魂	(1)隋・闍那崛多等譯《起世經》

---

p. 386, a。

[178] 參《大樓炭經》卷 5〈災變品 12〉。詳 CBETA, T01, no. 23, p. 304, c。
[179] 參《修行道地經》卷 1〈五陰成敗品 5〉。詳 CBETA, T15, no. 606, p. 186, b。
[180] 這裡的「精神魂魄」名詞不是指向「中陰身」。
[181] 參《佛說八師經》卷 1。詳 CBETA, T14, no. 581, p. 965, b。
[182] 這裡的「精神魂魄」名詞不是指向「中陰身」。
[183] 參《佛說四願經》卷 1。詳 CBETA, T17, no. 735, p. 537, a。

		以其放逸行非法故。彼諸「非人」奪其「精魂[184]」，與其「惡」觸，令心悶亂……但彼鬼大力，強相逼惱，奪其「精魂」，與其惡觸，令心悶亂。[185] (2)南朝北齊・那連提耶舍譯《大寶積經》 王時悲亂言，不覺已及他，如「奪精魂[186]鬼」，執持於人身。[187]
❼	魂神精識	(1)三國吳・支謙譯《佛說阿彌陀經》 壽命短長，「魂神精識」，自然入趣，受形寄胎。[188] (2)曹魏・康僧鎧《佛說無量壽經》 所受壽命，或長或短。「魂神精識」自然趣之……殃惡未盡，不得相離。展轉其中，無有出期。[189]
❽	神魂	北宋・法賢譯《難儞計濕嚩囉天說支輪經》 稟性滑稽，厚於女色，目覩美麗，「神魂[190]」如失……然多疾病，偏饒患目。好在他國，不宜妻妾，每覩美麗，「神魂」失次。[191]

---

[184] 這裡的「精魂」名詞不是指向「中陰身」。
[185] 參《起世經》卷9〈劫住品 10〉。詳 CBETA, T01, no. 24, p. 354, a。
[186] 這裡的「精魂」名詞不是指向「中陰身」。
[187] 參《大寶積經》卷61〈序品 1〉。詳 CBETA, T11, no. 310, p. 352, a。
[188] 參《佛說阿彌陀三耶三佛薩樓佛檀過度人道經》卷2。詳 CBETA, T12, no. 362, p. 313, c。
[189] 參《佛說無量壽經》卷2。詳 CBETA, T12, no. 360, p. 276, a。
[190] 這裡的「神魂」名詞不是指向「中陰身」。
[191] 參《難你計濕嚩囉天說支輪經》卷1。詳 CBETA, T21, no. 1312, p. 463, b。

❾	精魄	東晉・寶雲譯《佛本行經》 時維耶離城(Vaiśālī)，吸人「精魄[192]鬼」，入城興疫病，逼迫相嬈害。[193]
❿	靈魄	三國吳・康僧會譯《六度集經》 「牛」死「靈魄」，還為主作「子」。[194]
⓫	魂魄精神	隋・闍那崛多譯《佛本行集經》 爾時魔眾，如是異形，或乘白象，或復騎馬……或見奪人「魂魄精神[195]」。[196]

　　從「魂、魄、神、靈」這幾個字詞的使用與組合來看，佛經的譯文巧妙的避開世俗人最常使用的「靈魂」二個字，只是將它倒文變成「魂靈」的字樣，而歷代祖師的著述與少數南傳的「漢文」佛經則不完全不避諱的大方使用「靈魂」二個字，而且使用頻數多達 990 次以上。

[192] 這裡的「精魄」名詞不是指向「中陰身」。
[193] 參《佛本行經》卷 5〈遊維耶離品 23〉。詳 CBETA, T04, no. 193, p. 90, a。
[194] 參《六度集經》卷 6。詳 CBETA, T03, no. 152, p. 37, c。
[195] 這裡的「魂魄精神」名詞不是指向「中陰身」。
[196] 參《佛本行集經》卷 29〈魔怖菩薩品 31〉。詳 CBETA, T03, no. 190, p. 786, c。

第二節　佛教的「三魂七魄」之說

1 道教的「三魂七魄」簡介

　　有關道教或民間信仰的「三魂七魄」之說，[197]前人的專書著述或相關研討會論文都已論述的非常完備，[198]故本論不再深究這個議題，只是用「簡介」二個字當作標題。

　　首先要說明，在中國的古書中，「魂魄」這個字詞究竟是從何開始呢？[199]這大概可追溯到《左傳‧宣公十五年(西元前 594 年)》的一段文字，如云：「晉侯使趙同，獻狄俘于周，不敬，劉康公曰：『不及十年，原叔必有大咎，天奪之魄矣。』」[200]這段的白話意思是說：晉侯晉景公派遣了趙

---

[197] 例如馬昌儀在《中國靈魂信仰》一書中，將「三魂七魄」之說分為三類。(1)天干說：與古代天干地支之數有關，天干三數，地支七數。(2)魂魄形神說：主要以道教經典之解釋為主。(3)五行說：魂屬木，魄屬金，金、木之數分別為三、七，故有三魂七魄之說。三個魂之說也見於個別的民族信仰，如「苗族、白族、拉瑪族、彝族、傈僳族」等。但是有關三個魂的名字和解釋，各族自有自己的說法。此外還有其他族相信人的靈魂不止於三個，如「基諾族」認為男人有九個魂，女人則有七個，「傣族」則相信人有「三十二個大魂、九十二個小魂。」以上詳見馬昌儀《中國靈魂信仰》，新北：雲龍出版社，2000 年，頁 203-208。

[198] 例如：謝順發〈生死兩安的招魂葬及收驚〉一文，詳《空大人文學報》第 25 期，2016 年 12 月，頁 103-118。蕭登福〈六朝道教上清派存思修鍊法門試論〉，六朝道教上清派修持法門，真佛宗研討會論文。歐崇敬〈「一魂一魄」錯解為「三魂七魄」的觀念史源流，並論祖先牌位信仰的實況〉，詳《成大宗教與文化學報》第七期，2006 年 12 月，頁 49-5649。林素娟〈先秦至漢代禮俗中有關厲鬼的觀念及其因應之道〉，成大中文學報，第十三期，2005 年 12 月，頁 59－94。戴文鋒〈從《民俗臺灣》看收魂咒術與民俗醫療〉，詳於 1999 年度財團法人交流協會日台交流センター歷史研究者交流事業報告書……等等。

[199] 據近代學者研究，中國人最早的「魂魄觀」應源自於「月亮」，其考證是根據周武王在〈文成〉一文以「月亮」的形象來標記日子，所用的字詞即提到「旁死魄、哉生明、既生魄」等。以上相關內容可參余英時〈中國古代死後世界觀的演變〉，《湯用彤先生紀念論文集》編輯委員會編，《燕園論學集》，北京：北京大學出版社，1984 年，頁 184。

[200] 參周‧左丘明傳，晉‧杜預注，唐‧孔穎達正義《春秋左傳正義》，北京：北京大

同到成周去進獻所俘虜的「狄人」，但表現得不夠恭敬。此時的劉康公(即王季子)便對趙同(即原叔)說：「不到十年，原叔一定會有大災難，因為上天已經奪走了他的魂魄了。」

　　同樣在《左傳》的〈襄公二十九年(西元前 544 年)〉也有一段故事記載說鄭國的伯有[201]準備派公孫黑去楚國，但公孫黑卻不肯去，他跟伯有說：「楚國和鄭國正在關係不好，互相憎恨，而派我去，這是等於殺死我。」伯有馬上回應說：「你家世世代代都是辦外交的？」公孫黑便回說：「可以去就去，有困難就不去，有什麼世世代代是辦外交的。」伯有硬要強迫公孫黑去。公孫黑因此發怒，就準備攻打伯有氏，此時的大夫們為他們的吵架而開始調和。就在十二月初七日，鄭國的大夫們便在伯有家裏結盟，大夫裨諶說：《詩經》說：「君子多次結盟，動亂因此滋長。」現在這樣做是一種滋長動亂的做法，禍亂不能停止，一定要「三年」然後才能解除……選擇賢人而提拔，這是為大家所尊重的。上天又為子產[202]清除障礙，使伯有喪失了「精神」，子西又去世了，執政的人只剩子產，所以一定不能推辭其責。上天降禍於鄭國已經很久了，一定要讓子產去平息它，國家才可以安定；不這樣的話，國家就將會滅亡了。」《左傳・襄公二十九年》的原文如下：「鄭大夫盟於伯有氏……詩曰：『…天又除之，奪伯有魄，子西即世，將焉辟之？天禍鄭久矣，其必使子產息之，乃猶可以戾。不然，將亡矣。」[203]這裡面也出現一個「魄」字。

學出版社，1999 年，頁 672。

[201] 伯有，即良霄(？~前 543 年)，姬姓，良氏，名霄，字伯有，是子耳的兒子，鄭國之卿。

[202] 子產生年不詳，約為西元前？年~前 522 年。姬姓，國氏，名僑，字子產，又字子美，諡成，又稱公孫僑、公孫成子、東里子產、國子、國僑、鄭喬，是春秋末期鄭國的政治家、思想家、改革家。

[203] 參周・左丘明傳，晉・杜預注，唐・孔穎達正義《春秋左傳正義》，北京：北京大學出版社，1999 年，頁 1110。

　　到了《左傳・昭公七年(西元前 535 年)》就出現「魂魄」二個字連著使用的情形，如云：「鄭人相驚以伯有，曰伯有至矣，則皆走，不知所往……或夢伯有介而行……國人愈懼，其明月，子產立公孫洩[204]及良止[205]以撫之，乃止，子大叔[206]問其故？子產曰：鬼有所歸，乃不為屬……趙景子[207]問焉？曰：伯有猶能為鬼乎？子產曰：能。人生始化曰魄，既生魄，陽曰魂。用物精多，則魂魄強，是以有精爽」[208]這段文意是說：鄭國有人因為伯有死了而互相感到非常驚擾，只要說：伯有來了！大家就都跑了，不知跑到哪裡去才好……有人曾夢見伯有「披甲」而行……國內的人們更加害怕……國內的人們就越來越恐懼了。到了下一月子產便立公孫洩和良止這兩人安撫伯有的「鬼魂」，這才停了下來。此時的子太叔便問子產為何要這樣做的原因？子產便說：「鬼一定要有所歸宿，這樣牠才不會做惡鬼作怪，我是在為他尋找一個歸宿啊！」……後來子產去晉國，趙景子便問他說：「伯有還能做鬼嗎？」子產說：「能。人在剛剛死去的時候叫做『魄』，已經變成『魄』了，相對的，有陽氣時則叫做『魂』。人在生時，如果他使用的衣食精美非常豐富，那他在死後的『魂魄』就能強而有力，因此有現形的能力，也就是將人心達到『精華神明』的境界。」

　　另外《左傳・昭公二十五年(西元前 517 年)》也有「魂魄」一起出現的經文，云：「宋公使昭子右坐，語相泣也，樂祁佐退而告人曰：今茲君與

---

[204] 公孫洩，姬姓，名洩，是子孔的兒子，鄭穆公的孫子，鄭國大夫。如《春秋經傳集解・昭公七年》云：「公孫洩，子孔之子也」。

[205] 良止，姬姓，良氏，名止，是伯有的兒子，鄭國大夫。如《春秋經傳集解・昭公七年》云：「良止，伯有子也，立以為大夫，使有宗廟」。

[206] 子太叔，即游吉(？~前 506 年)，姬姓，游氏，名吉，字子太叔(一作子大叔)，在中國春秋時期為鄭國從政，為鄭穆公的曾孫、公子偃的孫子、子蟜的兒子。

[207] 趙景子(？~前 518 年)，嬴姓，趙氏，名成，諡景，故史稱趙景子。其排行為「叔」，故又稱為趙景叔，是春秋時期晉國之卿，正卿趙武(趙文子)之子。

[208] 參周・左丘明傳，晉・杜預注，唐・孔穎達正義《春秋左傳正義》，北京：北京大學出版社，1999 年，頁 1247。

叔孫，其皆死乎。吾聞之，哀樂而樂哀，皆喪心也，心之精爽，是謂魂魄，魂魄去之，何以能久？」[209]白話意思是說：宋元公[210]設了「享禮」[211]來招待叔孫婼(即叔孫昭子)，[212]便賦了「新宮」這首詩，叔孫婼則賦「車轄」這首詩。在第二天設宴喝酒時，大家都很高興，宋元公便讓昭子坐在右邊，說著話後就掉下了眼淚。此時的樂祁[213]幫忙主持宴會，退下去便告訴別人說：「今年國君和叔孫恐怕都要死了吧！我聽說：『該高興的時候卻悲哀，而該悲哀的時候卻又高興，這都是屬於心意喪失的情形。』一個人心的「精華神明」，這就叫「魂魄」，但當「魂魄」離去了，又怎麼能活得久長呢？」

我們可以發現，從《左傳》的「宣公十五年」(西元前 594 年)到「襄公二十九年」(西元前 544 年)中所記載與人死亡有關的僅為「魄」字，一直至「昭公七年」(西元前 535 年)才出現了「魂魄」兩字連用的情形。這當中以子產對「魂魄」的說法影響後人最大，如云：「人生始化曰魄，既生魄，陽曰魂。用物精多，則魂魄強，是以有精爽，至於神明。匹夫匹婦強死，其魂魄猶能馮依於人，以為淫厲。」[214]不過余英時著，侯旭東等譯的《東漢生死觀》一書中卻認為：

我認為最好將這種解釋理解為子產個人關於「靈魂」的看法，而不是

---

[209] 參周・左丘明傳、晉・杜預注、唐・孔穎達正義《春秋左傳正義》，北京：北京大學出版社，1999 年，頁 1446。

[210] 宋元公(？~前 517 年)，子姓，名佐，金文銘文作宋公差，是中國春秋時代宋國的君主。

[211] 使臣向朝聘國君主進獻禮物的儀式。

[212] 叔孫婼(？~前 517 年)，姬姓，叔孫氏第六代宗主，名婼，諡昭，又被稱為叔孫昭子，是叔孫豹的兒子，孟丙、仲王和豎牛的弟弟。

[213] 樂祁，即樂祁犁(？~前 502 年)，子姓，樂氏，字子梁，是春秋時期宋國的卿(司城)。又稱司城子梁，是樂喜的孫子。

[214] 參周・左丘明傳、晉・杜預注、唐・孔穎達正義《春秋左傳正義》，北京：北京大學出版社，1999 年，頁 1247。

西元前六世紀的普遍觀念。<u>子產</u>所述，後來成為儒家(包括新儒家)哲學傳統裡有關「魂」和「魄」的經典之論。然而，正如我們將看到的，它並不被後代，特別是<u>漢代</u>的普通人所接受。[215]

　　因為<u>漢代</u>流行的是「天人感應」和「陰陽五行」之說，如《禮記正義》中云：「魂氣歸于天，形魄歸于地。故祭，求諸陰陽之義也。」[216]也就是「魂氣」為「陽」，「形魄」為「陰」，以此為二分之說。在漢代之前前，人死亡時只有一個「魄」或一個「魂魄」的說法，「魂氣」屬「清、輕」型，所以是「升天」；而「形魄」則屬於「濁、重」型，所以是「下地」。這些說法到了漢朝末年又受到道家或道教思想的合流，於是「魂魄」就出現了「三魂」和「七魄」的新說。「三魂七魄」名詞的出現最早載於東晉・<u>葛洪</u>(283~343)所著的《抱朴子》，此書分成《內篇》與《外篇》，《內篇》是<u>葛洪</u>對道家思想和「丹道修煉、神仙方藥、鬼怪變化、養生延年、禳邪卻貨之事」的闡述，也是現存歷史較早的煉丹術著作；《外篇》內容則是<u>葛洪</u>自己生平的自述和談論社會上的各種事情，<u>葛洪</u>的思想基本上是以「神仙養生」為內，「儒術應世」為外，在他的《抱朴子・內篇・地真》中便言：

　　守一存真，乃能通神……師言欲長生，當勤服大藥，欲得通神，當金水分形。形分則自見其身中之「三魂七魄」，而天靈地祇，皆可接見，山川之神，皆可使役也。[217]

　　又言：民難養而易危也，氣難清而易濁也。故審威德所以保社稷，割嗜欲所以固血氣。然後真一存焉，三七(指三魂七魄)守焉，百害卻焉，

[215] 參<u>余英時</u>著、<u>侯旭東</u>等譯《東漢生死觀》，上海：上海古籍出版社，2005 年，頁136。

[216] 參<u>鄭玄</u>注、<u>孔穎達</u>疏、<u>李學勤</u>主編《禮記正義》，北京：北京大學出版社，1999 年12 月)，頁817。

[217] 參晉・<u>葛洪</u>撰，<u>王明</u>著《抱朴子內篇校釋》，北京：中華書局，1996 年，頁 326。

年命延矣。[218]

依葛洪所言，「魂魄」之說已開成「三魂」與「七魄」的新學說，至唐朝段成式(803-863)[219]的《酉陽雜俎》卷二〈玉格〉也有了新說，如云：「魂以精為根，魄以目為戶。三魂可拘，七魄可制」，[220]又云：「人死形如生……太一守屍，三魂營骨，七魄衛肉，胎靈錄氣，所謂太陰練形也。」[221]而後在北宋的張君房(約西元1001年左右人)[222]所編的這部《雲笈七籤》便成為後人說法的「直接來源」。底下略舉《雲笈七籤》中記載有關「魂魄」的經文說明如下：

夫人身有三魂：
一名「胎光」，「太清陽和之氣」也。
一名「爽靈」，「陰氣之變」也。
一名「幽精」，「陰氣之雜」也。
夫三魂者，第一魂「胎光」，屬之於天，常欲得人清淨，欲與生人，延益壽算，絕穢亂之想，久居人身中，則「生道」備矣。
第二魂「爽靈」，屬之於「五行」，常欲人機謀萬物，搖役百神，多生禍福災衰刑害之事。
第三魂「幽精」，屬之於「地」，常欲人好色、嗜慾、穢亂昏暗、耽著睡眠……「胎光」延生，「爽靈」益祿，「幽精」絕死……
夫人身有三魂，謂之三命。一主命，一主財祿，一主災衰；一

---

[218] 參晉・葛洪撰，王明著《抱朴子內篇校釋》，北京：中華書局，1996年，頁330註「三七守焉」之「三七」為「三魂七魄」。

[219] 段成式，約為803年?～863年人，字柯古，為唐代博物學家、詩人、官員。段成式善於詩歌駢文，與李商隱、溫庭筠齊名，稱為「三十六體」，著有《酉陽雜俎》。

[220] 參唐・段成式撰《酉陽雜俎》，北京：中華書局，1981年，頁14。

[221] 參唐・段成式撰《酉陽雜俎》，北京：中華書局，1981年，頁16。

[222] 張君房，字尹方(或作尹才、允方)，岳州安陸人(今湖北)，為北宋的景德道士。張君房於北宋景德中「進士」及第，任尚書度支員外郎、集賢校理，主要著作有《雲笈七籤》。

常居本屬宮宿，一居地府五嶽中，一居水府。以本命之日，一魂歸降，人身唯「七魄」常居不散。[223]

其第一魄名「尸狗」，其第二魄名「伏矢」，其第三魄名「雀陰」，其第四魄名「吞賊」，其第五魄名「非毒」，其第六魄名「除穢」，其第七魄名「臭肺」。此皆七魄之名也，身中之濁鬼也。[224]

　　據上面的《雲笈七籤》之說人的「三魂」為「胎光、爽靈、幽精」，而「胎光」屬於「天」屬於「陽氣」；「爽靈」屬於「人」屬於「陰氣」；「幽精」屬於「地」亦屬於「陰氣」。「胎光」可以讓人延益壽算；「爽靈」能令陰氣制陽，則人心不清淨，多生禍福災衰刑害之事；「幽精」是陰雜之氣，會讓人心昏暗，神氣闕少，腎氣不續，脾胃五脈不通，四大疾病系體，生命之大限將至。而《雲笈七籤》中所說的「七魄」則為「尸狗、伏矢、雀陰、吞賊、非毒、除穢、臭肺」等，這些都皆屬於身中之「濁鬼」，既然是「濁鬼」就要除掉它，通常在「月朔、月望、月晦之夕」這三個時間點時，這「七魄濁鬼」就會到處流蕩，製造災難，所以道士就要想辦法去制止它，如《雲笈七籤・卷之五十四・制七魄法》云：

月朔、月望、月晦之夕，是此時也，七魄流蕩，遊走穢濁，或交通血食，往鬼來魅，或與死尸相關入，或淫赤子、聚奸伐寮，或言人之罪，詣三官河伯，或變為魍魎，使人魘魅，或將鬼入、呼邪殺質、諸殘病生人，皆魄之罪；樂人之死，皆魄之性；欲人之敗，皆魄之病。道士當制而屬之，陳而變之，御而正之，攝而威之。[225]

---

[223] 參《雲笈七籤》，卷 54，「說魂魄」，收於張繼禹主編《中華道藏》第 29 冊，北京：華夏出版社，2004 年，頁 433-434。

[224] 參《雲笈七籤》，卷 54，「說魂魄」，收於張繼禹主編《中華道藏》第 29 冊，北京：華夏出版社，2004 年，頁 435-436。

[225] 參《雲笈七籤》，卷 54，「說魂魄」，收於張繼禹主編《中華道藏》第 29 冊，北

　　如果從大略上來分類,「三魂」可歸於「精神」類,而「七魄」則歸類於「物質色身」,所以當一個人去世時,「三魂」便歸於「三條線路」,而「七魄」則歸於肉身的消失。但後來的「三魂」逐漸演變出多種說法,例如有說「三魂」是指「天魂、地魂、人魂」,人的主魂為「天魂」,這個魂是由「天」而降;「覺魂」則為「地魂」,這個魂是受「地氣」而生;「生魂」則為人,其魂則由「父精母血」而來。[226]「天、地、人」這三種魂古稱之為「胎光、爽靈、幽精」,也有說「三魂」是「元神、陽神、陰神」或「天魂、識魂、人魂」等。然後這「三魂」是生存於吾人的「精神」中,所以等人身死之後,這「三魂」便歸到這三條線路上去,例如:「天魂」若不歸於「天路」,就是歸於「神主牌」;「地魂」則到「陰間」報到去;「人魂」則留於「墓地」內,或在墓地旁徘徊。[227]下面將這些說法再做一個簡單的歸納圖解:

三魂的基本分類	與三魂類似的名詞
「天魂」歸「天路」[228] 或說歸「神主牌」	胎光。主魂(靈魂)。元神。天魂
「地魂」歸「地府」 或說到「陰間」報到	爽靈。覺魂(視魂)。陽神。識魂

京:華夏出版社,2004 年,頁 436。

[226] 以上說法引自謝順發〈生死兩安的招魂葬及收驚〉一文。詳《空大人文學報》第 25 期,民國 105 年 12 月出版,頁 112。

[227] 余安邦在〈台灣漢人的人觀、疾病觀與民俗療法:以收驚為例〉曾云:「研究結果發現:台灣西南部農村居民認為人乃由身(肉)體與十二條元神(或三魂七魄)所構成;在理想狀況下,也就是在人已經達到「好命」的理想,而當人過世以後,這十二條元神會分成三條靈魂,分別前往陰間、墳地及家中神主牌;否則就會成為「異位的亡魂」,而容易作祟擾人。」參余安邦〈台灣漢人的人觀、疾病觀與民俗療法:以收驚為例〉(「醫療與文化學術研討會」,2002 年 10 月),頁 16-17。

[228] 如《三曹成道捷徑史傳》言:「天地人之別在於依所行善惡,純淨者昇天成仙,重濁者則墮地府成幽魂。」因此,善惡之分成為人死後成鬼成神的重要依據。參不著撰人《三曹成道捷徑史傳》,台中:明正堂,1980 年,頁 124。

「人魂」徘徊於「墓地」間 或說留在「墓地」內	幽精。生魂(象魂)。陰神。人魂

　　個人認為「三魂」的解釋與佛理比較接近的就是「靈魂(主魂)、覺魂、生魂」。其中「靈魂」是主宰人的心意識全部，以佛教經論來說，可與「第八阿賴耶識」相配。「覺魂」是主宰人對善惡是非的覺悟之心。「生魂」則是主宰人的壽命與色身增長。一個人的「覺魂」如果有問題，就會「是非、善惡」不分，容易邪見、修邪法，也易走入邪道，或神經不正常。「生魂」如果有問題，就會容易生病。

　　在儒家或道教的鬼神世界裡，人是屬於萬物之靈、萬物之王，所以會認為草木只有一個比較明顯的「生魂」，就是只有「增長」的能力。而「禽獸」則有二魂比較明顯，即「生魂」與「覺魂」，「生魂」是能知生長與走動，「覺魂」則能知感知自己或其餘生物的痛苦與喜樂哀鳴之情。人類則具有「完整」明顯的三魂，即「生魂、覺魂、靈魂」三者全具備。[229]

　　《雲笈七籤》所說的「七魄」後來演變成更多更複雜的說法，有些也只是網路上的資料說明(不具嚴格的學術標準)，所以只能「參考」而已，底下只是「略介」，不再詳細。

　　例如有說「七魄」是指「喜、怒、哀、懼、愛、惡、欲」這「七情」，這「七情」都生存於色身物質中，所以當人死去，「七魄、七情」也會跟著消失。亦有說「七魄」是指「心、胃、腎、腸，膽、肝、肺」等這七部身

---

[229] 以上有關「生魂、覺魂、靈魂」三名詞說法，筆者乃參閱了王志宇撰〈台灣民間信仰的鬼神觀—以聖賢堂系列鸞書為中心的探討〉一文。詳《逢甲人文社會學報》第7期，2003 年 11 月。頁 117-140 頁。或參考不著撰人《大道心德》，台中：明正堂，1980 年，頁 65-66。

體部位。[230]

　　《洞真太上道君元丹上經》[231]下的《洞真素靈中經》則云：「諸藏思之術，吾身左三魂在吾肝中，右七魄在吾肺中，百二十形影，萬二千精光，從吾口中天橋入，上昇崑崙之山，范陽之郡，無為之鄉。」[232]也就是「七魄」是藏在吾人的「肺」中的。或如《太上老君玄妙枕中內德神咒經》所云：「老君曰：子等身中有三萬六千神，左三魂，右七魄，身有千二百形影，體有萬二千精光、五藏六腑、二十四神。常存念之，勿令離身；有病三呼，即降其真。」[233]左身具有「三魂」，右身則藏有「七魄」。

　　原本在《雲笈七籤》中所說的「七魄濁鬼」是指「尸狗、伏矢、雀陰、吞賊、非毒、除穢、臭肺」，後來又被配上：1 尸狗(專長好吃)。2 伏尸(專長好穿)。3 雀陰(專長好淫)。4 吞賊(專長好賭)。5 非毒(專長好禍)。6 除穢(專長好貪)。7 臭肺(專長好一切雜事)，[234]製圖如下：

七魄	七貪
1 尸狗	專長好吃
2 伏矢	專長好穿
3 雀陰	專長好淫
4 吞賊	專長好賭
5 非毒	專長好禍

---

[230] 以上說法請參陳德陽講《道德經白話淺釋・十五》。桃園縣一貫道《基礎雜誌》第253 期。2010 年1 月發行。頁4。

[231] 此經的撰人不詳，約出於東晉南朝，係摘錄《大有妙經》而成。

[232] 參《正統道藏》正乙部內五，電子書。

[233] 參《正統道藏・洞神部・方法類・夙字號》，台北：新文豐出版，第三十一冊，頁442。

[234] 以上說法引自陳德陽《道德經白話淺釋・十五》。桃園縣一貫道《基礎雜誌》第253 期。2010 年1 月發行。頁5。

6 除穢	專長好貪
7 臭肺	專長好一切雜事

　　因為這七魄「濁鬼」對應到這七種貪，所以修道就要將這七種「貪」給降服破壞。

　　另一種則說「七魄」就是指人身上的「血」，所以當人死後「魂飛魄散」，而身體內的「血」也就會跟著消盡了。「七魄」既然是指身上的血，則可分成七個部位不同的「血」。第一就是眼睛的血，眼睛的血是「澀」的。第二就是耳朵的血，耳朵的血是「冷」的，所以不容易凝固。第三就是鼻子的血，鼻子的血是「鹹」的。第四就是舌頭的血，舌頭的血是「甜」的。第五就是身體的血，身體的血是「熱」的，所以比較容易凝固。前五項為五根的血，分別是眼、耳、鼻、舌、身等五根，五根以外就是「臟腑」的內臟之血，我們的「臟腑」又分成「紅內臟」和「白內臟」。「紅內臟」指的是「心臟、肺、肝」等；「白內臟」則指「胃、大腸、小腸」等，因此「紅內臟」的血是屬於「腥」的；而「白內臟」的血則是「臭」的。圖解如下：235

---

235 以上資料參考了「維基百科，自由的百科全書」中的「三魂七魄」解釋。詳見網址：
https://zh.wikipedia.org/wiki/%E4%B8%89%E9%AD%82%E4%B8%83%E9%AD%8
4。

「七魄」對應到身體的七個部位	七血的特徵
眼	血澀
耳	血冷
鼻	血鹹
舌	血甜
身體內之血	血熱
「心臟、肺、肝」等的「紅內臟」	血腥
「胃、大腸、小腸」等的「白內臟」	血臭

　　印度的 Chakra 脈輪認為人本來就有七個主要的「脈輪」，從「海底輪」一直到「頂輪」，所以也有人把中國所說的「七魄」去配「七輪」[236]之說。如七魄中「屍狗魄」在「頂輪」，「伏矢魄」在「眉心輪」，「雀陰魄」在「喉輪」，「吞賊魄」在「心輪」上，「非毒魄」在「臍輪」，「除穢魄」在「生殖輪」，「臭肺魄」在「海底輪」。[237]圖解如下：

七魄	七輪
屍狗魄	頂輪
伏矢魄	眉心輪
雀陰魄	喉輪
吞賊魄	心輪
非毒魄	臍輪
除穢魄	生殖輪
臭肺魄	海底輪

　　有關道教的「三魂七魄」之說非常廣泛，像是天馬行空一般，並沒有

---

[236] 七輪指「頂輪、額輪、喉輪、心輪、臍輪、腹輪、海底輪」。

[237] 以上資料參考了「百度百科」的網路資料。詳見網址：https://baike.baidu.com/item/%E4%B8%83%E9%AD%84/8805160。

嚴格的學術標準價值，下一節是討論佛教的「三魂七魄」說法，這也是本論的重點。

2 佛教經典與「三魂七魄說」有類似的觀點

這節要探討佛教經典中與道教或民間說的「三魂七魄」是否有相似呢？首先舉出有出現「三魂七魄」字詞的經典有二部。一是掛名為東晉‧帛尸梨蜜多羅(Po -śrīmitra)譯《佛說灌頂梵天神策經》。二是掛名為唐‧不空譯《妙法蓮華三昧祕密三摩耶經》。但這兩部經都非正式的佛經，甚至是都被歸於「疑偽經」。[238]如《佛說灌頂梵天神策經》有提及「三魂七魄」的内容云：

三魂及七魄，繫縛在空山。恍忽既不定，終當墮深淵。[239]

如《妙法蓮華三昧祕密三摩耶經》提及「三魂七魄」的内容云：

金剛薩埵重白佛言：娑竭羅龍王女即身成佛時，一切眾生「三魂七魄」即身成佛，乃至草木即身成佛，「密咒」願說。爾時世尊說「即身

---

[238] 例如《灌頂經》的梵名作 Mahābhiṣeka-mantra，共十二卷，全稱為《大灌頂神咒經》或《大灌頂經》，由東晉‧帛尸梨蜜多羅(？~343 年)譯，收於《大正藏》第二十一冊。本經「十二部小經」所組成，其中第「十二部」小經名為《佛說灌頂拔除過罪生死得度經》，則與達摩笈多譯《藥師如來本願經》、玄奘譯《藥師琉璃光如來本願功德經》為「同本異譯」。《灌頂經》被疑為中國梁代以前所作之「偽經」。據實觀的《藥師經義疏》謂有「九卷」的《灌頂經》，即❶《灌頂二千神王護比丘咒經》。❷《灌頂十二神王護比丘咒經》。❸《灌頂三歸五戒帶佩護身咒經》。❹《灌頂白結神王護咒經》。❺《灌頂宮宅神王守護左右咒經》。❻《灌頂塚墓因緣四方神咒經》。❼《灌頂伏魔封印大神咒經》。❽《灌頂摩尼羅亶大神咒經》。❾《灌頂召五方龍王攝疫毒神咒經》。而十二卷的《灌頂經》是加上❿《佛說灌頂梵天神策經》、⓫《佛說灌頂隨願往生十方淨土經》、⓬《佛說灌頂拔除過罪生死得度經》等三卷而成為總數十二卷，但❿《佛說灌頂梵天神策經》則有人以為是「疑偽經」。所以《灌頂經》的「後三卷」可能都是帛尸利蜜多羅的「後人」所附加進去。而十二卷的《灌頂經》則是《開元錄》所記載，因此判斷這應該唐開元時代之「前」所會集而成的。以上可參閱洪啟嵩《如何修持藥師經》一書，台北全佛文化出版。2003 年 10 月，頁 212~213。

[239] 參《佛說灌頂經》卷 10，詳 CBETA, T21, no. 1331, p. 525, b。

成佛祕密真言」曰……說此真言,「三魂七魄」入于「妙覺」,即身成佛。[240]

除了上述兩部「非正式佛經」的文字外,其餘就是歷代祖師的著作中有提到「三魂的魄」的內容,下面按照年代順序,例舉八條如下:

1、隋・天台智者(538～597)大師說《釋禪波羅蜜次第法門・卷八》云:

經言:失魂即亂,失魄則狂。失意則惑,失志則忘,失神則死。當知外立「王道」治化皆「身內」之法。如是等義,具如《提謂經》說。[241]

智者(538～597)大師說的《釋禪波羅蜜次第法門》是由弟子法慎所記,後人弟子灌頂再治理成書,但內容提到元魏・曇靜法師撰《提謂經》(全名為《提謂波利經》)所說的「失魂即亂,失魄則狂……失神則死」的內容,但《提謂經》本身就是後人所撰述的「非佛經」,[242]所以內容夾雜了「失魂」與「失魄」的內容。

2、隋・《王梵志詩集》云:

「三魂」無倚住,「七魄」散頭飛。汎淪三惡道,家內無人知。[243]

---

[240] 參《妙法蓮華三昧祕密三摩耶經》卷1〈妙法蓮華三昧提婆達多祕密三摩耶品〉。詳 CBETA, X02, no. 204, p. 884, c。

[241] 參《釋禪波羅蜜次第法門》卷8。詳 CBETA, T46, no. 1916, p. 533, a。

[242] 《提謂經》全名為《提謂波利經》,作者是元魏沙門釋曇靜,據諸多學者的研究結論,這部經是後人所撰的「非佛說」。例如方廣錩《關於江泌女子僧法誦出經》云:「屬於前一類的有《提謂波利經》、《寶車經》、《菩提福藏法化三昧經》、《眾經要攬法偈二十一首》等四部。按照正統觀點,係後人所撰,而敢自稱為『經』者,自然應該貶斥」。詳 CBETA, ZW09, no. 77, p. 392, a。又據陳金華《傳善無畏所譯三部密教儀軌出處及年代考》云:「中國歷史上一部早期的佛教偽經--《提謂波利經》」。詳 CBETA, ZW04, no. 44, p. 427, a。

[243] 參《王梵志詩集》卷1。詳 CBETA, T85, no. 2863, p. 1324, a。

　　隋‧王梵志(？~約670年)，他的生平十分簡略，據《桂苑叢談》、《太平廣記‧卷八十二》等所載，他原名為梵天，黎陽(今河南 浚縣東南)人，原本是由隋代衛州 黎陽(今河南 濬縣)之王德祖撫養成人，故取名為梵天，後又改稱梵志，為「隋末唐初」的白話詩人。王梵志的詩對唐代詩人寒山等創作有較大影響，王維、顧況、白居易、皎然等也有風格近似的詩作。王梵志可能是一個「儒家思想」為主，而接受佛家教義的知識分子。他寫了許多的「格言詩」，在民間廣泛地被流傳著。後人所收錄的《王梵志詩集》中就有「三魂無倚住，七魄散頭飛」的文句，這必然是受民間宗教的文化影響來的。

3、唐‧永明 智覺禪師《宗鏡錄‧卷二十四》云：

　　經言：**失魂即亂，失魄則狂。失意則惑，失志則忘，失神則死。**當知外立「王道」治化皆「身內」之法。如是等義，具如《提謂經》說。

　　唐末五代的永明 智覺(904~975)禪師《宗鏡錄》之語，肯定是錄自及延續智者大師《釋禪波羅蜜次第法門》的內容。

4、南宋‧沈孟柈[244]所述的濟顛禪師《錢塘湖隱濟顛禪師語錄》云：

　　願聞！濟公念出一詞云：

---

[244] 據張忠良《濟公故事綜合研究》中云：「沈孟柈 為何人目前無法得知，只知道他是仁和(即杭州)人，亦或對佛教有粗淺的認識，題為「宋」則不知所由。不過筆者以為沈孟柈為宋朝人的可能性不大理由是：一、此「宋」字只出現在後人編修《卍續藏經》時所另加的目錄上，並不見於內文之中，且目前所見的《語錄》板本中，也不見有題為「宋」人者，可見《卍續藏經》目錄的「宋」字很可能是後來加上去的。至於《卍續藏經》的目錄上之所以會加上「宋」字，可能是針對道濟乃南宋人而言，並非指沈孟柈；況且在明‧晁瑮(？~1560)《寶文堂書目》廣收的話本小說中，只出現一本有目無書，名為《紅倩難濟顛》的作品，若當時真有一本前朝人編寫的《語錄》，晁氏的書目中怎會不錄？」詳《濟公故事綜合研究》，秀威資訊出版社，2007年4月，頁58-59。

蝶戀花枝應已倦，睡來春夢難醒，「羅衣」(傳說中在葬頭河邊奪取死者「衣服」之「鬼婆」)卸下不隨身。三魂遊閬
苑(神仙住處)，七魄遠蓬瀛(蓬萊仙山與瀛州)，故把羅鞋遮洞口。須知覺後生嗔，非因道濟假人情。斷除生死路，絕却是非門。(右調臨江仙)²⁴⁵

　　上面是南宋「臨濟宗」楊岐派僧道濟(1150～1209)禪師的語錄，語錄中有收錄一首詞，作詞的起因是道濟禪師在王行首的陰門上放了一隻小鞋，事後為了說明因緣，特地作了「臨江仙」詞一闋，但在這首詞中也有完整的「三魄」與「七魄」字詞，可見道濟禪師雖然是佛門的大禪師，但他寫的詞句也是將「三魂七魄」字眼融入其中。

5、元・德因撰、如瑛編《高峰龍泉院因師集賢語錄・卷之七・諸般佛事門・召亡文(附設俗儀)》云：
「真詮奧典」聞誦而福長災消，「秘密妙言」聽演而冤超罪滅。
伏願靈魂承茲祭奠，常生飽滿之情，永絕飢虛之相。
迢迢自在越三天，歷歷逍遙超十地。
三魂不昧，七魄儼然。勞駕雲程，伏惟珍重。(舉)生天界菩薩(和)摩訶薩……惟願神功有感，聖德無遺。引請亡某人尊魂……
三魂自在，七魄如生，來降道場。²⁴⁶

　　在元・德因撰、如瑛編的《高峰龍泉院因師集賢語錄》中也是出現了「三魄」與「七魄」的字詞，但這是用在超度死者亡靈所用的字詞，不過撰寫與編輯的人還是佛教僧人德因與如瑛法師。

6、明末・紫柏大師(明末四大師之一)《紫柏老人集・卷之二十一》云：

245 參《濟顛道濟禪師語錄》卷 1。詳 CBETA, X69, no. 1361, p. 604, b。
246 參《高峰龍泉院因師集賢語錄》卷 7。詳 CBETA, X65, no. 1277, p. 29, c。

魂魄辨⋯⋯

夫迷「順」而不知「逆」者，恣情而昧性，其生也為「魄」，死也為「鬼」。「順」而知「逆」者，悟性而治情，其生也為「魂」，其死也為「神」⋯⋯予故曰：眾人「恣情」而昧「性」。則「魄盛」而「魂衰」。君子則「魂多」而「魄少」。以其聞道，而能以「理」折「情」故也。故「魄」為鬼之因，「鬼」為魄之果。「魂」為神之因，「神」為魂之果。因果「精」。而魂魄鬼神之說明，若鏡中見眉目耳，夫何疑哉？

至於「三魂七魄」之說，此眾人也。「魂多」而「魄少」，此君子也。唯聖人「無魄」而惟「神」，故其生也。生不能累，而其死也，豈獨有累耶？⋯⋯故曰：微塵尚諸學，明極即如來。又曰：一切浮塵諸幻化相，應念化成無上知覺⋯⋯《楞嚴》之為經也，妙矣！深矣⋯⋯至於命者，則「魂魄鬼神」之說，「始、終、逆、順」之淺深，精而粗之，粗而精之⋯⋯無疑處使之生疑，有疑處使之無疑，此聖人之深慈，君子之苦心也，學者不可不知焉。[247]

　　明末四大師之一的紫柏 真可(1543～1603)大師，與袾宏、憨山、智旭，並稱作明代四大高僧，紫柏大師十七歲剃髮，二十歲受具足戒，偶於五臺山行腳時聽到張拙的「見道偈」而獲得開悟，[248]他主張「釋、道、儒」三教一致，所以紫柏大師在討論「三魂七魄」的問題時就提出不少新的見解來，例如根據上面所引原文中，他說：一般的凡夫是「魄盛而魂衰」型，也就是「理智」大於「情緒」，而一位修行的君子則是屬於「魂多而魄少」型，因為他能夠以「理智」去折服「情緒」。最差的是「鬼」，因為「魄」是

---

[247] 參《紫柏尊者全集》卷 21。詳 CBETA, X73, no. 1452, p. 326, a。

[248] 如明・憨山 德清之〈徑山達觀 可禪師塔銘〉載：「一日聞僧誦張拙〈見道偈〉。至『斷除妄想重增病，趨向真如亦是邪』，師曰：錯也，當云方無病、不是邪。僧云：你錯，他不錯。師大疑之，到處書二語於壁間，疑至頭面俱腫。一日齋次忽悟，頭面立消，自是凌躒諸方。嘗曰：使我在臨濟德山座下，一掌便醒，安用如何如何。」參《憨山老人夢遊集》卷 27。詳 CBETA, X73, no. 1456, p. 652, c。

「鬼」之「因」，而「鬼」則是「魄」之「果」，所以「鬼」中是沒有「魂」存在的。人道再上去就是「神仙」，所以「魂」就成為「神仙」之「因」，而「神仙」則是「魂」之果。對於已解脫成就的大聖人則是「無魄而惟神」，只有「神」而已，此時的「生死」問題都不能再連累到已解脫的聖人，所以不會像「凡人、君子、鬼、神仙」有著「魂」與「魄」的比例大小問題。

其中有趣的是紫柏大師的最後話語引了兩段《楞嚴經》的內容來作補充解釋，一是《楞嚴經·卷六》的經文：「餘塵尚諸學，明極即如來。」[249]白話意思是說：若還有些許殘餘微細的「無明塵垢」還未滅盡，則尚屬於處在諸「有學地」仍未達「無學地」的菩薩，若能將「無明塵垢」全部滅盡而達「圓明極淨」者，此即是究竟之如來果位。紫柏大師引《楞嚴經》此段經文的目的就是要說明解脫的「聖人」已能將「無明塵垢」全部滅盡而達「圓明極淨」的地步，所以屬於「無魄而惟神」的境界。

另一段則是引用了《楞嚴經·卷四》的經文：「如是浮塵及器世間諸變化相如湯銷冰，應念化成無上知覺。」[250]白話意思是說：如是一切的「虛浮塵相」及「器世界」所生起的種種變化相，都將會如滾湯銷融冰塊一樣的淨盡。此時諸妄除盡，真心現出，一念之間便轉化而成為無上的真知真覺。紫柏大師引此文的目的也是在說明已解脫的「聖人」能將種種虛浮塵相的幻影全部消盡，就在一念間便能成為無上的真知真覺。

7、明末·憨山大師(明末四大師之一)《憨山老人夢遊集·卷十》云：

每日誦《彌陀經》兩卷，念佛若干，或不計數。只是心心不忘佛號，

---

[249] 參《大佛頂如來密因修證了義諸菩薩萬行首楞嚴經》卷6。詳 CBETA, T19, no. 945, p. 131, b。

[250] 參《大佛頂如來密因修證了義諸菩薩萬行首楞嚴經》卷4。詳 CBETA, T19, no. 945, p. 123, c。

即此便是話頭，就是性命根宗。更不必問如何是性命？當人本來面目及「三魂七魄元辰」之說。者些全是在血肉軀上，妄認妄指之談，俱無下落。[251]

　　明末四大師之一的<u>憨山</u> <u>德清</u>(1546～1623)大師，與<u>袾宏</u>、<u>真可</u>、<u>智旭</u>，並稱為明代四大高僧，著述非常的豐富，大師的弟子<u>福善</u>、<u>通炯</u>等匯編成《憨山老人夢遊集》(又作《憨山大師夢遊全集》)共五十五卷(古本四十卷)，在《夢遊集》的第十卷中，因為有人問「淨土」的相關問題，但在大師的回答內容中也稍提到了「三魂七魄」的名詞，大師認為只要「心心不忘佛號」的修行就是一種「性命根宗」，不必再去理會什麼「三魂七魄」或「本命元辰」之說，甚至認為這些理論都是因為吾人執著在「血肉身軀」上而造成了「妄認妄指之談」，最後<u>憨山</u>大師依舊是引用了《楞嚴經》之言來作結論，如云：「但看《楞嚴經》中說的分明，若說有相皆妄，此言是參禪門中的話。單單只求清淨真心，不容一物，故說有相皆妄。」[252]也就是「三魂七魄」與「本命元辰」還是落在「名相」上的一種討論與辯解，如果要去深入研究出最終版正確答案的話，只會得到「俱無下落」的結論罷了。

8、明・<u>圓澄</u>大師《會稽雲門湛然澄禪師語錄・卷七》云：

問：身中果有「三魂七魄」？不知有魂管「尸骨」不？

答：……原是「一精明」，分成「六和合」。如能獲悟，則「一根」若返源，「六用」成解脫。

又云：尚非其一，何處有六？「一、六」既非，「三、七」何有？不可以迷為解，自起深疑也……所謂「三魂七魄、十二宮辰」，不可執其「定

---

[251] 參《憨山老人夢遊集》卷 10。詳 CBETA, X73, no. 1456, p. 530, b。
[252] 參《憨山老人夢遊集》卷 10。詳 CBETA, X73, no. 1456, p. 530, b。

有定無」也，拙衲管見如此。²⁵³

明代曹洞宗僧<u>圓澄</u>(1561～1626)大師，是<u>會稽</u>(<u>浙江</u>)人，俗姓夏，字<u>湛</u><u>然</u>，號<u>散水道人</u>，是跟<u>雲棲 袾宏</u>大師受戒的，年謹三十歲便已悟道，²⁵⁴著有《湛然圓澄禪師語錄八卷》行世，及《楞嚴臆說》、《法華意語》、《金剛三昧經注》、《涅槃會疏》、《慨古錄》、《宗門或問》等。

在<u>圓澄</u>大師《會稽雲門湛然澄禪師語錄》中有出現「三魂七魄」的問答錄，<u>圓澄</u>大師因為精通《楞嚴經》，所以他便巧妙的舉《楞嚴經》的文義回答，如《楞嚴經》云：「元依一精明，分成六和合；一處成休復，六用皆不成。」²⁵⁵白話意思是說：眾生的「六根」就如同虛幻的影戲一樣，「六根」元本即是依於一個「真精妙明」的「阿賴耶識」來的，亦即「阿賴耶識」會緣現分成「六根和合」的妄相。若於能在此六根中選擇其中「一根之處」去修行，例如從耳根的「反聞聞自性」起修，只要耳根一門能達成「休絕脫塵」，進而復返於「不生不滅的真性」境界，則六根被「分隔之作用」皆不能成為障礙，能開啟「六根互用」的妙境。<u>圓澄</u>大師接著再舉《楞嚴經》之言：「當知是根非一非六，由無始來顛倒淪替，故於圓湛一六義生。」²⁵⁶白話意思是說：你應當要知道在「六根」未形成之前，本來就是「非一根、非六根」的。然由於無始以來的「起惑造業」，形成種種顛倒，眾生便淪墜於生死交替的苦海中，故於原本「圓滿湛然」的「真心」

---

²⁵³ 參《湛然圓澄禪師語錄》卷 7。詳 CBETA, X72, no. 1444, p. 817, b。

²⁵⁴ 圓澄師於三十歲便悟道，詳見於《湛然圓澄禪師語錄》卷 8 云：「憶乾峰『舉一不得舉二』話，乃大發明。從此於一切公案了了，出語縱橫，不存軌則，而猶自謂所詣未極。又三年庚寅，夜坐凝寂，忽若虛空震絕，須臾而甦。師時年已三十矣」。詳 CBETA, X72, no. 1444, p. 839, a。

²⁵⁵ 參《大佛頂如來密因修證了義諸菩薩萬行首楞嚴經》卷 6。詳 CBETA, T19, no. 945, p. 131, b。

²⁵⁶ 參《大佛頂如來密因修證了義諸菩薩萬行首楞嚴經》卷 4。詳 CBETA, T19, no. 945, p. 123, a。

(原無「一」與「六」)中而妄生「一根」與「六根」的種種差異或相同的戲論義。

　　所以據《楞嚴經》的義理來說，「一根」與「六根」都是不存在的假相，既然如此，那所謂的「三魄」與「七魄」怎又會有真實的「存在」呢？圓澄又解釋說：「不可以迷為解，自起深疑也……身中『十二宮辰』，此本『玄門外道』，執色身為自己者，作此說也……若能了悟能依之色身不有，則所依之『十二宮辰』何在？亦不可執『無有身』落於『斷見』。何則？人人有『法身』常住，不生不滅，備之在我，終不繇他……惟一虛空，何有『十二宮辰』？『天地』可譬人身，『虛空』可譬法身，迷成兩途，悟惟一致。所謂『三魂七魄、十二宮辰』，不可執其『定有定無』也，拙衲管見如此。」[257]從圓澄大師的觀點來看，他很肯定的認為民間的「三魂七魄、十二宮辰」這類的思想，不必過度執著它一定有「真實」的義理，要打破沙鍋問到底為止；或者「完全沒有義理存在」，應該保持一個「般若中道」的平常心來看待這個議題，不可執著它為「定有定無」。

　　以上從歷代祖師的著作中舉出了八條有關「三魂七魄」的內容，討論到最多的都是明代的作品，如明・紫柏大師(1543～1603)《紫柏老人集・卷之二十一》、明・憨山(1546～1623)大師《憨山老人夢遊集・卷十》、明・圓澄(1561～1626)《會稽雲門湛然澄禪師語錄・卷七》。而這三人的著作都引用《楞嚴經》去做解釋與補充，這也是非常巧合的事。

　　下面要介紹《佛說地藏菩薩發心因緣十王經》中有提到「三魂七魄」的義理探討，首先介紹這本經的「撰寫」作者是東漢・嚴佛調法師。嚴佛調法師，又名嚴浮調(大約生於西元 117~197 年)，簡名嚴調，是下邳（江蘇睢

---

[257] 參《湛然圓澄禪師語錄》卷 7。詳 CBETA, X72, no. 1444, p. 817, b。

甯古邳鎮）人。[258]他有四個第一的稱號，如：中國漢人出家的第一人、翻譯佛典中的第一人、自撰經書第一人、境外傳道第一人。[259]嚴佛調因出家入佛，所以就在他名子的中間加了一個「佛」字，叫嚴佛調。漢人嚴佛調當時值遇安息國的安世高來華，敷揚佛法，傳譯梵典，後來嚴佛調便與安玄法師倆入同入安世高大師的門下，共譯經典，前後所譯成的經書多種，流傳於世。嚴佛調除了翻譯佛經外，亦深解禪法，乃自撰《十慧章句》一書，以闡明「禪旨」，此書也是漢土注疏之始。在《出三藏記集》曾記他是「綺年穎悟，敏而好學，信慧自然，遂出家修道。」[260]後來嚴佛調在自己的著作中就直接署名為「嚴阿祇梨浮調」，[261]這說明他對佛教經義已達駕輕就熟的程度。

嚴佛調法師曾經在自己的「三昧」定境中遇到「真佛示現」，傳授了一部經給他，經名為《佛說地藏菩薩發心因緣十王經》，但嚴佛調自己都說這不是「佛說的經」，也不是來自「梵本」，而是屬於「佛夢授經」的內容，如云：

> 此《佛說地藏菩薩發心因緣十王經》梵本並非「多羅」文(指真正佛講的經)，(乃拙僧於)「三昧」之內，真佛示現，(傳)授此經。梵文從「三昧」起。先書竹帛，然後修習。從北天竺，到支那國(中國)。[262]

雖然嚴佛調(大約生於西元117~197年)有撰寫過「夢授經」的《佛說地藏

---

[258] 參李修運〈中國第一位高僧嚴佛調是邳州人〉一文。大洲文苑發表。參見網址：https://kknews.cc/zh-tw/other/g8b3jz8.html。

[259] 參上述資料引自〈嚴佛調：漢族出家第一位僧人〉。來源：大公佛教。網址：http://news.takungpao.com.hk/special/cp3653/2014-12/38035.html。

[260] 參《出三藏記集》卷13。詳 CBETA, T55, no. 2145, p. 96, a。

[261] 參《出三藏記集》卷10。詳 CBETA, T55, no. 2145, p. 69, c。

[262] 參《佛說地藏菩薩發心因緣十王經》卷1。詳 CBETA, X01, no. 20, p. 407, c。

菩薩發心因緣十王經》，但卻到了唐代的藏川法師於天聖十年十一月(西元 1032)才重新「譯述」這本《佛說地藏菩薩發心因緣十王經》。[263]但是藏川法師還有「譯述」一部經名為《預修十王生七經》，此經又稱為《閻羅王授記四眾逆修生七往生淨土經》、《十王經》、《十王生七經》、《預修十王經》，目前被收於《大正藏》第九十二冊的「圖像」部內。

　　關於藏川所「譯述」的《佛說地藏菩薩發心因緣十王經》之起源，學界說法不一。有謂《預修十王生七經》與《佛說地藏菩薩發心因緣十王經》是「同本異譯」。據日人景耀《考信錄・卷四》中舉出，《佛說地藏菩薩發心因緣十王經》文體雜亂，推測可能南日本平安末期或鎌倉初期，由某日人根據《預修十王生七經》而「偽撰」成《佛說地藏菩薩發心因緣十王經》。[264]所以現在「流通」的《佛說地藏菩薩發心因緣十王經》或許已不是嚴佛調當時的「原本」，是已被「偽撰」編出來的內容了。本論不再繼續討論《佛說地藏菩薩發心因緣十王經》是否被「後人」另外「偽撰」的問題，而是要舉《佛說地藏菩薩發心因緣十王經》曾經對「三魂七魄」的解釋。如云：

　　爾時世尊告閻魔王及秦廣王等言：一切眾生各有「六識、八識、九識」，義如前說。今此經中唯有二說。魂識說「三」，魄識說「七」。
　　三種「魂識」：
　　一名「胎光業魂」神識。(註：約同於道教名詞中的「主魂」)
　　二名「幽精轉魂」神識。(註：約同於道教名詞中的「生魂」)
　　三名「相靈[265]現魂」神識。(註：約同於道教名詞中的「覺魂」)

---

[263] 如《佛說地藏菩薩發心因緣十王經》末記曰：「大聖文殊，於照耀殿，為許流通，時天聖十年十一月也」。詳 CBETA, X01, no. 20, p. 407, c。
[264] 以上說法參見《佛光大辭典》p2321。
[265] 「相靈」二字疑指的是與「爽靈」同義。

於「阿賴耶識」開為「三魂」，心性、心相，如水中波不二……三魂隨
善惡業，流轉生死，受苦受樂，無有間斷。依造惡業，受三塗苦。
如今眾生，依我修善，令得佛道。一切眾生亦復如是。

七種魄識：

一名「雀陰魄」神識。

二名「天賊魄」神識。

三名「非毒魄」神識。

四名「尸垢魄」神識。

五名「臭肺魄」神識。

六名「除穢魄」神識。

七名「伏尸魄」神識。

於「七轉識」，分別性相准魂可知。[266]

　　前一節已提到眾多的「三魂」與「七魄」名相定義，這節將要縮小定義範圍來探討，個人認為「三魂」的解釋與佛理比較接近的就是「靈魂(主魂)、覺魂、生魂」這三個定義。例如《佛說地藏菩薩發心因緣十王經》所說的「三魂」名詞是「胎光業魂神識、幽精轉魂神識、相靈[267]現魂神識。」換成另一個名詞即指「主魂、生魂、覺魂」。但有趣的是，《佛說地藏菩薩發心因緣十王經》竟然巧妙的把「三魂」推回「阿賴耶識」這個原始起點，如云：「於阿賴耶識開為三魂，心性、心相，如水中波不二。」[268]意即「阿賴耶識」是為「心性」；而「三魂」是為「心相」，就像「水」(喻阿賴耶識)與「波」(喻三魂)兩者「非一非異、不即不離」的道理。《佛說地藏菩薩發心因緣十王經》中將「阿賴耶識」開為「三魂」的說法，看似新穎，但在《楞伽阿跋多羅寶經》也有類似的說法，如經云：

---

[266] 參《佛說地藏菩薩發心因緣十王經》卷 1。詳 CBETA, X01, no. 20, p. 404, b。

[267] 「相靈」二字疑指的是與「爽靈」同義。

[268] 參《佛說地藏菩薩發心因緣十王經》卷 1。詳 CBETA, X01, no. 20, p. 404, a。

　　<u>大慧</u>！略說有「三種識」，廣說有「八相」。何等為三？謂：

「**真識**」(第九識[269]or 淨分阿賴耶識)。

「**現識**」(第八識 or 染分阿賴耶識)及

「**分別事識**」(前七識，前七識亦為第八阿賴耶所生[270])。

　　<u>大慧</u>！譬如「明鏡」持諸色像，「現識」(第八識)處現，亦復如是。[271]

　　據《楞伽阿跋多羅寶經》的說法，「三種識」分成「**真識**」(第九識或淨分阿賴耶識[272])、「**現識**」(第八識 or 染分阿賴耶識[273])及「**分別事識**」(前七識)，其實主要還是一個「阿賴耶識」，因為如果轉染成淨，轉「阿賴耶識」成「大圓鏡智」，[274]那就稱為「淨分阿賴耶識」，如果沒有轉染成淨，那就暫稱為「染分阿賴耶識」，而「阿賴耶識」本來就具有生出「前七識」及一切萬法的功能，[275]那麼《佛說地藏菩薩發心因緣十王經》中將「阿賴耶識」開為「三魂」的觀點，雖然不見於真正的佛經所說；但如果我們把「三魂」的定義縮小成

---

[269] 所謂的「第九識」之說可參考《入楞伽經》卷9〈總品 18〉云：「八、九種種識，如水中諸波，依薰種子法，常堅固縛身，心流轉境界，如鐵依磁石」。詳 CBETA, T16, no. 671, p. 565, b。以及《大乘入楞伽經》卷6〈偈頌品 10〉云：「八、九識種種，如海眾波浪，習氣常增長，槃根堅固依，心隨境界流，如鐵於磁石」。詳 CBETA, T16, no. 672, p. 625, a。

[270] 如《成唯識論》卷4云：聖說「此識」(指第七)依「藏識」(第八識)故。詳 CBETA, T31, no. 1585, p. 19, b。

[271] 參《楞伽阿跋多羅寶經》卷1〈一切佛語心品〉。詳 CBETA, T16, no. 670, p. 483, a。

[272] 參《三藏法數》卷6云：「真識」者，謂自性清淨心也。蓋第八阿賴耶識，通「真」通「妄」，「妄」即是「染」；「真」即是「淨」。今言「淨分」，故名「真識」也。詳 CBETA, B22, no. 117, p. 193, c。

[273] 參《三藏法數》卷6云：「現識」，現謂「變現」，即能生諸法之本也。此言「第八識」，含藏一切善惡種子，變現「根身、世界」，故名「現識」也。詳 CBETA, B22, no. 117, p. 193, c。

[274] 參《大乘本生心地觀經》卷2〈報恩品 2〉云：大圓鏡智，轉「異熟識」(第八意識)得此智慧。詳 CBETA, T03, no. 159, p. 298, c。

[275] 參《轉識論》卷1。詳 CBETA, T31, no. 1587, p. 62, b。

「靈魂(主魂)、覺魂、生魂」，而這「三魂」都是由「阿賴耶識」所變現的，那就說的通了，因為在護法的《成唯識論》就有說「阿賴耶識」會因「眾因緣」而變現或顯現出一切萬法，如云：「阿賴耶識『因緣力』故，自體生時，內變為『種』(種子)及『有根身』，外變為『器』(器世界)」。[276]在《大乘理趣六波羅蜜多經》亦云：「『藏識』(阿賴耶識)為所依，隨緣現眾像。」[277]所以「阿賴耶識」能變現出「靈魂(主魂)、覺魂、生魂」也是屬於「阿賴耶識」的業用之一，如《大乘理趣六波羅蜜多經》中就說所有的「食衣住行、行住坐臥」等都是「阿賴耶識」所生起的作用，經云：「睡眠與昏醉，行住及坐臥，作業及『士用』(puruṣakāra-phala 謂人使用工具所造作之各類事情，故稱為「士用果」)，皆依『藏識』(阿賴耶識)起」。[278]底下再將這「三魂」的詳細解釋以圖表說明：

主魂 (靈魂)	眾生會造「善惡業力」而六道輪迴，然而每位眾生的「靈性之魂」(喻為阿賴耶識)卻是「不生不滅、不增不減、不染不淨」的。如《大乘密嚴經》云：「一切眾生『阿賴耶識』，本來而有、圓滿清淨出過於世、同於涅槃……性常圓潔不增不減。」[279]或如《成唯識論》云：「阿賴耶識……非斷非常以恒轉故……如瀑流水，非斷非常……謂此識性，無始時來剎那剎那果生因滅。果生故非斷，因滅故非常。非斷非常是緣起理，故說此識恒轉如流。」[280]
覺魂	每個人都有此「覺善之魂」，只是大部份的人都沒有讓「覺魂」顯現出來。有些人天天都在修他的「覺魂」，例如「清修客、

---

[276] 參《成唯識論》卷 2。詳 CBETA, T31, no. 1585, p. 10, a。

[277] 參《大乘理趣六波羅蜜多經》卷 10〈般若波羅蜜多品 10〉。詳 CBETA, T08, no. 261, p. 911, b。

[278] 參《大乘理趣六波羅蜜多經》卷 10〈般若波羅蜜多品 10〉。詳 CBETA, T08, no. 261, p. 911, c。

[279] 參《大乘密嚴經》卷 2〈阿賴耶建立品 6〉。詳 CBETA, T16, no. 681, p. 737, c。

[280] 參《成唯識論》卷 3。詳 CBETA, T31, no. 1585, p. 12, c。

	宗教師、修道士、覺悟者」，這些人是屬專心向善修德，所以「覺魂」特別的明顯。一般平庸凡夫的「覺魂」很少顯現，並不是說凡夫完全沒有「覺魂」。 另一種是屬於「覺惡之魂」，這好比很聰明、有大腦的人，不一定「從善」，可能專做壞事。很多「修道人」也是如此，他可能跟隨「外道」在修。
生魂	人是由「父精母血」所結，人一生下來即有生命的「魂性」，故每人皆有「初生之魂」，甚至有的會被「觸嬈」。如《佛說長阿含經》云：「一切男子、女人初始生時，皆有鬼神隨逐擁護。若其死時，彼守護鬼攝其精氣，其人則死……今人何故有為鬼神所觸嬈者？有不為鬼神所觸嬈者？」[281] 這個「初生之魂」剛開始很不穩定，容易受「干擾」，[282]所以小孩子常常需要「收驚」。大人的魂就比較穩，「收驚」的次數就相對降低。 另一種指的是「生長之魂」。如果「生魂」強的人，生命力及朝氣也都會旺起來。如果「生魂」暫停或暫時遺失，那生命力及朝氣也會停止，甚至「四肢雙手」變得呆滯，不聽使喚，無法靈活移動。

在《瑜伽師地論》中提到「阿賴耶識」的八種相用，云：

> 由八種相，證「阿賴耶識」決定是「有」。謂若離「阿賴耶識」，

---

[281] 參《長阿含經》卷 20〈忉利天品 8〉。詳 CBETA, T01, no. 1, p. 135, b。

[282] 如《正法念處經》有提到「噉小兒餓鬼」，這種鬼專門找小兒下手，等待機會把小兒弄死。另外在《佛說守護大千國土經》及《佛說護諸童子陀羅尼經》都同時說到有一種鬼除了吃「小兒」外，也吃「人胎」，也就是會讓人容易流產，不讓人「受孕」成功，這種鬼多達十五種，都有詳細完整的名稱。

❶「依止執受」不應道理。(指此識能為「染、淨」諸法之所依止，而且「執持」這些「諸法」而不失)➜約可相配於「主魂」之說。

❷「最初生起」不應道理。(指此識最初於母腹「託胎」之時，就像是「磁石吸鐵」，磁石喻識，鐵喻父精母血)➜約可相配於「生魂」之說。

❸「有明了性」不應道理。(指此識於一切「善、惡、無記」三性諸法，皆悉能明了分別，無有任何的暗昧)➜約可相配於「覺魂」之說。

❹「有種子性」不應道理。(指此識能任持「世間、出世間」等諸法的「種子」，令不「散失」)

❺「業用差別」不應道理。(指此識能隨「染緣」而造作惡業，亦能隨「淨緣」而造作善業，有種種差別不同)➜約可相配於「覺魂」之說。

❻「身受差別」不應道理。(「身」以「積聚」為義，指此識能「含藏」一切諸法，故亦稱為「身」。此識能「領受」第七「末那識」之所薰習，而於「善惡」諸法不相混濫，故此識亦稱為「身受差別」)

❼「處無心定」不應道理。(指入「無想定」或「滅盡定」的行者，雖已滅了「受、想」心，已斷了「出、入」息，然此識仍然「不滅」)

❽「命終時識」不應道理。(指眾生命將終時，冷觸漸起，唯有此識尚能「執持」這個色身，當此識若「捨離」色身，則四大即分散)

➜約可相配於「主魂」之說。

何故？若無「阿賴耶識」依止執受不應道理。[283]

「阿賴耶識」有八種的相用，其中「依止執受」約可相配於「主魂」之說。「最初生起」約可相配於「生魂」之說。「有明了性」約可相配於「覺魂」之說。「業用差別」約可相配於「覺魂」之說。「命終時識」約可相配於「主魂」之說。既然「阿賴耶識」具有這八種的「相用」，若以「主魂、生魂、覺魂」這三魂去是相配，大致情形應是如此。

---

[283] 參《瑜伽師地論》卷 51。詳 CBETA, T30, no. 1579, p. 579, a。

　　在民間或宗教上皆常說「三魂少一魂」的術語，那到底是少那一魂？推測如下：如果少了「生魂」，那人就停止「生長」，四肢雙手都是呆滯狀態，或不聽使喚，甚至不能動。如果少了「覺魂」，那整個人好像失去「自己神識」一樣，好像不是本人，像是被「異靈」侵佔了他的魂一樣。如果連「靈魂」(主魂)也停了，表示此人「世緣已盡」，靈魂準備進行搬遷和輪迴。

　　如果從客觀的定義上來說，人與動物也都有這「三魂」，只是動物的「覺魂」非常低，沒有像人類那麼「明顯」，只剩「生魂」與「靈魂」(主魂)在支配著。動物的「覺魂」比較低，所以沒有像人類一樣明顯的「羞恥心」，因為「人之所以異於禽獸者幾希，庶民去之，君子存之。」[284]及「無惻隱之心，非人也；無羞惡之心，非人也；無辭讓之心，非人也；無是非之心，非人也。」[285]人有仁義之質，有知善和行善的能力，而禽獸則沒有；人能行善而禽獸不能；人有倫理道德觀念而禽獸不能；人有倫理道德觀念而禽獸沒有；人有道德自覺而禽獸沒有；人有惻隱之心而禽獸沒有；人有善惡之心而禽獸沒有。至於「植物」那就更少了，嚴格來說只有「生魂」具有生長的現象，但是「覺魂」與「主魂」幾乎是「不明顯」的。

　　如果是已判定為「植物人」(排除醫學治療問題)，而且四肢都不會動，那可能是少了「生魂」；植物人如果四肢還會稍微動一點，但是完全沒有「意識」，那可能是少了「覺魂」；植物人如果「四肢」完全不動，醫療的電子儀器也沒有偵測到「意識」存在，那可能就只剩下「主魂」(靈魂)而已。

　　如果有人是屬於四肢僵硬，完全不能行走，或是長短手，或是長短

---

[284] 參《孟子，離婁下》。
[285] 參《孟子‧公孫丑章句上》。

腳，或是生理特殊病痛，但經過某些宗教儀式的「作法收魂」之後就突然變好了(排除醫學治療問題)，那表示這個人的「生魂」可能暫時丟了，類似佛典《大寶積經》上所說「如奪精魂鬼，執持於人身。」[286]及《起世經》上說：「彼諸非人，奪其精魂。」[287]既然「生魂」被奪，所以身上就會產生特殊的「狀況」，如生病、昏迷、失智、重度憂鬱、不明原因的病痛等等。

　　底下試舉十部佛經中有提到「類似」少了「某魂」的經文義理，製表解說如下：

佛經名稱與經文內容	三魂中有可能欠缺某一魂的推測
(1)南朝北齊·那連提耶舍譯《大寶積經》 王時悲亂言，不覺己及他，如「奪精魂鬼」，執持於人身。[288]	經文中有明確提到「奪精魂鬼」的存在，所以有可能被奪「生魂」或「覺魂」，因為如果奪走的是「主魂」，那人就算死亡滅盡。
(2)隋·闍那崛多等譯《起世經》 以其放逸行非法故。彼諸「非人」奪其「精魂」，與其「惡」觸，令心悶亂……但彼鬼大力，強相逼惱，奪其「精魂」，與其惡觸，令心悶亂。[289]	經文提到有一些「非人」是會奪掉人的「精魂」，奪走後那人就會突然產生「悶亂」情形。
(3)隋·達摩笈多譯《佛說藥師如來本願經》	經文說明如果持誦《藥

---

[286] 參《大寶積經》卷61〈序品 1〉。詳 CBETA, T11, no. 310, p. 352, a。
[287] 參《起世經》卷9〈劫住品 10〉。詳 CBETA, T01, no. 24, p. 354, a。
[288] 參《大寶積經》卷61〈序品 1〉。詳 CBETA, T11, no. 310, p. 352, a。
[289] 參《起世經》卷9〈劫住品 10〉。詳 CBETA, T01, no. 24, p. 354, a。

若復有人誦持此經，以得聞彼世尊藥師琉璃光如來名號……亦復不為諸鬼所持奪其「魂魄」。[290]	師經》及稱念「琉璃光如來」名稱者，將不會被「諸鬼」把人的「魂魄」給奪走，可見會把人「魂魄」給奪走的「鬼」確實是存在的。
(4)隋‧闍那崛多譯《佛本行集經》 爾時魔眾，如是異形，或乘白象，或復騎馬……或見奪人「魂魄精神」。[291]	經文說魔眾有很多的千奇百怪的「異形」，有些就是專門在「奪人魂魄精神」的魔眾。
(5)東晉‧帛尸梨蜜多羅譯《佛說灌頂摩尼羅亶大神咒經》 佛告阿難：有「問人魂鬼」、「繫人魄鬼」。[292]	經文出現「會問人魂」的鬼，以及「會繫縛人魄」的鬼，所以專門捉弄「人魂、人魄」的鬼都是存在的。
(6)東晉‧竺曇無蘭譯《佛說摩尼羅亶經》 有國中鬼、有山中鬼、有林中鬼……有飛行鬼、有「問人魂魄鬼」。[293]	經文出現「會問人魂魄」的鬼，這應該與上面《佛說灌頂摩尼羅亶大神咒經》所說的鬼一樣，就是有專門在捉弄「人魂、人魄」的鬼。
(7)東晉‧寶雲譯《佛本行經》 時維耶離城(Vaiśālī)，吸人「精魄鬼」，入城興	經文說有一種鬼是專門「吸人精魄」的鬼，當時

---

[290] 參《佛說藥師如來本願經》卷1。詳 CBETA, T14, no. 449, p. 403, a。

[291] 參《佛本行集經》卷29〈魔怖菩薩品 31〉。詳 CBETA, T03, no. 190, p. 786, c。

[292] 參《佛說灌頂經》卷8。詳 CBETA, T21, no. 1331, p. 519, b。

[293] 參《佛說摩尼羅亶經》卷1。詳 CBETA, T21, no. 1393, p. 910, c。

疫病，逼迫相嬈害。[294]	曾經進入維耶離城 (Vaiśālī)，結果造成整個城市發生嚴重的「疫病」與「嬈害」，所以「疫病」看起來是「人為」的，但某些狀況下，背後可能有「吸人精魄」在作怪，這是在《佛本行經》中所說的道理。
(8)唐‧善無畏譯《蘇婆呼童子請問經》 如是等事，無不稱心。魍魎所著，及患壯熱。孩子鬼魅所著，及「吸精靈鬼」。常見惡夢，癲癎等病。[295]	經文提到有被「魍魎」鬼所附身的情形，因此產生了熱病，或者忽冷忽熱症狀，小孩也可能被「鬼魅」所附身，或者被「吸精靈鬼」所「吸」，因此可能會發生類似「少一魂」的情形。
(9)唐‧不空譯《不空羂索毘盧遮那佛大灌頂光真言》 若為鬼嬈，「魂識」悶亂，失音不語。持真言者，加持手一百八遍。摩捫頭面，以手按於心上、額上。加持一千八十遍。則得除差(瘥，病癒)。[296]	經文說如果被鬼所嬈，有可能會造成「魂識」發生「悶亂」的情形，然後就會無法講話的「失音不語」。照經文的意思來看，這有可能被奪了「生魂」與「覺魂」，因為「覺

---

[294] 參《佛本行經》卷5〈遊維耶離品 23〉。詳 CBETA, T04, no. 193, p. 90, a。
[295] 參《蘇婆呼童子請問經》卷1。詳 CBETA, T18, no. 895b, p. 739, a。
[296] 參《不空羂索毘盧遮那佛大灌頂光真言》卷1。詳 CBETA, T19, no. 1002, p. 606, c。

	魂」被奪，所以發生「悶亂」情形；「生魂」被奪，所以「失音不語」無法講話。解決方法則可持誦「不空羂索毘盧遮那佛大灌頂光真言」，就可以把「鬼嬈」除掉，病人的就可完全的恢復。
(10)東晉‧帛尸梨蜜多羅譯《佛說灌頂塚墓因緣四方神咒經》 佛問：釋種童子[297]從何而來？身蒙塵土，顏色憔悴。何所憂愁，狀似怖悸(恐怖驚悸)？ 釋種童子而白佛言：我今暫至「塚塔」之上，朝拜「先亡」，瞻視「山野」，忽為鬼神之所嬈亂，是故恐怖，戰掉(抖動；搖動；戰慄)如是……佛語釋種童子：一切「塚塔」皆有「善、惡」鬼神之眾……釋種童子復白佛言：凡夫「塚塔」何故有此諸鬼神輩而來依附？[298]	從經文可看到這位佛的弟子去墳墓祭拜「祖先」時，忽然就被「附近」的鬼神所「嬈動」，因此發生了「顏色憔悴，狀似怖悸」的情形，後來佛有解釋說只要在墳墓的附近，都會有善或惡的鬼神聚集在那邊，或者「依附」在那邊，當有人靠近時，就有可能發生被「附身」干擾的情形，所以有可能因此被奪走「生魂」或「覺魂」的情形發生。

---

[297] 此指「釋迦」的種族之意，「童子」是指未滿二十歲，且尚未剃髮得度之男子，稱為「童子、童兒、童真」；女子則稱為「童女」。

[298] 參《佛說灌頂經》卷6。詳 CBETA, T21, no. 1331, p. 513, c。

附註：常聽說「臨終之人」或「惡病纏身」者，有一魂被抓到地獄去受
苦？有可能是指那一魂？

答：既是指「臨終之人」，可能「主魂」(靈魂)暫時被抓到「陰間」去受苦。
人如果還活著、還會動，那就只剩「生魂」；不過既然都快臨終了，
那「生魂」與「覺魂」也是非常非常低的。

附註：常聽佛教高級「禪定大師」能控制自己的「神識」，隨意進出，
是「出」那個魂？

答：禪定大師能將自己的「主魂」(靈魂)隨意進出，剩一點點的「呼吸」，
甚至沒有「呼吸」，感覺好像沒有了「生魂」一樣。

　　上面所舉的十部佛經都提到被「鬼神干擾」而造成「類似」少了「某魂」
的經文義理，如果要治療這種「鬼神」病，佛經也講了不少方式，此留到
下一節再討論。現在把《佛說地藏菩薩發心因緣十王經》內的「七魄」名
詞再解釋一遍，他把每一個「七魄」的「魄」都加上了「神識」二個字，如
云：

　　一名「雀陰魄」神識。
　　二名「天賊魄」神識。
　　三名「非毒魄」神識。
　　四名「尸垢魄」神識。
　　五名「臭肺魄」神識。
　　六名「除穢魄」神識。
　　七名「伏尸魄」神識。

於「七轉識」，分別性相准魂可知。[299]

　　最後再以「七轉識」三個字來稱呼這七個「魄神識」，問題是「七轉識」的名詞本來就是唯識學在專用的名詞，如《成唯識論》云：「行者謂『七轉識』及彼相應所變相。」[300]「七轉識」又叫「七轉、轉識、轉心」，指八個識中的「前七個識」，「前七個識」就像大海的波浪一樣轉個不停，一直的運轉和造業，無論白天、晚上、作夢中，都不停的在運轉(在「五無心位」時，第六識是暫停運轉的)，所以叫作「七轉識」。這「七轉識」就是「眼識、耳識、鼻識、舌識、身識、意識、未那識」共七個識，是由「阿賴耶識」所「變現」之體，如《釋摩訶衍論》云：「如是『七轉識』，不從內來、不從外來、不從中來。唯『藏識體』(阿賴耶識)變作『七識』，譬如海水，變作波浪。」[301]又如《入楞伽經》云：「七識亦如是，心俱和合生。譬如海水動，種種波浪轉；梨耶識亦爾，種種諸識生。」[302]或如《大乘密嚴經》云：「七識亦如是，依於阿賴耶，習氣之所持，處處恒流轉。」[303]所以《佛說地藏菩薩發心因緣十王經》把「雀陰魄、天賊魄、非毒魄、尸垢魄、臭肺魄、除穢魄、伏尸魄」當作「七轉識」的另一個「代名詞」稱呼它，其實還是指「眼、耳、鼻、舌、身、意、未那」這七個識，只是都加上「神識」兩個字而已。

---

[299] 參《佛說地藏菩薩發心因緣十王經》卷 1。詳 CBETA, X01, no. 20, p. 404, b。
[300] 參《成唯識論》卷 7。詳 CBETA, T31, no. 1585, p. 40, a。
[301] 參《釋摩訶衍論》卷 4。詳 CBETA, T32, no. 1668, p. 627, a。
[302] 參《入楞伽經》卷 2〈集一切佛法品 3〉。詳 CBETA, T16, no. 671, p. 523, b。
[303] 參《大乘密嚴經》卷 3〈阿賴耶微密品 8〉。詳 CBETA, T16, no. 681, p. 744, a。

第三節　收魂與療治鬼神病的方式

　　在古書《儀禮・士喪禮》中有記載：「士喪禮。死於適室，幠用斂衾。復者一人以爵弁服，簪裳於衣，左何之，扱領於帶；升自前東榮、中屋，北面招以衣，曰：『皋某復！』三，降衣於前。受用篋，升自阼階，以衣尸。復者降自後西榮。」[304]此時的「復」僅是為了使亡者「復甦」而已，但後來的「招魂」也叫做「復」，這是人剛臨終時所舉行的一種儀式，亡者已無法「回應」時就代表已經確定死亡。如鄭玄(127~200)云：「『復』就是招魂復魄也。」[305]孔穎達(574~648)疏云：「『復』是招魂之禮也。」[306]所以是人「死」了才有「招魂」的方式，如《抱朴子內篇・論仙》內有云：「人有賢愚，皆知己身之有魂魄，魂魄分去，則人病；盡去，則人死。故分去，則術家有拘錄之法；盡去，則禮典有招呼主義。」[307]這是說明人的魂魄如果是「暫時」離開，則人就會生病；如果人的魂魄「永久」性的離開人體時，就代表「完全」死亡，此時就有「招呼」魂魄的儀式出現。

　　但是當人魂魄是「暫時」離開而呈現出沒有「生魂、覺魂」的狀態時，應該怎麼治療？這就要採取民間的「收驚」模式，例如余安邦在〈台灣漢人的人觀、疾病觀與民俗療法：以收驚為例〉一文云：

　　當人受到驚嚇、生病或其它原因時，靈魂會暫時離開身體，因而必須以「收驚」或相關儀式將離開的「元神」帶回。[308]

---

[304] 參鄭玄注，賈公彥疏，李學勤主編《儀禮注疏》，北京：北京大學出版社，1999 年，卷 35，士喪禮 12，頁 656-660。

[305] 參鄭玄注，孔穎達疏，李學勤主編《禮記正義》，北京：北京大學出版社，1999 年，卷 44，喪大記 22，頁 1237。

[306] 參鄭玄注，孔穎達疏，李學勤主編《禮記正義》，北京：北京大學出版社，1999 年，卷 44，喪大記 22，頁 1238。

[307] 參張繼禹主編《中華道藏》，第 25 冊・抱朴子內篇・論仙，頁 7。

[308] 參余安邦〈台灣漢人的人觀、疾病觀與民俗療法：以收驚為例〉(「醫療與文化學術

有關於「收驚」方式多屬於道教的宗教儀式，在佛教中並沒有「收驚」這個名詞。「收驚」也稱作「叫魂」或「招魂」，如郭立誠在《中國藝文與民俗》云：「台灣稱『叫魂』為『收驚』。」[309]所以「收」是指收回「被失散」的魂魄；「驚」則是指「被驚嚇」到生人體內的魂魄。亦即把受到驚嚇而逸出體外的「魂魄」經由「外力作法」的方式「收回」到當事人之體內。[310]

台灣民間的「收驚」風氣甚盛，所以有「收驚文、收驚咒」等諸多「術法」。目前較流行的收驚方式有所謂的「香米收驚法、符籙收驚法」和「執香收驚法、衣服收驚法」等，其中除了「衣服收驚法」可以自行處理或請專業人士處理外，其餘方法大都需由「專業人士」處理。

例如「衣服收驚法」是可在「家中」或「宮廟」裡執行，只要請家中或宮廟中的「主神」作主，並奉上「千壽金」一只，然後壓在折好的衣服上即可。佛教經論的《法苑珠林・卷九十五》及《諸經要集・卷十九》也有記載「以衣喚魂」的方式，原典如下：

> 淮南子曰：「天」氣為「魂」，「地」氣為「魄」……
> 問曰：既知「魂」與「魄」別，今時俗「亡」，何故以「衣」喚「魂」？不云喚「魄」？
> 答曰：「魂」是靈，「魄」是屍。故禮以「初亡」之時，以「己所著之衣」，將向「屍魄」之上。以「魂」外出故，將「衣」喚「魂」。「魂」識「己衣」，尋「衣」歸「魄」。

[309] 參郭立誠《中國藝文與民俗》，台北：漢光文化事業股份有限公司，1971 年，頁 163。

[310] 上面的說法，請參閱黃應貴主編《人觀、意義與社會》，台北：中央研究院民族學研究所，1993 年，頁 207。

若「魂」歸於「魄」，則屍「口」纊（綿絮）動（指屍體的嘴巴可能會呈現出像綿絮般一點點的微動）。若「魂」不歸於「魄」，則「口」纊不動。以理而言，故云「招魂」，不言「喚魄」。

故王肅《喪服要記》曰：魯哀公葬其父，孔子問曰：寧設『魂衣』乎？

哀公曰：『魂衣』起伯桃。伯桃 荊山之下，道逢寒死。友人羊角哀往迎其屍（此指左伯桃之屍），愍『魂神』之寒，故改作『魂衣』。」
[311]

　　這段故事的主角是羊角哀與左伯桃，他們倆人則合稱為「羊左」，在成語中就成為「羊左之交」四個字，這是在比喻「生死之交」的摯友。相傳在戰國時，羊角哀與左伯桃為相知好友，他們聽說楚王準備「禮賢下士」，於是就相約一同到楚國。在途中倆人不幸遇到大風雪，所攜帶的衣服、糧食都不足，此時的左伯桃便告訴羊角哀說：「我所學不如你，你一個人前往楚國吧！」於是左伯桃便將所有的衣服、糧食都讓給了羊角哀，左伯桃便自行藏入「空樹」中直接「凍死」。後來羊角哀一個人到了楚國後就被任命為「上卿」，羊角哀在某日要返鄉，途中準備要厚葬左伯桃，因為左伯桃當年是被「凍死」的，羊角哀為了哀愍左伯桃「魂神」的「寒冷」，所以就準備了一件衣服來「安慰」左伯桃，這件衣就叫「魂衣」，也成為後來「以衣喚魂」的一種方式。故事的後面還記載左伯桃的墳墓非常接近一位荊將軍之陵墓，當時的羊角哀便夢見左伯桃告訴他說：「我每天都被荊將軍欺負。」羊角哀便回答他說：「那我到地下去看看你好了。」醒來後羊角哀便自刎而亡了，所以倆人的「生死之交」就成為「羊左之交」的成語。

---

[311] 以上故事請參《法苑珠林》卷 97。詳 CBETA, T53, no. 2122, p. 999, a。及《諸經要集》卷 19。詳 CBETA, T54, no. 2123, p. 178, c。

　　例如使用「香米收驚法」，那就要將「白米」置於盤中，讓它微微禿起，然後再用「受驚者」的「上衣」覆蓋在這個「白米」上，同樣的，也是要請家中或宮廟中的「主神」作主，然後點「三支清香」，口唸「咒語」作法。另一種「符籙收驚法」，則以「符紙」按照「畫符」的程序、畫符口訣，也要家中或宮廟中的「主神」作主。還有「執香收驚法」則是透過「執香」請神、念咒語、畫符，在整個過程中將「受驚者」的魂魄「收回」，並從處理過程中也可知曉「受驚者」是被何物所驚嚇到？以上所介紹的收驚法，大部份都是「混合」在操作使用，其目的就是要使收驚的「功力」增強，加強收驚的效果。[312]那為何在採取民間宗教儀式的「收驚、收魂」的「作法」後，「受驚者」就會突然全癒？劉枝萬在《中國民間信仰論集》中對「收魂」有簡單的解釋，如云：

> 「收魂」是對於生人之「招魂」，因民間俗信以為人之「患病」，多由於「魂魄失散」而起，故須「招收」回身，方無死亡之虞。尤其孩童無端夜哭或疾病，多因驚嚇而起，謂之「拍著驚」(台語)，亦須及時「收魂」，故謂之「收驚」。[313]

　　另外余安邦在〈台灣漢人的人觀、疾病觀與民俗療法：以收驚為例〉一文中對「收魂、收驚」有更詳細的解釋，如云：

> 「著驚」(受了驚嚇)是一種文化症候群，它不單純只是一種病名；作為中國文化中對身體、健康與疾病的一種認知之外，它還隱含中國人如何判斷罹患該病的方法、該病應有的症狀、治療方法、及預防

---

[312] 有關上述「收驚」的內容與方式，請參閱謝順發〈生死兩安的招魂葬及收驚〉一文。詳《空大人文學報》第 25 期，民國 105 年 12 月出版，頁 115。

[313] 參劉枝萬《中國民間信仰論集》，台北：中央研究院民族學研究所，1974 年，頁211。

方法等一連串相關的觀念與行為；它涉及的是一整套的文化價值設計。進一步而言，「著驚」症候群及整個收驚儀式，乃以中國文化中道家「氣」的宇宙觀與「三魂七魄」的靈魂觀為基底；同時，它還涉及佛教的輪迴轉世之說。舉例而言，「著驚」與中國文化對「魂魄與身體密切結合要等出生一百日以後、「魂魄」可因過度驚嚇而離開肉體、走失的魂魄可由宗教人員藉由「神佛之力令鬼怪放行」等觀念密切關連，因而有「收驚」的儀式治療。[314]

　　人體之魂魄在「受驚嚇」時有可能會發生「少一魂」的狀態，在道教的經典中卻記載農曆的每月「初三日、十三日、二十三日」的晚上這三天是「靈魂」最不穩定，最容易「魂飛魄散」的日子。[315]所以如果在這三天的晚上發生「魂走丟」的狀態，那就要用所謂的「拘魂法」，如〈拘三魂法〉中介紹了「拘魂法」為：

當安眠向上，下枕，伸足交手，仰上，冥目，閉氣三息，叩齒三通，存身中赤氣如雞子，從內仰上出於目中，出外赤氣轉火燒身，使匝一身，令其內外洞徹，有如燃炭之狀。都畢矣，其時常覺身中小熱，乃叩齒三通。畢，即存「三魂」名字，「胎光、爽靈、幽精」三神急住。[316]

---

[314] 參余安邦〈台灣漢人的人觀、疾病觀與民俗療法：以收驚為例〉，(「醫療與文化學術研討會」，2002 年 10 月)，頁 16-17。

[315] 參張繼禹主編《中華道藏》云：「月三日、十三日、二十三日夕，是此時也，三魂不定，『爽靈』浮遊，『胎光』放形，『幽精』擾喚。其『爽靈、胎光、幽精』三君，是三魂之神名也。其夕，皆棄身遊遨，飆逝本室。或為『他魂外鬼』所見留制，或為『魅物』所得收錄，或不得還返，離形放質，或犯於『外魂』，二氣共戰，皆躁競赤子，使為他念，去來無形，心非意悶，道士皆常拘而制之，使無遊逸矣。」第29冊，〈拘三魂法〉，頁 435。

[316] 參張繼禹主編《中華道藏》，第 29 冊，〈拘三魂法〉，頁 435-436。

　　所以我們只需透過上面所介紹的四種「香米收驚法、符籙收驚法、執香收驚法、衣服收驚法」就可以達成「收驚」的目的。個人認為如果收驚「完全沒有效」，那這些「收驚」店都要關門了，不是嗎？就如黃文博《臺灣民俗消遣》云：「收驚果真有效？這是一個『信者自信』的問題，我曾經以懷疑的口吻問專門替人收驚的叔父，他的答案也許可以提供我們一些思考，他說：一次收不好，多收幾次就會好的！收驚，不管怎麼樣，至少小孩收了驚，大人也收了心！」[317]看起來「收驚」不可能是完全無效的宗教行為，因為經過「一定的程序、嚴謹的儀式」就可以達到「心理」上的「收驚」作用，加上對神佛、咒語的「堅定」信仰，當然仍會有「某種程序」上的靈驗的。

1 應先以民間「中藥」或「針灸」的治療方式

　　在清・沈源原著、朱曉鳴等編著的《奇症匯釋疑》一書中說，如果發生「人有無故見鬼，如三頭六臂者，或如金甲神，或如斷手、無頭死鬼之類」的病症時，那麼《奇病方》所提供的方法是「用白朮、蒼朮各三兩，附子一錢，南星三錢，半夏、大戟、山慈菇各一兩，俱為末，研麝香一錢，加入前藥，如玉樞丹一樣。凡遇前病，用一餅，薑湯化開飲之，必吐頑痰碗許而癒。」[318]以上這些都是民間的一種急救方。

　　明・龔廷賢《醫林狀元濟世全書》一書中還記載有一位婦人被所謂「諸精、妖怪、狐狸、貓犬成精」所纏染，導致「面黃肌瘦」，不似人形，後來的龔廷賢以「十全大補湯」加「白茯神、遠志、酸棗仁、麥門冬、石

---

[317] 參黃文博《臺灣民俗消遣》，台北：臺原出版，1993年，頁40。

[318] 《奇病方》一書可轉引自清・沈源原著、朱曉鳴等編著《奇症匯釋疑》，卷1，目部，〈無故見鬼〉，上海：上海中醫藥大學出版社，1998，頁29-30。

菖蒲」去治之，婦女服至一個月後就奏効，經半年後而全癒。[319]

　　明・張介賓(1563~1640)《景岳全書》亦記載「凡遭一切『鬼祟、鬼疰』等毒者，急與『八毒赤丸』攻之。」[320]其實「八毒赤丸」的成分，分別有「雄黃、硃砂、礬石、附子、藜蘆、牡丹皮、八豆、蜈蚣」，所以當然也有治鬼病的功效。[321]例如元代的羅天益就曾以「八毒赤丸」把「信副使」許可道的「鬼擊病」治好了，如《名醫類案》載：「信副使許可道，在路道邯鄲驛中，夜夢一婦人著青衣，不見面目，用手去脅下打了一拳，遂一點痛，往來不止的，兼之寒熱而不能食，乃鬼擊也。」[322]《本草綱目》還曾推薦「蠶退紙灰」[323]或「古銅器」等[324]來治療「邪祟」鬼病。

　　「針灸術」也被廣為醫者用來治「邪祟」鬼病，如明・張介賓說：「凡犯『屍鬼』暴厥，不省人事，若四肢雖冷，無氣，但覺目中神采不變，心腹尚溫，口中無涎，舌不捲，囊不縮，及未出一時者，尚可『刺之』復甦也，五邪皆然。」[325]明代的「針灸治祟術」要追溯到唐代孫思邈的「十三鬼穴」

---

[319] 參明・龔廷賢(約16世紀)《醫林狀元濟世全書》，台北：新文豐出版社，1982年，卷4，〈邪祟〉，頁478。

[320] 參明・張介賓《景岳全書》，北京：人民衛生出版社，1997年，卷35，〈諸毒〉，「解一切中惡邪祟鬼毒」，頁773。

[321] 參見《景岳全書》，北京：人民衛生出版社，1997年，卷55，〈古方八陣・攻陣〉，「李氏八毒赤丸」，頁1481。

[322] 參明・江瓘編纂、江應宿述補《名醫類案》，台北：宏業書局，1994年，卷8，〈鬼疰〉，頁242。

[323] 「蠶退紙」為「蠶蛾」的卵子孵化後的卵殼，又名「蠶子故紙、蠶紙、蠶布紙、蠶蛻紙、蠶連、蠶連紙、蠶沙紙」。關於「蠶退紙灰」來治療鬼病「邪祟」，在宋・唐慎微所編輯的《經史證類備急本草》卷21中亦有記載，詳見《中華醫典》，電子書。

[324] 如明・李時珍引趙希鵠《洞天錄》說道：「山精水魅多歷年代，故能為邪祟。三代『鍾鼎』彝器，歷年又過之，所以能辟邪也。」參明・李時珍《本草綱目》，卷3，頁158；及卷8，頁345。

[325] 參明・張介賓《類經圖翼》，此書收入於《張景岳醫學全書》，北京：中國中醫藥出版社，1999年，卷11，〈邪祟〉，頁765。

這個名詞，明代甚至有「孫真人針十三鬼哭歌」的歌訣在流傳。[326]其實這個「十三鬼穴」原屬於「十四經脈」(即「十二經脈」加上「任、督」二脈)的穴道，然後卻分別被賦予了「鬼宮」(人中)、「鬼信」(少商)、「鬼壘」(隱白)、「鬼心」(大陵)、「鬼路」(申脈)、「鬼枕」(風府)、「鬼床」(頰車)、「鬼市」(承漿)、「鬼窟」(勞宮)、「鬼堂」(上星)、「鬼藏」(會陰／玉門)、「鬼腿」(曲池)、「鬼封」(舌下中縫)的特殊名稱，這應該是為了要打「鬼」、趕「鬼」，及對付「百邪癲狂」而另創出的特殊名詞，如明‧高武《針灸聚英》就針對這「十三鬼穴」名詞說：「此是先師真妙訣，狂猖惡鬼走無蹤」。[327]例如清代嘉慶年間的醫者徐錦就曾以「灸鬼哭穴」來醫治一位女病患，如《奇病錄》云：

> 魯恆隆染坊，有女患「厥病」[328]三年，「醫巫、祈禱」罔效。始也時尚淺，繼則動輒經日。每至「厥」時，見「皂(黑)衣人」持帖，無姓氏，延至一處，宮殿巍峨，有夫人留為侍女，彼堅不肯，仍遣送歸。逾數日仍如前狀。雖病而形神不改。其家疑祟憑，訴之城隍，亦無影響。所最異者，病者在床，醫者在堂，方甫立，病人已言「某藥苦、某藥穢」，吾不服也。後竟「厥」兩日，僅存一息。一日薄暮，邀次兒往視，商之於余，乃謂之曰：此非「藥石」能為，又非「符水」可治。方書有「鬼哭穴」，何不灸之！因此著艾指間，三壯未畢，狂哭曰：「吾去矣！」自此杳然不來。[329]

---

[326] 參明‧楊繼洲(1522~1620 或 1560)《針灸大成》，北京：人民衛生出版社，1963/1997年，卷9，〈孫真人針十三鬼哭歌〉，頁362。

[327] 參明‧高武《針灸聚英》，北京：中醫古籍出版社，1999年，卷4下，頁240。

[328] 「厥」是「逆」的意思。凡是因為「逆氣」突然「眩暈」仆倒，不醒人事，都叫「厥」。有時「陽明」失調而影響到身體機體發生「劇變」都是一種「厥病」。人之發生「厥」的原因，大都是人的「陰陽」之氣在「不相順從」的時候發生，由於「氣逆不順」則「神亂」，就會發生「眩暈、不曉人事」的厥病」。

[329] 參清‧徐錦《奇病錄》，此書引自單書健、陳子華、石志超編著《古今名醫臨證金鑒‧奇症卷》，北京：中國中醫藥出版社，2000年，〈灸鬼哭穴〉，頁33-34。

　　明・楊繼洲《針灸大成》也有針對「目妄視、見鬼、魇夢」等「鬼症」
提出相應的「穴道」資訊以供參考。[330]而在《編輯刺灸心法要訣・灸中惡
穴歌》一書中也收錄了「灸中惡穴歌」，就是以「針灸法」來治療「尸疰、
客忤、中惡」等與鬼有關的疾病。[331]明・李中梓對於使用「灸鬼穴法」很
有把握的說：「此屢試不誣者也，果患邪祟者，盡先從此治。」[332]

　　以上是屬於民間「中藥」或「針灸」的治療方式，另一種治療方式是
採用「心理作用」的療程，例如明代醫者韓㠻(1441～1522?)曾以「霞天膏」
和「白芥子粉末」作墨書字，然後和著水，再給一名患了「白虎歷節風，
久臥，尚巫而不能藥」的病人服用，最後竟然完全治癒其疾。[333]這位病人
認為一定是韓㠻所給的「符水有神」而治癒他的，但若從「理性」上來判
斷，這只是醫生所出的「奇招」奏效而已，就像古代之「祝由科」其實全
賴「巫覡」一人在操作，但事實的「真相」又如何呢？或許只是「仁人出奇
以活人」的一種「心理」作用而已。類似這種治療方式在西方也很流行，
它的名詞叫「安慰劑」(placebo effect)，這是來自拉丁文「placebo」字，解
釋為「我將安慰」。「安慰劑」又名為「偽藥效應、假藥效應、代設劑效應」，
這是指病人雖然獲得「無效的治療藥劑」，但卻「預料」或「相信」治療「一
定有效」，進而讓「病患症狀」得到「舒緩」或「全癒」的現象。「安慰劑效
應」是 1955 年由畢闕博士（Henry K. Beecher 1904~1976）所提出的理論，也
可理解為一種「非特定效應」（non-specific effects）或「受試者期望效應」
（subject-expectancy effect）。經過科學家嚴謹的研究發現，「安慰劑」確

---

[330] 參明・楊繼洲(1522~1620 或 1560)《針灸大成》，北京：人民衛生出版社，1963/1997
　　　年，卷 8，〈心邪癲狂門〉，頁 316-317。

[331] 詳《編輯刺灸心法要訣・灸中惡穴歌》，此書收入清・吳謙等編《御纂醫宗金鑑》，
　　　武英殿版排印本，北京：人民衛生出版社，1963/2003 年，卷 86，頁 1022。

[332] 參明・李中梓《刪補頤生微論》，北京：中國中醫藥出版社，1998 年，卷 17，〈邪
　　　祟論〉，頁 119。

[333] 參明・韓㠻《韓氏醫通》，卷下，〈懸壺醫案章第六〉，此書已收入《中華醫典》
　　　的電子書。

實可以「舒緩痛症」，美國加州大學洛杉磯分校（University of California, Los Angeles）的 Andrew F. Leuchter 於 2002 年以定量「腦電圖技術」研究「安慰劑效應」，其研究發現在「安慰劑效應」下的「抑鬱症病人」，大腦「血液的流動」會出現變化，而對抗「抑鬱藥」有反應的病人，亦有同樣的腦部功能變化。其他研究發現用「安慰劑」所造成的自殺機率高達 30%，而使用「真藥」所造成的自殺機率則是 40%。「安慰劑效應」在一些偏重「主觀性質」的病患，例如「頭痛、胃痛、哮喘、敏感、壓力、痛症」中較容易表現出來。有研究指出，約有 25%的丹麥及以色列醫生都使用「安慰劑」作為「診斷」工具，以斷定病人的症狀是「真病症」或是只是「假病症」。[334]

前文已說在佛教經典中並沒有「收驚」這個名詞，佛教經典都是採用「佛菩薩」的咒語力量去「收驚」的，如余安邦在〈台灣漢人的人觀、疾病觀與民俗療法：以收驚為例〉一文中也提到如果一個人的「魂魄」有走丟的情形，是可藉由「宗教人士」採取「神佛」的力量，然後讓纏在你身上的「鬼怪」放行。如他說：「『魂魄』可因過度驚嚇而離開肉體、走失的魂魄，可由宗教人員藉由『神佛』之力，令『鬼怪』放行等觀念密切關連，因而有『收驚』的儀式治療。」[335]

底下將分別介紹「佛教」治療「鬼病」或類似「收驚」的方式，計有「(1)取白芥子加持咒語，再將之擲火中燒，或打鬼病者之身、(2)作印誦咒、(3)吞食含「硃砂」成份的符印、(4)以泥作「夜叉」形狀，然後對「泥形狀者」誦咒、(5)咒語加持「五色線」，然後繫於鬼病者身之脖子或手臂、(6)

---

[334] 以上有關於「安慰劑」的解釋，請參閱「維基百科，自由的百科全書」，網址是：https://zh.wikipedia.org/wiki/%E5%AE%89%E6%85%B0%E5%8A%91。

[335] 參余安邦〈台灣漢人的人觀、疾病觀與民俗療法：以收驚為例〉，(「醫療與文化學術研討會」，2002 年 10 月)，頁 16-17。

用「袈裟角」打鬼病者之身、(7)用「安息香」去薰鬼病者之身、(8)以「桃木、柳枝、雷擊木」去打鬼病者之身、(9)以「手印、誦咒」方式打鬼病者之身、(10)面作瞋色，急急大聲誦咒」等共有十種方式。

2 取「白芥子」加持咒語，再將之擲火中燒，或打鬼病者之身

「白芥子」是指白色的芥子，原係指「芥菜」之「種子」，別名為「辣菜子」，拉丁文名Semen sinapis.為一年或二年生的植物，呈球形，表面灰白色至淡黃色，種皮薄而脆，有一點油性。雖無臭味，但味具辛辣，主要產自大陸的安徽、河南、四川、山東等地。「白芥子」在中藥的功能上可用在去除「寒痰喘咳、胸脅脹痛、痰滯經絡、關節麻木、疼痛、痰濕流注、陰疽腫毒」等。又因為「白芥子」具有「辛堅」的特性，所以有「降伏」的作用，在佛教的密法中，常將「白芥子」視為「降伏鬼怪」的法器物，尤其密教在修「護摩」時，會將「白芥子」置於火中燃燒，此稱為「芥子燒」，可「辟邪、除病、降鬼」，或者將已加持過的「白芥子」拿去打「有鬼病者」的身上。在佛教的密教經典記載大量取「白芥子」加持咒語，再將「白芥子」擲入火中燒，或拿「白芥子」打鬼病者的方式，經典例舉如下：

《陀羅尼集經》之〈釋迦佛頂三昧陀羅尼品〉云：
「若人鬼病，大難治者……燒『白芥子』，(每誦完)一咒(便將白芥子)一燒，(共)一百八遍，其病即瘥，三日不瘥，七日定瘥。」[336]

《陀羅尼集經》之〈釋迦佛頂三昧陀羅尼品〉云：
「若人身上患鬼神病……復咒『白芥子』，(再將加持過的白芥子去)打病者頭、面、

---

[336] 參《陀羅尼集經》卷 2〈釋迦佛頂三昧陀羅尼品 1〉。詳 CBETA, T18, no. 901, p. 797, b。

心、胸。復以手捉『白芥子』，(再)於(患鬼病者)頭上心、胸、肩、背上，右轉摩之。」*337*

《千眼千臂觀世音菩薩陀羅尼神咒經》云：

「若有神鬼難調伏者，取『安悉香』及『白芥子』，呪二十一遍，(將白芥子)擲火中燒，一切神鬼病者，自然降伏。」*338*

《陀羅尼集經》之〈諸天等獻佛助成三昧法印咒品〉云：

「若有人忽得『天魔羅難室陀』鬼病，*339*其狀似風癲、或似狂人、或哭或笑，此是病狀……以右手把『白芥子』，散患人面上，鬼得(白)『芥子』，其身碎裂，狀如火燒。」*340*

《陀羅尼集經》之〈釋迦佛頂三昧陀羅尼品〉云：

「若狐魅病、山精鬼魅、厭蠱病等，呪『白芥子』二十一遍，(再將加持過的白芥子)以打病人頭、面、胸、心。」*341*

《陀羅尼集經》之〈釋迦佛頂三昧陀羅尼品〉云：

「若鬼病，不得語者，取『白芥子』，呪二十一遍，(再將加持過的白芥子)以打病人。如是七日，即能得語。」*342*

---

337 參《陀羅尼集經》卷1〈釋迦佛頂三昧陀羅尼品 1〉。詳 CBETA, T18, no. 901, p. 792, a。

338 參《千眼千臂觀世音菩薩陀羅尼神咒經》卷1。詳 CBETA, T20, no. 1057b, p. 93, b。

339 此指「傳屍鬼病」，如《青色大金剛藥叉辟鬼魔法(亦名辟鬼殊法)》云：此「傳屍病鬼」，亦名「天魔羅難室陀鬼」。詳 CBETA, T21, no. 1221, p. 100, a。

340 參《陀羅尼集經》卷11〈諸天等獻佛助成三昧法印咒品〉。詳 CBETA, T18, no. 901, p. 884, a。

341 參《陀羅尼集經》卷1〈釋迦佛頂三昧陀羅尼品 1〉。詳 CBETA, T18, no. 901, p. 792, b。

342 《陀羅尼集經》卷2〈釋迦佛頂三昧陀羅尼品 1〉。詳 CBETA, T18, no. 901, p. 797, b。

3 作印誦咒，患鬼病者即瘥

　　元代名醫危亦林(1277～1347)曾說：「或為『祟害』，若『移精變氣、祝由』[343]不可，則宜外尋『禁閉厭禳』之法以除之。」[344]明・龔廷賢(1522～1619)亦主張應付「邪祟」時「不用服藥，但宜用『符咒』治之，或從俗『送鬼神』亦可」。[345]明・方以智(1611~1671)則云：「古有『祝由』科，『丹砂』作符填心，正謂人心有不自知、不自由者，藉諸『呪力』加持，皆此故也。」[346]清・徐大椿也說：「其外更有『觸犯鬼神』之病，則『祈禱』可愈。」[347]

　　歷年來有記載『符咒治邪祟』內容的醫書「數量」其實並不多，例如：明・朱橚等著《普濟方》、清・趙學敏《串雅內外編》(1759 年)、顧世澄《瘍醫大全》(1760 年)卷 17、鮑相璈《驗方新編》(1846 年)卷 18、張筱衫《厘正按摩要術》(1889 年)卷 2、袁仁賢《喉科金鑰全書》(1911 年)下卷……等。[348]這些書分別著重在「方醫、傷科、方藥、按摩」與「喉科」等主題，但也提及「符咒治邪祟」的內容。

　　在佛教的密教經典也記載大量由「作手印、持咒語」治鬼病的方式，

---

[343] 「祝由」也稱「祝由術、祝由科、咒禁科、書禁科、祝由十三科、中醫十三科、天醫」等，這是在《黃帝內經》成書之前，上古真人所創，即用「符咒治病」方術的一種稱呼詞。如《黃帝內經素問・移經變氣論》云：「毒藥不能治其內，鍼石不能治其外，故可移精『祝由』而已」。參郭藹春《黃帝內經素問校注語譯》，天津科學技術出版社，1981 年，頁 79。

[344] 參元・危亦林《世醫得效方》，四庫全書珍本，第 143 冊，卷 1，頁 23-24。

[345] 參明・龔廷賢《萬病回春》，北京：人民衛生出版社，1988 年，〈邪祟・秦承祖灸鬼法〉，頁 231。

[346] 參明・方以智《物理小識》，文淵閣四庫全書本，第 867 冊，卷 3，頁 822。

[347] 參清・徐大椿《醫學源流論》，台北：五洲出版社，1998 年，頁 72。

[348] 以上內容可詳見清・趙學敏《串雅全書》一書，北京：中國中醫藥出版社，1998 年。以及《中華醫典》，電子書中的相關條目可以檢索得到。

經典例舉如下：

《陀羅尼集經》之〈佛說金剛藏大威神力三昧法印咒品〉云：
「是法印咒。若人患一切鬼病，作此印已，左膝跪地，印當痛處。咒師心中，作破鬼想，與其誦咒，皆悉除瘥。」[349]

《陀羅尼集經》之〈佛說跋折囉功能法相品〉云：
「是法印咒。若作道場時，作此印已，遶四方行誦咒，數滿三七遍時，即成火界結界成就。若有鬼病。作餘法治不得瘥者。作此印咒其病即瘥。」[350]

《陀羅尼集經》之〈佛說金剛藏大威神力三昧法印咒品〉云：
「又以此印，治一切鬼病。若欲臥時，洗手漱口。即用此印，咒三七遍。護身臥者，夜臥之處，一切不畏。」[351]

《陀羅尼集經》之〈何耶揭唎婆觀世音菩薩法印咒品〉云：
「是法印咒，用治一切鬼病，即瘥。」[352]

《陀羅尼集經》之〈佛說金剛藏大威神力三昧法印咒品〉云：
「是法印咒，若人患神鬼等病者，用結此印，即起以左脚斜立，如捉稍

---

[349] 參《陀羅尼集經》卷7〈佛說金剛藏大威神力三昧法印咒品 1〉。詳 CBETA, T18, no. 901, p. 844, c。

[350] 參《陀羅尼集經》卷4〈佛說跋折囉功能法相品〉。詳 CBETA, T18, no. 901, p. 821, a。

[351] 參《陀羅尼集經》卷7〈佛說金剛藏大威神力三昧法印咒品 1〉。詳 CBETA, T18, no. 901, p. 843, b。

[352] 參《陀羅尼集經》卷6〈何耶揭唎婆觀世音菩薩法印咒品〉。詳 CBETA, T18, no. 901, p. 834, b。

戈 (古同「槊」，長矛)形，心作『破鬼想』，至心誦呪，鬼病即瘥。」[353]

《陀羅尼集經》之〈佛說金剛藏大威神力三昧法印呪品〉云：
「是一法印，若療病時，用此印縛一切鬼神，誦前大呪，鬼病即瘥。」[354]

《陀羅尼集經》之〈金剛藏眷屬法印呪品〉云：
「是一法印，若有人患一切鬼病，即作此印、誦呪，療之，其病速瘥。」[355]

《陀羅尼集經》之〈金剛藏眷屬法印呪品〉云：
「作印、誦呪，療病即瘥。若呪師向鬼病人邊，(若呪師)正到(鬼病者身旁)之時，鬼(即馬上)避去者，(此時)呪師(應)即(站)立(於)地，作前央俱『施身印』，(並)喚其鬼神近著(靠近有鬼病身者)治之，其病即瘥。」[356]

《陀羅尼集經》之〈金剛阿蜜哩多軍茶利菩薩自在神力呪印品〉云：
「是一法印，亦名『縛鬼印』，若作是印，隨意欲縛，一切鬼神，應時被縛，鬼病即瘥。」[357]

《陀羅尼集經》之〈金剛烏樞沙摩法印呪(此與「穢跡金剛咒」是同類的咒語)品〉云：

---

[353] 參《陀羅尼集經》卷7〈佛說金剛藏大威神力三昧法印呪品 1〉。詳 CBETA, T18, no. 901, p. 844, c。

[354] 參《陀羅尼集經》卷7〈佛說金剛藏大威神力三昧法印呪品 1〉。詳 CBETA, T18, no. 901, p. 844, c。

[355] 參《陀羅尼集經》卷7〈金剛藏眷屬法印呪品 2〉。詳 CBETA, T18, no. 901, p. 846, b。

[356] 參《陀羅尼集經》卷7〈金剛藏眷屬法印呪品 2〉。詳 CBETA, T18, no. 901, p. 849, a。

[357] 參《陀羅尼集經》卷8〈金剛阿蜜哩多軍茶利菩薩自在神力呪印品〉。CBETA, T18, no. 901, p. 854, a。

「是法印呪，悉能療治一切鬼病，大大速驗。」[358]

4 吞食含「硃砂」成份的符印

「硃砂」又稱為「辰砂、丹砂、赤丹、汞沙」，它原是「硫化汞」的一種天然礦石，大紅色，會現出金剛般的光澤或是金屬般的光澤，在「石灰、板岩、砂岩」中都可以發現「硃砂」，「硃砂」在大陸的湖南、湖北、四川、廣西、雲南、貴州等處皆可見。在《神農本草經》中則將「硃砂」列為「玉世上品」，功用是能養一個人的精神、鎮靜作用，類似「安魂魄」的意思。[359]根據醫學上的研究說明，大約有 10%的中藥內都含有微量的「硃砂」成份。[360]「硃砂」的主要成份為「硫化汞」，還常夾雜著「雄黃、磷灰石、瀝青質」等，其中含有的「砷、鉛、銻」等，其實對人體是有害的。[361]儘管

---

[358] 參《陀羅尼集經》卷 9〈金剛烏樞沙摩法印咒品〉。詳 CBETA, T18, no. 901, p. 863, a。

[359] 如《神農本草經》云：「味甘，微寒，主治身體五臟百病，養精神，安魂魄，益氣，明目，殺精魅邪惡鬼，能化為汞」。或《開寶本草》云：「味甘，微寒，無毒。通血脈，止煩滿，消渴，益精神，悅澤人面，除中惡、腹痛、毒氣、疥瘻、諸瘡」。及《局方本草》云：「丹朱味甘，微寒，無毒。養精神，安魂魄，益氣明目，通血脈，止煩渴」。

[360] 含有「硃砂」成份的中藥，例如：「金、二十五味松石丸、二十五味珊瑚丸、十香返生丸、七珍丸(丹)、七厘散、萬氏牛黃清心丸、小兒百壽丸、小兒至寶丸、小兒金丹片、小兒驚風散、小兒清熱片、天王補心丸、牙痛一粒丸、牛黃千金散、牛黃抱龍丸、牛黃清心丸、牛黃鎮驚丸、安宮牛黃丸、安宮牛黃散、紅靈散、蘇合香丸、醫癇丸、補腎益腦片、局方至寶散、純陽正氣丸、抱龍丸、柏子養心丸、胃腸安丸、香蘇正胃丸、保赤散、益元散、梅花點舌丸、琥珀抱龍丸、紫金錠、紫雪、暑症片、舒肝丸、痧藥、避瘟散、人參再造丸、平肝舒絡丸、再造丸、複方蘆薈膠囊、賽霉安散/軟膏」等都是。「硃砂」的主要成分「硫化汞」，如果大量服用會導致「汞中毒」，如果在一天內服用「硫化汞」超過 262 毫克就可能會導致「慢性中毒」或「肝腎臟損害、胃腸道受傷、神經系統中毒、溶血性貧血、過敏反應」等等。上述資料請參閱「硃砂」。維基百科，自由的百科全書。網址是：https://zh.wikipedia.org/wiki/%E7%A1%83%E7%A0%82#cite_ref-2。

[361] 現代的「硃砂」的製作法不同於「古法」，現代是在「高速、高溫」的研磨下製造，因此極易氧化而產生劇毒，而且部分的「藥商」更以以「紅丹、鉛丹」去代替「硃砂」，導致中毒的案例增加。如果「硃砂」是採用原始古法製作，例如舊式的腳踏研磨槽，

「硃砂」是有毒性之物，但在「宗教」上仍被廣泛的運用，例如道教的「開壇」等儀式都會使用到「硃砂筆」，「符印」的製作也會用到使用「硃砂印泥」。

　　而在佛教經典的「密教部」內也很常見「硃砂、朱砂、朱沙」這兩個字詞，如唐・輸波迦羅(善無畏)譯的《蘇悉地羯囉經》、《蘇婆呼童子請問經》、《尊勝佛頂脩瑜伽法軌儀》。唐・金剛智《佛說七俱胝佛母准提大明陀羅尼經》及《金剛頂瑜伽中略出念誦經》、唐・不空《佛說金毘羅童子威德經》、唐・智通《觀自在菩薩怛嚩多唎隨心陀羅尼經》、唐・阿地瞿多《陀羅尼集經》及《佛說常瞿利毒女陀羅尼呪經(并行法)》、唐・若那《佛頂尊勝陀羅尼別法》、唐・李無諂《不空羂索陀羅尼經》、唐・菩提流志《不空羂索神變真言經》及《大使咒法經》、唐・寶思惟《不空羂索陀羅尼自在王咒經》、唐・義淨譯《根本薩婆多部律攝》、唐・一行記《大毘盧遮那成佛經疏》。宋代則有法賢《佛說瑜伽大教王經》及《佛說如來不思議祕密大乘經》、宋・慈賢《妙吉祥平等祕密最上觀門大教王經》、宋・天息災《佛說大摩里支菩薩經》……等。

　　其實有關「符書、呪術」在早期的佛典中都是非常明確的「嚴格禁止」的「無如是事」，例如《長阿含經・卷十三》云：

摩納(青少年)！如餘「沙門、婆羅門」(印度社會階級中之最高種姓，可學習吠陀、教授吠陀、為自己祭祀、為他人祭祀、布施、受施……等)，食他信施，行遮道法，「邪命」(以邪曲之方式而獲得經濟來源之生活)自活。
召喚鬼神，或復驅遣，或能令住…亦能呪人，使作驢馬，亦能使人盲聾瘖瘂，現諸技術……入我法者，無如是事。

加上輾研精細，經過水飛充分，再去除所附的「雲石」，不加高速、高溫的製作下，會中毒的機率就非常的少，不會被水解，也不會在腸胃道被吸收，更不會沈積於肝腎間。

摩納(青少年)！如餘「沙門、婆羅門」，食他信施，行遮道法，「邪命」
自活。為人呪病，或誦惡術，或為善呪，或為醫方、鍼灸、藥石，
療治眾病；入我法者，無如是事。[362]

　　而在大乘經典中，也常出現反對「符書、呪術」的經文，例如《出曜
經》之〈無放逸品〉就說：「若習『外道』異學、符書、呪術、鎮壓、求
覓良日、役使鬼神、幻現奇術，如此輩事皆為『邪術』，有目之士不當修
習也。」[363]但到了《大方等大集經》、《大寶積經》、《華嚴經》等，便有了
「超脫」的新說法，意思就是使用「符書、呪術」是大乘菩薩在行世度眾
時可「偶爾」一用的「方便」之法，例如《大方等大集經》之〈四方菩薩
集品〉就明確的說：

善男子！我以如是無量「方便」調伏眾生，為阿耨多羅三藐三菩提。
善男子！若有眾生遇大重病，取師子皮，以呪呪之，持與病者。如
　　　其無皮，若肉若骨；若無肉骨，若取糞塗及屎處土；若無
　　　糞土，以呪結索。
或作「符書」以與病者，病即除愈。
若樹無「華果」，以呪雨水，持以溉灌，便得華果。
若亢旱時，求覓龜心，五返呪之，置龍泉中，則降大雨……我以如
是無量「方便」調伏眾生，令得修集「六波羅蜜」，乃至得阿耨多羅三
藐三菩提。[364]

　　經文中已出現「或作『符書』以與病者，病即除愈。」的字眼，而《大
寶積經》則說：「菩薩於三千大千世界中，無有一事而『不知』者。若偈、

---

[362] 參《長阿含經》卷 13。詳 CBETA, T01, no. 1, p. 84, b。
[363] 參《出曜經》卷 6〈無放逸品 4〉。詳 CBETA, T04, no. 212, p. 639, b。
[364] 參《大方等大集經》卷 32〈四方菩薩集品 2〉。詳 CBETA, T13, no. 397, p. 221, c。

若辭辯、若應辯、若呪術、若戲笑、若歌舞作樂、若工巧。菩薩生時，已一切『善知』，是名菩薩摩訶薩『行於方便』。[365]可見「呪術」或「符書」亦屬於大乘菩薩的「方便」行門之一。在《寶雲經・卷二》也說：「云何名菩薩『不顛倒智慧』？善學『世諦、第一義諦』及『諸經論』，善學『世間雜論』。為成熟眾生故，雖廣聞多學，而不為於顯己功德，但為『成熟』眾生。雖明知『世典』，而常尊『佛法』以為最勝，終不染於『外道邪見』。是名菩薩『不顛倒智慧』。」[366]經文指大乘菩薩也要「善學世間雜論」，雖然「明知世典」，但終不會被「外道邪見」所染污，也就是若有借「符書」或「呪術」在方便度化眾生，但卻不會沉迷或執著在裡面，也不會以此作為自己「正命」之業。在《華嚴經》中提到「第五地」的大菩薩欲利益眾生，則需熟習「五明」兼「世間數術」，如《大方廣佛華嚴經》之〈十地品〉云：

> 菩薩摩訶薩住此第五「難勝地」……佛子！此菩薩摩訶薩，為利益眾生故。世間技藝，靡不該習。所謂：文字、算數、圖書、印璽工、地水火風，種種諸論，咸所通達。又善「方藥」，療治諸病，顛狂乾消，鬼魅蠱毒，悉能除斷。文筆讚詠……及餘一切「世間」之事。但於眾生，不為「損惱」。為「利益」故，咸悉開示，漸令安住無上佛法。[367]

與《華嚴經》相同的經義還可見於《仁王護國般若波羅蜜多經》之〈奉持品〉，如云：

> 復次，「難勝地菩薩」(第五地菩薩)摩訶薩……世俗、勝義。觀無量諦，為利眾生，習諸技藝，文字、醫方、讚詠、戲笑、工巧、呪術、外

[365] 參《大寶積經》卷 107。詳 CBETA, T11, no. 310, p. 601, b。

[366] 參《寶雲經》卷 2。詳 CBETA, T16, no. 658, p. 216, c。

[367] 參《大方廣佛華嚴經》卷 36〈十地品 26〉。詳 CBETA, T10, no. 279, p. 192, b。

道異論，吉凶占相一無錯謬，但於眾生不為損惱，為利益故咸悉開
示，漸令安住無上菩提，知諸地中出道障道。於八阿僧祇劫，常修
三昧，開發諸行。[368]

　　上面的經文比《華嚴經》還多了「吉凶占相，一無錯謬」的內容，明
朝的憨山大師對《華嚴經》五地菩薩的「境界」也頗認同，他說：「《華嚴》
五地聖人，善能通達世間之學。至於陰陽術數，圖書、印璽，醫方辭賦，
靡不該練，然後可以涉俗利生。」[369]也就是「五地」菩薩是具有「以涉俗」
的方式再去「利生」的境界。在佛教的密教經典也記載由吞食含「硃砂」
成份的符印去治鬼病的方式，經典例舉如下：

《佛說瑜伽大教王經》之〈真言大智變化品〉云：
「若持誦人欲作『鉤召法』者，當用『朱砂』、或『白石』、或『雌黃』……即
誦明王真言，加持『朱砂』等藥，書所(欲)鉤(召)者(之)名，(例如)乃至龍女、夜
叉女……(彼等)皆生驚怖，速來現前。若不依法觀想，(則)持誦『鉤召』之法，
終不得成。」[370]

《蘇悉地羯羅經》之〈淨物品〉云：
「作末『朱砂』和『牛尿』，作末『牛黃』和蘇。」[371]

《蘇婆呼童子請問經》之〈分別金剛杵及藥證驗分品〉云：

---

[368] 參《仁王護國般若波羅蜜多經》卷 2〈奉持品 7〉。詳 CBETA, T08, no. 246, p. 842,
a。

[369] 參《憨山老人夢遊集》卷 45。詳 CBETA, X73, no. 1456, p. 766, b。

[370] 參《佛說瑜伽大教王經》卷 3〈真言大智變化品 5〉。詳 CBETA, T18, no. 890, p.
571, c。

[371] 參《蘇悉地羯羅經》卷 3〈淨物品 31〉。詳 CBETA, T18, no. 893c, p. 690, a。

「第一雄黃。第二牛黃。第三雌黃。第四安善那。第五朱砂。」[372]

《尊勝佛頂脩瑜伽法軌儀》之〈修瑜伽本尊真言品〉云：
「第十五法者。若有人『口舌』起者(指嘴巴舌頭的疾病)，取好蜜，以淨器盛之。以『朱砂』和蜜，以真言加持二十一遍，將用塗一百八軀(一百零八尊)佛像(之)『脣口』，即得『口舌』當即消滅。」[373]

《佛頂尊勝陀羅尼真言》云：「以『朱砂』和『白蜜』，呪之二十一遍，『即以『朱砂』蜜，塗一百軀(一百尊)形像佛(之)『脣』，即得『口舌』(指嘴巴舌頭的疾病)消滅。」[374]

《佛說七俱胝佛母准提大明陀羅尼經》卷1：「復以前法，更取好花，散「鏡面上，即有善惡(之)相，自(顯)現鏡中。或以『朱砂』、或以『香油』，塗(於)『大母指甲』……念誦一百八遍，即現(出)天神及僧、菩薩、佛等形像。若心(中)有所疑(問)，(或有)三世中(疑問諸)事，(可)一一請問，(則)皆(可)知善、不善(諸事)，即(於)『大母指』上皆自現。」[375]

唐・阿地瞿多《佛說常瞿利毒女陀羅尼咒經》云：
「朱書(用朱砂書寫此符)，吞之治。」[376]

唐・阿地瞿多《佛說常瞿利毒女陀羅尼咒經》云：

---

[372] 參《蘇婆呼童子請問經》卷1〈分別金剛杵及藥證驗分品 4〉。詳 CBETA, T18, no. 895a, p. 723, c。

[373] 參《尊勝佛頂脩瑜伽法軌儀》卷1〈修瑜伽本尊真言品 6〉。詳 CBETA, T19, no. 973, p. 374, a。

[374] 參《佛頂尊勝陀羅尼真言》卷1。詳 CBETA, T19, no. 974E, p. 394, a。

[375] 參《佛說七俱胝佛母准提大明陀羅尼經》卷1。詳 CBETA, T20, no. 1075, p. 173, c。

[376] 參《佛說常瞿利毒女陀羅尼咒經》卷1。詳 CBETA, T21, no. 1265, p. 295, b。

「〔用朱書紙上封了帶之、除諸鬼氣〕）。已上符用『朱書』(用朱砂書寫此符)紙上，吞之，除腹中諸病痛。大須敬重，勿觸污之。」[377]

元・清源居士王古撰《大藏聖教法寶標目・卷九》云：
「穢迹金剛陀羅尼法術靈要門。右說持誦此呪，能除一切病苦。除遣一切鬼祟邪魅，救度眾生，滿一切願，降伏一切凶惡鬼神，除『伏連、虫獸』等。皆不能為害，有『結印』、『服符』等法。」[378]

唐・阿地瞿多《佛說常瞿利毒女陀羅尼呪經(并行法)》云：
「用『朱砂』印毒，兼印紙上。與患者『吞之』，治一切病，大驗！」[379]

《穢跡金剛禁百變法經》云：
「🈁(若有患)鬼病，(用)朱書(用朱砂書寫此符)，吞之。🈁(若有患)精魅鬼病之人，朱(用朱砂書寫此符)，吞之七大書枚，立瘥，神驗。」[380]

　　在《宋高僧傳・卷三十》中也曾記載一位全清大師的「咒語」神蹟，全清是嚴持戒律的大師，擅長「密藏咒語」而能降服鬼神，當時有位姓王的商人，他的妻子得了「邪氣」病，然後「言語狂倒，或啼、或笑，如是數歲」，好幾年都是這樣「瘋顛」的狀態，後來全清用了一個假的「稻草人」，再將這個「草人」放在壇場上誦咒語；全清又拿了一個「瓵甕」，然後作法，於就是將婦人身上的「鬼靈」給趕入瓵甕之內，然後再用「六乙泥」把瓵甕口封起來，再用「硃砂」寫了「符印」黏在瓵甕上。當這鬼被抓入瓵甕後，婦人的病就突然全癒了。全清大師便交待要把這個瓵甕埋在森林之

---

[377] 參《佛說常瞿利毒女陀羅尼呪經》卷 1。詳 CBETA, T21, no. 1265, p. 295, b。
[378] 參《大藏聖教法寶標目》卷 9。詳 CBETA, L143, no. 1608, p. 693, a。
[379] 參《佛說常瞿利毒女陀羅尼呪經》卷 1，詳 CBETA, T21, no. 1265, p. 295, a。
[380] 參《穢跡金剛禁百變法經》卷 1。詳 CBETA, T21, no. 1229, p. 160, a。

土下，交待千萬不可以動到它，打開它。就在這事情過了五年後，某一天有人以為這甀甕內可能有寶物，於是就把它打破了，結果突然有一隻「烏鴉」飛了出來，然後還會發出「人」的語言說：我今天終於得見日光，重見天目了，可惜此時的<u>全清</u>大師早已圓寂往生了。故事原典如下所示：

> <u>又會稽釋全清</u>，<u>越</u>人也。穮耘(泛指從事耕種除草者，此喻全清大師努力之精修)「戒地」，芬然杜若(香草名)，於「密藏禁呪法」，也能劾𢶡(以「符呪」等降伏鬼魅)鬼神。
>
> 時有「市儈𠑊」(商人)<u>王</u>家之婦，患「邪氣」。言語狂倒，或啼、或笑，如是數歲。
>
> 召<u>清</u>治之，乃縛「草人」長尺餘，衣以「五綵」，置之於「壇」，「呪禁」之良久。
>
> 婦言：乞命！遂誌之曰：頃歲春日，於<u>禹</u>祠前「相附」耳，如師不見殺，即「放之」遠去。
>
> <u>清</u>乃取一瓿𡙇(古代容器名。陶或青銅製。圓口、深腹、圈足，用以盛物)，以鞭驅「芻靈」(用茅草扎成的人馬，為古人送葬之物)入其中，而呦又 呦有聲。緘𧂐 器口以「六乙泥」(六一泥、神泥、國際神膠、六乙泥，其配方最早見於《黃帝九鼎神丹經》，是六種加一種材料混合燒煉而成，亦為道家煉丹用以封爐的一種「泥」。古代道家對此一般輕易不肯透露，對六一泥的配方更是秘示不示人)，朱書「符印」之，瘞𡨴(埋)于桑林之下。戒家人無動之，婦人病差𢶡(病癒)。
>
> 經五載後，值<u>劉漢宏</u>與<u>董昌</u>隔江相持，越城陷人。謂此為「窖𡨴 藏𡨴」(地窖內貯存或埋藏的財物)，掘打「瓿𡙇」破，見一「鴉」(同「鴉」)閽然飛出，立於「桑杪𡨴」(桑樹之「末端」)而作人語曰：今得「日光」矣。時<u>清</u>公已卒也。[381]

---

[381] 參《宋高僧傳》卷 30。詳 CBETA, T50, no. 2061, p. 895, b。此事亦見於《神僧傳》卷 9。詳 CBETA, T50, no. 2064, p. 1011, b。

從宋・全清大師的故事來看，的確也有「高僧」大德真的使用了「朱書符印」去降服鬼神的事情。

在密教典籍中，有部份經典出現類似中國民間宗教的「符、印」形式，很多人常常懷疑這類的經典必為「外道」之說，其實根據印度師覺月、P.C.雷易、S.N.達斯古普塔、N.N.薄泰恰裏耶等人的研究，以及中印之間所保存下大量的史料記載，我們可以得出這樣的結論：印度的密教和中國傳統民間宗教不僅在古代和中世紀有過「長期交往」的歷史，而且在宇宙觀、生命觀和宗教修持方面有著驚人的「相似」之處，當然，這不是一種偶然的巧合，或者是宗教具有的「共同的特徵」，具有的「共同智慧結晶」，它有著當年深刻的社會歷史原因。[382]例如近代新疆的吐魯番「阿斯塔那」古墓群出土的文物中，便發現了道教的「桃人木牌」及「急急如律令」之道教用語，[383]可見當時的中國道教與印度佛教互相交流的事實。

茲舉《六字神咒王經》載：「一時佛在舍衛國祇陀林中，爾時有一外道旃陀羅女，專行眾惡、『符書』厭禱，或事山神樹神樹下鬼神，日月五星南斗北辰，一切魑魅雜魔邪魅，厭惑尊者阿難陀及諸善人。」[384]可見佛在世時，印度外道已有「完備」且具體的「符書」流行，至少它能產生相當大的「神力」來「厭惑」已證初果的阿難及諸位善人，而佛陀本人在未成道前也曾學習過這類東西，如唐・菩提流志譯《大寶積經・卷十六》云：

---

[382] 以上論述詳見黃心川〈道教與密教〉一文，中華佛學學報第 12 期，1999 年，臺北：中華佛學研究所，p. 206。

[383] 參柳洪亮〈吐魯番阿斯塔那古墓群新發現的「桃人木牌」〉一文，收入於《新出吐魯番文書及其研究》，烏魯木齊：新疆人民出版社，頁 158-162。（原載於《考古與文物》1986 年第 1 期）

[384] 參《六字神咒王經》卷 1。詳 CBETA, T20, no. 1045b, p. 41, c。

自唱言，我於一切世間，最為尊貴，釋梵諸天咸來親奉。又見習學
「書計、曆數、聲明、伎巧、醫方、養生、符印」，及餘博戲擅美過
人，身處王宮厭諸欲境，見老病死悟世非常，捐捨國位，踰城學道，
解諸纓絡及迦尸迦，被服袈裟六年苦行，能於五濁剎中作斯示見。
[385]

　　從經文可以發現佛陀在世時就曾學習過屬於「印度本土化」相關的
「符印」，這些可能都是當時印度婆羅門的教法之一，它的用法就是「咒
術使鬼」[386]用。另外不空所譯的密典《廣大寶樓閣善住祕密陀羅尼經》中
也有「符印咒法」四個字，如云：「說得勝『符印』咒法」、「第八，帶勝『符
印』咒曰。」[387]據現有的文獻來看，中國傳統民間宗教「符印」的起源甚
早，[388]但若要「完整具體」的形成是在東漢末年(約西元 100 年以後)，它的製
作模仿秦漢時的「符傳」，主要是由「中原文字」變形而成，如《太平經複
文》、《靈寶五符》、《五芽真文》、《三皇文》等都是出於東漢的「符書」。
東漢以後，[389]新的道符問世越來越多，葛洪《抱朴子・內篇・遐覽》中

---

[385]　參《大寶積經》卷 17。詳 CBETA, T11, no. 310, p. 91, c。

[386]　參《大乘大集地藏十輪經》卷 4〈無依行品 3〉。詳 CBETA, T13, no. 411, p. 740,
　　a。

[387]　參《廣大寶樓閣善住祕密陀羅尼經》卷 3〈手印咒品 8〉。詳 CBETA, T19, no. 1006,
　　p. 648 a 及 652, a。

[388]　研究符咒的宗教或學界人士通常認為符咒應起源於更早的「黃帝」神話傳說，有說
　　是「西王母」派遣一位道人授「符」給黃帝，也有說是「天遣玄女，下授黃帝兵信神
　　符」。例如在《龍魚河圖》云：「黃帝攝政，蚩尤兄弟八十一人，并獸身人語，銅
　　頭鐵額，食沙石，造兵杖，威震天下，誅殺無道，不仁不慈。黃帝行天下事，仰天
　　而嘆。天遣玄女下授黃帝兵信神符，而令制伏蚩尤。蚩尤歸臣，因使鎮兵以制八方」。
　　詳唐・歐陽詢《藝文類聚》，京都：中文出版社，1980 年，卷 11（上），頁 209。
　　或說是「西王母遣道人，披玄狐之裘，以符授之」。詳唐・歐陽詢《藝文類聚》，
　　京都：中文出版社，1980 年，卷 99（下），頁 1717。

[389]　例如范曄《後漢書》載：「河南有麴聖卿，善為丹書符劾，厭殺鬼神而使命之」。
　　參《後漢書》，台北：鼎文書局，新校本，1979 年，卷 82 下，〈方術列傳〉下，
　　頁 2749。《後漢書》載費長房所以能「醫療眾病」，主要便是因為他有了「主地上
　　鬼神」的「符」，如云：「費長房者，汝南人也……又為作一符，曰：以此主地上鬼

著錄「大符」五十六種，合五百餘卷，以後新出的道派也常創造自己的「符」和「符書」，與「籙」一起做為道派傳承的憑信。

另外在姚秦・鳩摩羅什譯所翻譯的《佛說仁王般若波羅蜜經》中也出現「類似」中國傳統民間宗教的「神符」名稱就，經云：

> 大王！是「般若」波羅蜜，是諸佛菩薩一切眾生心識之神本也，一切國王之父母也，亦名「神符」，亦名「辟鬼珠」，亦名「如意珠」，亦名「護國珠」，亦名「天地鏡」，亦名「龍寶神王」。[390]

經文的「神符」字眼是在讚嘆「般若」空性法門有如「神符」一般的殊勝靈妙，並非指民間傳統宗教那種的「符籙咒術」。然而在《龍樹五明論・卷二》的「神符」字眼就指向「符籙咒術」之類的東西，論云：「持『神符』者，主斷一切惡業、不淨者，以符持之。」[391]《仁王護國般若波羅蜜經疏神寶記・卷四》亦如是云：「『神符』者，謂至神之符印也，得是印故，能卻諸惡能持眾善，無適而不利也。」[392]除了經典中出現的「神符」字眼外，亦屢屢出現在禪師的偈誦語錄中，如：

神。長房乘仗須史來歸……遂能醫療眾病，鞭笞百鬼，及驅使社公」。參《後漢書》，卷82下，〈方術列傳〉下，頁2743-2744。《後漢書》又載：「初，鉅鹿張角自稱大賢良師，奉事黃老道，畜養弟子，跪拜首過，符水說以療病，病者頗愈，百姓信向之」。參《後漢書》，〈皇甫嵩朱〉列傳，頁2299。西晉・虞溥《江表傳》亦云：「時有道士于吉，先寓居東方，往來吳會，立精舍，燒香讀道書，制作符水以治病」。參陳壽《三國志》，台北：鼎文書局，新校本，1978年，卷46，〈孫破虜討逆傳〉，頁1110，裴松之注引。

[390] 參《佛說仁王般若波羅蜜經》卷2〈受持品 7〉。詳 CBETA, T08, no. 245, p. 832, c。

[391] 參《龍樹五明論》卷2。詳 CBETA, T21, no. 1420, p. 967, a。

[392] 參《仁王護國般若波羅蜜經疏神寶記》卷4〈釋受持品〉。詳 CBETA, T33, no. 1706, p. 313, b。

(1)《圓悟佛果禪師語錄‧卷八》云：山前諸處，五瘟行「疫病」太甚，欲就和尚，覓箇「神符」，往前驅逐。山僧遂以拄杖畫一圓相與之，驀然不見，逡巡卻來道，五瘟疫鬼已驅，向他方世界去也。只有一事，待請益和尚，此靈驗「神符」從何處得來？山僧劈脊便打，當下滅跡消聲。[393]

(2)《圓悟佛果禪師語錄‧卷十三》云：復頌云，正眼橫頂門，「神符」懸肘後，幸是師子兒，各作師子吼！[394]

(3)《法演禪師語錄‧卷二》云：今日端午節，白雲有一道「神符」也，有些小靈驗，不敢隱藏，舉似諸人。[395]

(4)《如淨和尚語錄‧卷一》云：將三世諸佛為頭，以六代祖師為體，天下衲僧為手為腳，以拂子打圓相云。看畫作一道「神符」，向鬼門上貼，且道如何？[396]

(5)《萬松老人評唱天童覺和尚頌古從容庵錄‧卷五》云：萬松道：真如正是濟下鑽鎚，不能放過，要見龍牙肘後「神符」，須是當派天童眼目。[397]

(6)《五燈全書‧卷一〇七》記姚江東山廣教玫石瑾禪師云：午節上堂，今朝蒲劍露鋒鋩，百怪千妖瞻喪亡，一道「神符」光動地，諸人何不早承當？且道！承當個甚麼？[398]

(7)《五燈全書‧卷一〇一》記宣州奉聖智觀慧禪師云：拈拄杖曰，遮道「神符」驅禍祟，不須更要貼鍾馗。[399]

(8)《五燈全書‧卷七〇》記夔州臥龍字水圓拙禪師云：上堂，三世諸佛

[393] 參《圓悟佛果禪師語錄》卷 8。詳 CBETA, T47, no. 1997, p. 748, b。
[394] 參《圓悟佛果禪師語錄》卷 13。詳 CBETA, T47, no. 1997, p. 771, b。
[395] 參《法演禪師語錄》卷 2。詳 CBETA, T47, no. 1995, p. 661, a。
[396] 參《如淨和尚語錄》卷 1。詳 CBETA, T48, no. 2002A, p. 124, a。
[397] 參《萬松老人評唱天童覺和尚頌古從容庵錄》卷 5。詳 CBETA, T48, no. 2004, p. 278, c。
[398] 參《五燈全書(第 34 卷-第 120 卷)》卷 107。詳 CBETA, X82, no. 1571, p. 662, a。
[399] 參《五燈全書(第 34 卷-第 120 卷)》卷 101。詳 CBETA, X82, no. 1571, p. 593, b。

不知有，鬼怕「神符」。[400]

　　足見「神符」一詞並非只有傳統「民間宗教」在使用，連「佛門禪師」的語錄亦常引用之，可見禪師們對「教機」的方式是「不拘束」的，也不怕眾人抵毀禪師使用「神符」字眼來說教，以禪的精神來說：一切語言文字相，皆不可得也！[401]

　　據日本長部和雄教授的統計，在《大正藏》卷十八到二十一的密教部經軌中，有 593 部與中國傳統民間宗教「相類似者」約有 70 部，在這些經典中，我們可以看出，密教和中國傳統民間宗教在當時「互相交融」或者「雷同」的情況。例如傳統民間宗教重要經典《靈寶經》的創立，則假佛教的《法華經》和《涅槃經》。民間宗教《太一真一本際經》主要又攝取了大乘佛教「空」的思想；《海空智藏經》則攝取了佛教《唯識論》的思想……等，這些都是佛教與中國傳統民間宗教曾互融產生的教義。我們不能說一定是誰先「抄襲」誰，只能客觀的說，密教經典與中國傳統民間宗教經典確實有「互相交流」或「雷同」過，以當時從天竺或西域來華的僧人，熟黯「密教法術」的計有 39 人之多，約占來華的僧侶一半。這些外國僧侶雖在教義上信仰大小乘佛法，但在修持上則是「五明」皆通，各顯神通，也不拘束土漢術之學，七曜五行，佛道皆通，例舉數位大師如下：

(1)安息國安世高大師：剋意好學，外國典籍，及「七曜五行」，醫方「異術」，乃至鳥獸之聲，無不綜達。(《高僧傳・卷一》)[402]

---

[400] 參《五燈全書(第 34 卷-第 120 卷)》卷 70。詳 CBETA, X82, no. 1571, p. 334, a。

[401] 如《佛說未曾有正法經》卷 5 云：「一切語言、文字自性本空，無所著相。」詳 CBETA, T15, no. 628, p. 443, c。

[402] 參《高僧傳》卷 1。詳 CBETA, T50, no. 2059, p. 323, a。

(2)西域佛圖澄大師：善誦「神咒」，能役使鬼物。以麻油雜胭脂塗掌，千里外事，皆徹見掌中，如對面焉。(《高僧傳・卷八》) [403]

(3)中天竺求那跋陀羅大師：「天文書算」，醫方「咒術」，靡不該博。(《高僧傳・卷三》) [404]

(4)中天竺曇無懺大師：明解「咒術」，所向皆驗，西域號為「大咒師」。(《高僧傳・卷二》) [405]

(5)中天竺勒那婆提大師：立知凶吉，善能「神咒」。(《高僧傳・十四卷》) [406]

(6)北天竺闍那崛多大師：遍學五明，兼閑世論，經行得道場之趣，總持通「神咒」之理。(《續高僧傳・卷二》) [407]

(7)北天竺寶思惟大師：慧解超群，學兼真俗，尤擅長「咒術」。(《宋高僧傳・卷三》) [408]

(8)西域尸梨蜜大師：善持「咒術」，所向皆驗。初江東未有咒法，蜜傳出《孔雀王》諸神咒。(《出三藏記集・卷十三》) [409]

(9)附：中國浙江會稽全清大師：越人也，得密藏禁咒之法，能厭劫鬼神……以鞭驅芻，靈入其中而呦呦有聲，緘器口以六乙泥，朱書「符印」之，瘞于桑林之下。戒家人勿動之，婦人病差……(《神僧傳・卷九》) [410]

　　在上面所敘這些大師身上表現出「印度婆羅門教、佛教密咒」和中國先秦兩漢道教的「巫術、占星術、方術、讖緯」……等之大成。《金剛經》

---

[403] 參《高僧傳》卷9。詳 CBETA, T50, no. 2059, p. 383, b。

[404] 參《高僧傳》卷3。詳 CBETA, T50, no. 2059, p. 344, a。

[405] 參《高僧傳》卷2。詳 CBETA, T50, no. 2059, p. 336, a。

[406] 參《高僧傳》卷3。詳 CBETA, T50, no. 2059, p. 345, a。

[407] 參《續高僧傳》卷2。詳 CBETA, T50, no. 2060, p. 434, b。

[408] 參《宋高僧傳》卷3。詳 CBETA, T50, no. 2061, p. 720, a。

[409] 參《出三藏記集》卷13。詳 CBETA, T55, no. 2145, p. 99, a。

[410] 參《神僧傳》卷9。詳 CBETA, T50, no. 2064, p. 1011, b。

裡有一句重要的話：「一切法皆是佛法」，然而亦「皆不可得也」，[411]我們應該以如此的「知見」來看待諸位大師的成就！

　　下面再整理有關出現類似中國傳統民間宗教「符印」的經典，依《大正藏》來計有十五部：

(1)梁・佚名譯《阿吒婆呴鬼神大將上佛陀羅尼經》。（詳《大正藏》第21冊頁186）

(2)東晉・帛尸梨蜜多羅譯《大灌頂經》卷七之《佛說灌頂伏魔封印大神咒經》。（詳《大正藏》第21冊頁515）

(3)失名譯《龍樹五明論》。（詳《大正藏》第21冊頁964）

(4)唐、婆羅門僧譯《佛說北斗七星延命經》。（詳《大正藏》第21冊頁425）

(5)唐・不空譯《佛說金毘羅童子威德經》。（詳《大正藏》第21冊頁373）

(6)唐・瞿多三藏譯《佛說常瞿利毒女陀羅尼咒經》。（詳《大正藏》第21冊頁294）

(7)唐・般若惹羯羅撰《聖歡喜天式法》。（詳《大正藏》第21冊頁324）

(8)唐・不空譯《觀自在菩薩大悲智印周遍法界利益眾生薰真如法》。（詳《大正藏》第20冊頁33）

(9)唐・金剛智譯《佛說七俱胝佛母准提大明陀羅尼經》。（詳《大正藏》第20冊頁173）

(10)唐・寶思惟譯《大方廣菩薩藏經中文殊師利根本一字陀尼經》。（詳《大正藏》第20冊頁780）

(11)唐・菩提流志譯《佛心經》卷下。（詳《大正藏》第19冊頁8）

(12)唐・一行撰譯《曼殊室利焰曼德迦萬愛秘術如意法》。（詳《大正藏》

---

[411] 參《金剛般若波羅蜜經》云：「如來說：『一切法皆是佛法。』須菩提！一切法者，非一切法，故如來說名一切法。」詳 CBETA, T08, no. 236b, p. 760, b。

第 21 冊頁 97）

(13)唐・阿質達霰譯《穢跡金剛禁百變法經》。（詳《大正藏》第 21 冊頁 160）

(14)唐・般若斫羯囉譯《摩訶吠室囉末那野提婆喝囉闍陀羅尼儀軌》。（詳《大正藏》第 21 冊頁 222）

(15)失名譯《　大道心驅策法》。（詳《大正藏》第 20 冊頁 652）

　　上面十五部佛教經籍中所見之「符印」內容；其經典之翻譯者，絕大部份都是<u>印度</u>來華傳教之法師；既名之為譯經，且常有同經不同譯人的「異譯本」出現，但這些<u>印度</u>的和尚法師為何也會譯出與中國道教「類似」的「符印」內容呢？如果說是中國本土的法師在譯經，那會譯出與道教經典類似的「符印」內容，那就不足為奇，但這些來華的法師都是<u>印度</u>人，所以很有可能<u>印度</u>的婆羅門教、佛教密咒與中國先秦兩漢道教的巫術、占星術、方術、讖緯都曾經有「相似」或「雷同」的地方。[412]

　　另外在「敦煌」出土之抄本，經典上面畫有類似中國傳統民間宗教「神符」之佛教經卷，則有十二部：

(1)斯二四九八號《洗眼符難產符等》。

(2)伯二五五八號《佛說七千佛神符益算經》。

(3)斯二四九八號《觀世音菩薩符印》。

(4)伯三八七四號《觀世音及世尊符印十二通及神咒》。

(5)伯三八三五號背面《觀世音如意輪王摩尼跋陀別行法印》。

---

[412] <u>蕭登福</u>在〈道教符籙咒印对佛教密宗之影響〉一文則認為是<u>印度</u>密宗乃受中國道教的影響造成，如云：「足證<u>印度</u>本土已存在有受道教符印影響之經卷……這些都可以說明道教曾沿絲路傳播至<u>印度</u>。」詳見台中商專學報第 24 期，1992 年 6 月出版。頁 85。

(6)北八七三八號《觀世音如意輪咒法》。

(7)伯二六零二號《觀世音菩薩符印》末附《觀世音如意輪陀羅尼并別行法印》。

(8)伯三零四七號背面《穢積金剛顯神通大陀羅尼》《穢積金剛法禁百變》《穢積金剛神符變病及延年法卷下》。

(9)斯四六九零號《金剛神符》。

(10)斯二四三八號《三萬佛同根本神秘之印並法》《龍種上尊王佛法》。

(11)斯二四九八號《金剛童子隨心咒》。

(12)伯三八三五號背面《符咒真言一通、入髑真言》。

　　我們只能客觀的說：也許佛法與中國傳統民間宗教皆有「類似」的智慧結晶，所以不能武斷地說一定是誰先抄誰的。

5 以泥作「夜叉」形狀，然後對「泥形狀者」誦咒

　　在佛教的密教經典也記載「以泥作夜叉」形狀，然後對「泥形狀者」誦咒而達到治鬼病的方式，這種治鬼病的方式很殊特，但經典中有記載此方式的也不少，例舉如下：

《摩訶吠室囉末那野提婆喝囉闍陀羅尼儀軌》之〈求一切利益品〉云：「若欲知童男(或)童女(為)『鬼病』所惱者，(可)以『泥』作『夜叉』形，(再置泥做的夜叉形)於鏡前著，(對之誦)咒一百八遍。(再)問其(被鬼所)病(之)人，病人即自說(所被附著的)神鬼(之)名字。」[413]

《陀羅尼集經》之〈釋迦佛頂三昧陀羅尼品〉云：

---

[413] 參《摩訶吠室囉末那野提婆喝囉闍陀羅尼儀軌》卷1〈求一切利益品 8〉。詳 CBETA, T21, no. 1246, p. 223, b。

「若有『怨家』，(則以)泥作其(怨家者之)形，大小任意。(再)取『佉陀羅木』為杖(唐云紫檀木也)，用打此人(打用泥所做的怨家者形體)。打已，即燒此杖(指「佉陀羅木」所做之杖)，口恒誦呪，(並)念其人名(指怨家者的名字)。以『白芥子』(此已被呪語加持過)擲置火中，(誦呪)一百八遍，(此)惡人(即)遠去，(所)治(之)病亦驗。」[414]

《觀自在菩薩怛嚩多唎隨心陀羅尼經》云：
「若治『饒舌人』(指話很多的嘮叨多嘴者)，以泥作『饒舌人形狀』，(再以)桐木作栓 栓(古同「橛」，短木頭、小木椿)，(對桐木的小木頭)呪之一千八遍，(以此桐木做的短木頭)釘其(以泥做的饒舌人)口中，(此饒舌人)即不得語。」[415]

《佛說大摩里支菩薩經》云：
「合和為『泥』，(以泥)作『冤家(者之)形』……仍誦真言『阿喻多』(ayuta 阿庾多，此喻「無數變」之意)數，復(觀)想『冤形』(冤家者之形)於自面前，(然後)破碎無數。」[416]

　　在《神僧傳・卷七》中記載唐朝的善無畏大師曾經為了讓天空雨停，也是採用「泥作的婦人」，然後對她大聲罵詈「梵音咒語」，結果沒多久，雨就停了。故事原典如下所示：

釋無畏(善無畏大師，密宗開元三大士之開山祖師)三藏，本天竺(印度)人……嘗「淫雨」逾時，(唐玄宗)詔畏(善無畏)止之。畏(善無畏)捏泥媼(泥塑之婦人)五軀，向之(泥塑之婦人)作「梵語」(梵音咒語)叱罵者，即刻而霽。[417]

---

[414] 參《陀羅尼集經》卷 2〈釋迦佛頂三昧陀羅尼品 1〉。詳 CBETA, T18, no. 901, p. 797, a。

[415] 參《觀自在菩薩怛嚩多唎隨心陀羅尼經》卷 1。詳 CBETA, T20, no. 1103b, p. 468, a。

[416] 參《佛說大摩里支菩薩經》卷 6。詳 CBETA, T21, no. 1257, p. 279, c27-p. 280, a。

[417] 參《神僧傳》卷 7。詳 CBETA, T50, no. 2064, p. 996, c。

從唐・善無畏大師的故事來看，的確也有「高僧」大德真的使用了「泥作夜叉形狀」去降服鬼神的事情。

6 咒語加持「五色線」，然後繫於鬼病者身之脖子或手臂

在佛教的密教經典記載大量以咒語加持「五色線」，然後繫於鬼病者身上之脖子或手臂的方式，這種繫結「五色線」來防鬼邪的方式，幾乎成為大眾皆喻曉的方式，經典例舉如下：

《摩訶吠室囉末那野提婆喝囉闍陀羅尼儀軌》之〈求一切利益品〉云：「若有人患鬼病者，呪『五色線』，三七遍，作三七結。繫病人『項』上，其病即除瘥。」[418]

《不空羂索神變真言經》之〈母陀羅尼真言序品〉云：「若患鬼病，加持『五色線索』，當使佩之，即便除瘥。」[419]

《不空羂索神變真言經》之〈悉地王真言品〉云：「若加持『五色線』(編結成)二十一結，(再以)『安悉香』熏，(若有)鬼病者佩(帶此咒語加持過的五色線)，則得除瘥。」[420]

《佛說七俱胝佛母心大准提陀羅尼經》云：

---

[418] 參《摩訶吠室囉末那野提婆喝囉闍陀羅尼儀軌》卷1〈求一切利益品 8〉。詳 CBETA，T21, no. 1246, p. 223, b。

[419] 參《不空羂索神變真言經》卷1〈母陀羅尼真言序品 1〉。詳 CBETA，T20, no. 1092, p. 231, c。

[420] 參《不空羂索神變真言經》卷11〈悉地王真言品 15〉。詳 CBETA，T20, no. 1092, p. 284, b

「若有幼小為鬼所著，以『五色縷』，應令童女搓以為線，(持)一呪(就打)一結，滿二十一(結)，用繫其(被鬼所附的小兒之)頸。」[421]

《不空羂索咒心經》云：
「若患一切鬼病，(應)呪『五色線』為(結)索，(並)帶之。」[422]

《佛說不空羂索陀羅尼儀軌經》云：
「若患鬼病，(應)加持『五色線索』，當使(有鬼病者)佩之，即便除瘥。」[423]

《不空羂索神變真言經》之〈清淨蓮華明王品〉云：
「若(患)鬼病、神病。(可)加持刀劍、或加持孔雀尾、或加持箭，一七遍。(咒語所加持過之物再於)病者身上拂攊ㄥ (古同「攎」)加持，則令除愈。或加持『五色線』，(共)一百八結，(並)繫其項上。」[424]

《陀羅尼集經》之〈佛說跋折囉功能法相品〉云：
「若患鬼病，若被惡鬼打。若鬼子母打……若癲鬼、若羅剎作、若癇鬼作、若餘種種惡鬼所作。皆以此印呪印病者，呪一百八遍，即得除愈。若罪障重者，用『五色縷』，(每念)一呪，(就打)一結，如是結成一百八結，(再)繫病者(之)『項』、或繫(於)『臂』上，罪障消滅，病即除瘥。」[425]

《北方毘沙門天王隨軍護法真言》云：

---

[421] 參《佛說七俱胝佛母心大准提陀羅尼經》卷 1。詳 CBETA, T20, no. 1077, p. 185, b。

[422] 參《不空羂索咒心經》卷 1。詳 CBETA, T20, no. 1095, p. 408, c

[423] 參《佛說不空羂索陀羅尼儀軌經》卷 1。詳 CBETA, T20, no. 1098, p. 436, a。

[424] 參《不空羂索神變真言經》卷 28〈清淨蓮華明王品 67〉。詳 CBETA, T20, no. 1092, p. 383, c。

[425] 參《陀羅尼集經》卷 4〈佛說跋折囉功能法相品〉。詳 CBETA, T18, no. 901, p. 818, b。

「若患鬼病，呪『五色線』，(唸)一遍(咒語就打)一結，(共打)一百八遍了，繫(於)頭上，或(於)頂上、臂上，一切病患除瘥。」[426]

7 用「袈裟角」打鬼病者之身

在佛教的密教經典中也有記載先以「咒語」加持「袈裟」的「衣角」，然後再去打鬼病者之身，經典例舉如下：

《觀自在菩薩怛嚩多唎隨心陀羅尼經》云：
「又法，若患鬼病，(導致)口不得語，(可)以『袈裟角』，(唸)呪二十一遍，(以袈裟角)打(患鬼病者)即語。」[427]

《陀羅尼集經》之〈烏樞沙摩金剛法印咒(此與「穢跡金剛咒」是同類的咒語)品〉云：
「若人(患)鬼病，(導致)口合不語者，(誦)呪水二十一遍、七遍。(再)抪(潑灑)入之，即語。又法，(若患)鬼病，(導致)口合不語者，(可)以『袈裟角』，誦呪二十一遍，(以袈裟角)打之即語。」[428]

《末利支提婆華鬘經》云：
「若人(患)鬼病，(導致)口合不語者。(以)呪水二十一遍，潑之，即語。又法，(若患)鬼病，(導致)口合不語，(可)以『袈裟角』，(唸)呪二十一遍，(以袈裟角)打之即語。」[429]

---

[426] 參《北方毘沙門天王隨軍護法真言》卷 1。詳 CBETA, T21, no. 1248, p. 226, b。

[427] 參《觀自在菩薩怛嚩多唎隨心陀羅尼經》卷 1。詳 CBETA, T20, no. 1103b, p. 468, b。

[428] 參《陀羅尼集經》卷 10〈烏樞沙摩金剛法印咒品〉。詳 CBETA, T18, no. 901, p. 873, b。

[429] 參《末利支提婆華鬘經》卷 1。詳 CBETA, T21, no. 1254, p. 257, c。

8 用「安息香」去薰鬼病者之身

　　明・李時珍(1518~1593)的《本草綱目》中收錄不少民間治療「鬼病邪祟」的藥物與偏方的知識，其中常燒「安息香」據說是可以治「心腹惡氣、鬼疰、魍魎、鬼胎、中惡魘寐」，亦可療「婦人夢與鬼交」的特殊鬼病。另外「蘇合香」的功效也可驅邪，能夠「辟惡、殺鬼精物」，但要先「煎汁」作為「香膏」再入「丸藥」內方可服用。[430]如果是患「屍注、屍疰」之類的病，[431]則需以「獺肝研末服用，最為有效。」[432]在佛教的密教經典也記載大量用「安息香」去薰「鬼病者身」的方式，經典例舉如下：

《摩醯首羅天法要》云：
「若(患)狐媚病，(可)取雄黃、安悉香……等……燒之，薰(患鬼病者)入鼻孔，及塗身上。」[433]
在明・朱橚等著的《普濟方》載「雄黃」亦有「除蟲、辟邪」的效果。[434]

《大方廣菩薩藏經中文殊師利根本一字陀羅尼經》云：
「若人患一切鬼病，以呪呪『右手』一百八遍，(再)燒『安息香』熏之(有鬼病

---

[430] 參明・李時珍《本草綱目》，卷3，〈邪祟〉，頁150，及卷34，〈安息香、蘇合香〉，頁1317-1318。

[431] 「屍疰」或「屍注、尸注」是一種病名，據《肘後方》之〈治屍注鬼注方第七〉云：「（屍注），其病變動，乃有三十六種至九十九種，大略使人寒熱淋瀝，恍恍默默，不的知所苦，而無處不惡。」又《諸病源候論・屍注候》云：「屍注病者，則是五屍內之屍注，而挾外邪鬼邪之氣，流注身體，令人寒熱淋瀝，沈沈默默，不的知所苦，而無處不惡。」所以每逢「節氣」改變，輒致大惡，積月累年，漸就頓滯，以至於死，以其「屍病」容易「注」到旁人，故名「屍注」。

[432] 參明・李時珍《本草綱目》，卷3，〈邪祟〉，頁151，及卷51，〈水獺〉，頁1893-1894。

[433] 參《摩醯首羅天法要》卷1。詳 CBETA, T21, no. 1279, p. 340, b。

[434] 參明・朱橚《普濟方》，文淵閣四庫全書本，台北：台灣商務印書館，1983年，卷306，頁1-26。

者)。(以)『左手』作『本生印』，(再以)『右手』摩病人頭，患即除愈。」[435]

《牟梨曼陀羅咒經》云：

「若呪『安息香』八千遍，燒之，熏著(有)鬼病者，(身上附著的鬼)即自吐姓名，呪師訶遣(其鬼)，其鬼無違(不能違背，因此而離開此病人)。」[436]

《千手千眼觀世音菩薩治病合藥經》云：

「若有人等，患『傳屍鬼氣[437]、伏連病』者。取『拙具羅香』(安悉香)，呪三七遍，燒熏(患鬼病者)鼻孔中。」[438]

《千手千眼觀世音菩薩廣大圓滿無礙大悲心陀羅尼經》云：

「若患『傳屍鬼氣[439]、伏屍連病』者，取『拙具羅香』(安悉香)，呪三七遍，燒熏(患鬼病者)鼻孔中。」[440]

---

[435] 參《大方廣菩薩藏經中文殊師利根本一字陀羅尼經》卷 1。詳 CBETA, T20, no. 1181, p. 780, c。

[436] 參《牟梨曼陀羅咒經》卷 1。詳 CBETA, T19, no. 1007, p. 658, a。

[437] 「傳屍病」是指因死人的屍體問題而互相感染的一種特殊疾病，有些「傳屍病」則等同於今日所說的「肺結核病」。有時「傳屍病」也叫「伏連病」，類似一種被鬼魅纏身而導致陽氣衰竭，形同廢人、行屍走肉，據唐・王燾《外臺秘要方・卷十三》云：「『傳屍』亦名『轉注』；以其初得半臥半起，號為『殗殜』；氣急欬者，名曰『肺痿』；骨髓中熱，稱為『骨蒸』；內傳五藏，名之『伏連』。」又云：「『傳屍』病亦名『痎瘧』、『遁疰』、『骨蒸』、『伏連』、『殗殜』。此病多因臨屍哭泣，屍氣入腹連綿，或五年三年，有能食不作肌膚；或二日五日，若微勞即發。大都頭額頸骨間尋常微熱，翕翕然死，復家中更染一人，如此乃至滅門。」收於清文淵閣《四庫全書》第 736 冊，頁 425、427。

[438] 參《千手千眼觀世音菩薩治病合藥經》卷 1。詳 CBETA, T20, no. 1059, p. 104, a

[439] 另據《青色大金剛藥叉辟鬼魔法(亦名辟鬼殊法)》云：「復此鬼病，漸漸展轉，處處流行。所謂傳夫、妻、子孫，及兄弟姊妹等，是故時人號曰『傳屍鬼』病(即今日所說的肺結核)，天下名醫不能療治」。詳 CBETA, T21, no. 1221, p. 100, a。

[440] 參《千手千眼觀世音菩薩廣大圓滿無礙大悲心陀羅尼經》卷 1。詳 CBETA, T20, no. 1060, p. 110, b。

《陀羅尼集經》之〈釋迦佛頂三昧陀羅尼品〉云：

「若(患)狐魅病、山精鬼魅、壓蠱病等⋯⋯燒『安悉香』，遠(有患鬼病者)身、薰(他的)鼻，及噏(古同「吸」)取『香烟』(指叫有鬼病者以鼻吸取「安悉香」的味道)二十一咽(指吸香共二十一口氣的意思)。」[441]

9 以「桃木、柳枝、雷擊木」去打鬼病者之身

古人曾稱呼「桃木」為「仙木」，[442]亦名「降龍木、鬼怖木」，是用途最為廣泛的「伐邪制鬼」材料，可以殺鬼，有的人就以「桃木」做弓箭置於家中，專門震懾鬼邪用。在《山海經》的神話故事中提及二位神人神荼、鬱櫑善長「執鬼」，此故事在《論衡・亂龍》也有傳記，裡面提到這兩位神人是立在「桃樹」下去「簡閱百鬼」的。如云：

上古之人，有神荼、鬱壘者，昆弟二人，性能執鬼，居東海度朔山上，立桃樹下，簡閱百鬼，鬼無道理，亡為人禍，荼與鬱壘縛以盧索，執以食虎。故今縣官，斬桃為人，立之戶側；畫虎之形，著之門闌。[443]

在《淮南子・詮言訓》也有關於「桃」的神說云：「羿死於桃棓。」[444]許慎注：『棓，大杖，以桃為之，以擊殺羿。由是以來鬼畏桃。』今人以

---

[441] 參《陀羅尼集經》卷1〈釋迦佛頂三昧陀羅尼品 1〉。詳 CBETA, T18, no. 901, p. 792, b。

[442] 據南朝梁・宗懍《荊楚歲時記》記載：「桃，鬼所惡，畫作人首，可以有所收縛，不死之祥。又桃者，五行之精，能制百鬼，謂之仙木。」參《荊楚歲時記》，北京：中華書局，1991年，頁2。

[443] 今本《山海經》並無此佚文，此為王充《論衡・訂鬼篇》根據「古本」所引，參見劉盼遂集解《論衡集解・上冊》，臺北：世界書局，1962年，頁451-452。或參見《論衡校釋》，北京：中華書局，1996年，卷十六，〈亂龍〉，頁699。

[444] 參熊禮匯譯，侯迺慧校閱《新譯淮南子》，台北：三民書局，1997年，頁358-359。

桃梗作代，歲旦植於門，以辟鬼，由此故也。」[445]自從「桃木」大杖殺死了翌以後，鬼都是害怕桃木的，所以要將「桃木」插在自家的門口旁邊以防鬼，例如《藝文類聚》卷八十六引《莊子》佚文云：「插桃枝於戶，連灰其下，童子入不畏，而鬼畏之。」[446]就是在門前放一隻「桃枝」，避免小孩被鬼驚嚇到。如梁‧宗懍《荊楚歲時記》云：「掛雞于戶，懸葦索於其上，插桃符於旁，百鬼畏之。」[447]另隋‧杜臺卿《玉燭寶典‧卷一》亦云：「雞於戶，懸葦炭於其上，插桃其旁，連灰其下，而鬼畏之。」[448]這些都是古人相信鬼畏桃的內容。

　　古來在驅除「厲鬼」時會使用「桃梗、鬱檑、葦茭、葦戟、桃杖」等巫術厭勝物，如《漢舊儀》(《漢官舊儀》)曾述「大儺ㄋㄨㄛˊ」[449]時除「疫鬼」的方式為：「以桃弧、棘矢、土鼓。鼓，且射之；以赤丸、五穀播灑之。」[450]裡面就出現了「桃弧」的道具。而在張衡《東京賦》所述「大儺」儀式也提及「方相氏秉鉞，巫覡操茢。侲子萬童，丹首玄制。桃弧、棘矢，所發無臬。」[451]所以「桃弧」一直都是掃除「不潔」的法器，在《左傳‧昭公四年》中有載：「桃弧、棘矢以除其災」，服虔注解：「桃所以逃凶也。」[452]

---

[445] 參清‧陶方琦《淮南許注異同詁》，臺北：文海出版社，影光緒七年刊本，1967年，頁166。

[446] 參唐‧歐陽詢撰、汪紹楹校《藝文類聚(附索引)》，上海：古籍出版社，1965年，下冊，卷第八十六《菓部上‧桃》，頁1468。.

[447] 參隋‧杜臺卿《玉燭寶典》，《續修四庫全書》八八五，上海：古籍出版社，2003年，頁13。按：本書也是引《莊子》佚文。

[448] 參梁‧宗懍《荊楚歲時記》，北京：中華書局，1991年，頁1-2。

[449] 「大儺」原是一種人與獸鬥的舞蹈，後來它發展為「驅逐瘟疫」，「追趕惡鬼」的民俗舞。

[450] 參孫星衍輯《漢宮六種》，北京：中華書局，1990年，頁104。

[451] 參張衡撰，張震澤校注《張衡詩文集校註》，上海：上海古籍出版社，1986年，〈賦‧二京賦〉，頁148。

[452] 參《左傳》，臺北：藝文印書館，2001年，卷四十二，〈昭公四年〉，頁729。

　　在劉樂賢《睡虎地秦簡・日書・詰咎》一書提及眾多「厭勝鬼神」的方式，其中使用的驅鬼器物至少有四十餘種，但「桃木」是被使用最多的一種，如云：「這些器物總結起來主要是樹木做的武器(弓、箭、刀、劍)、金屬武器、植物、家畜屎及毛、鞋、樂器、沙石等類的東西。其中使用最多的是桃、牡棘、桑、家畜屎等。」[453]所以呂思勉就說：「古人於植物多有迷信，其最顯而易見者為『桃』。君臨臣喪，以巫祝桃茢執戈；桃弧棘矢，以共禦王事是也。羿死桃棓，蓋亦由是。」[454]

　　除了上述有關「桃木」的資料記載外，在《禮記・檀弓》也有提到「桃茢」(桃杖與掃帚)一詞，都是用在「除穢」上，如云：「君臨臣喪，以巫祝桃茢執戈，惡之也。」[455]《周禮・夏官・戎右》則云：「牛耳、桃茢」，鄭注：「桃，鬼所畏也，茢苕帚所以掃不祥。」[456]《左傳・襄公二十九年》中也有「乃使巫以桃茢先祓殯。」[457]

　　《本草綱目》集解則引《典術》云：「桃乃西方之木，五木之精，仙木也。味辛氣惡，故能厭伏邪氣，制百鬼。今人門上，用桃符辟邪，以此也。」[458]另據《本草集解》載：「桃味辛，氣惡，故能厭伏邪氣。」[459]而在《神農本草經》亦指出「桃華」具有「殺注惡鬼」的功效，甚至連「桃蠹」

---

[453] 參劉樂賢《睡虎地秦簡日書研究》，臺北：文津，1994 年，頁 257。

[454] 參呂思勉《呂思勉讀史札記》，臺北：木鐸出版社，1983 年，頁 1307。

[455] 參《禮記》，臺北：藝文印書館，2001 年，卷九。〈檀弓〉，頁 171。

[456] 參《周禮》，北京：中華書局，1987 年，卷三十二。〈夏官・戎右〉，頁 488。

[457] 以「桃棒」與「苕帚」先在「柩上」掃除不祥，為君臨臣喪之禮。參楊伯峻《春秋左傳注》，臺北：源流文化事業有限公司，1982 年，下冊，頁 1154。

[458] 《本草綱目》集解引《典術》語（頁 1250）。該書今已不存，於《隋書》和《舊唐書》的「經籍志」以及《新唐書》「文藝志」中均不見著錄。隋人杜臺卿《玉燭寶典・卷一》也引用《典術》這段話，但把「桃符」寫作「桃板」。

[459] 參明・李時珍《本草綱目》卷二十九，《集解》云：「桃味辛氣惡，故能厭伏邪氣，制百鬼，今人門上用桃符。」頁 1001。

亦能「殺鬼，辟不祥。」[460]也就是桃的味道是屬於「辛」的一種「惡氣」，所以能「制服」邪氣。

後來就開始將「桃木」削為「人形木偶」的一種刻法，此稱作「桃人」或是「桃梗」，然後模擬神荼、鬱壘這兩位門神站立在門旁邊成為一種防鬼的「門神」，並以此來驅除鬼魅邪物，如漢·應劭《風俗通義》所云：「於是縣官常以臘除夕，飾『桃人』、垂葦茭、畫虎於門，皆追效於前事，冀以衛凶也。」[461]

在佛教的密教經典也記載大量用「桃木、柳枝、雷擊木」去打鬼病者身的方式，或者是以「桃木」所做的「金剛杵」去降魔，經典例舉如下：

一、桃木、柳枝

《陀羅尼集經》之〈諸天等獻佛助成三昧法印咒品〉云：
「若有人忽得『天魔羅雞室陀』鬼病[462]……左手執『柳枝』打病人，數數作此法。」[463]

《陀羅尼集經》之〈釋迦佛頂三昧陀羅尼品〉云：
「諸比丘，取東引『桃枝』無瘡病者(指桃木沒有任何的損壞的情形)。以印印『枝』，(對桃枝誦)咒二十一遍。(再拿加持過的桃枝去)打病人身，其病即瘥……用『桃枝』

---

[460] 參日本森立之(1807～1885 年)撰《本草經考注》，上海：上海科學技術出版社，2005 年，〈桃華〉、〈桃蠹〉，頁 784、785。

[461] 參東漢·應劭《風俗通義》，臺北：中國子學名著集成編印基金會印行，1978 年，〈祀典第八〉，頁 207-208。

[462] 此指「傳屍鬼病」，如《青色大金剛藥叉辟鬼魔法(亦名辟鬼殊法)》云：此「傳屍病鬼」，亦名「天魔羅雞室陀鬼」。詳 CBETA, T21, no. 1221, p. 100, a。

[463] 參《陀羅尼集經》卷 11〈諸天等獻佛助成三昧法印咒品〉。詳 CBETA, T18, no. 901, p. 884, a

打法，先打(病人的)『左臂肘』內，次打『右肘、腰間、曲朓⌋⁴⁶⁴』，其病即瘥。」⁴⁶⁵

經文的意思是先用「手印」印在或「桃杖」的「金剛杵」上，然後再對「金剛杵」加持念咒 21 遍，再用這個「金剛杵」去打有鬼病人的身體，他的疾病就可解除，甚至全癒。用「金剛杵」打病人的依序是「左臂手肘、右臂手肘、腹腰間、大腿、小腿」等處，病人的鬼病即可全癒。

《七俱胝佛母所說准提陀羅尼經》云：

「若人被鬼魅所著，或復病者，身在遠處，不能自來。或念誦人，又不往彼。取『楊柳枝』、或『桃枝』、或『花』，(對楊柳枝或桃枝或花)加持一百八遍，使人(派一個人)將往病人(之處)所，以『枝』拂(敲打拂拭)病人。或以『花』使病人嗅(聞)，或以『花』打病人，是魅即去，病者除瘥。」⁴⁶⁶

《穢跡金剛說神通大滿陀羅尼法術靈要門》云：

「取一『桃枝』，長三尺，(一邊)攪水(一邊)誦呪一百遍，(則)一切夜叉羅剎皆來(顯)現。」⁴⁶⁷

《阿吒婆拘鬼神大將上佛陀羅尼經》云：

「爾時大將白佛言：世尊！我有『天弱騰蛇印』，一切毒藥、惡鬼魅等，悉能降伏，印其病處，大驗……此是『天狗騰蛇印』，上作槃屈龍頭，在天狗上天，狗如師子形，並張口作印，用『桃木』刻之。」⁴⁶⁸

---

⁴⁶⁴ 朓 是指「股脛」，「股」即「大腿」，從臀部到膝蓋的一段。「脛」指「小腿」，從膝蓋到腳跟的一段。

⁴⁶⁵ 參《陀羅尼集經》卷 1〈釋迦佛頂三昧陀羅尼品 1〉。詳 CBETA, T18, no. 901, p. 792, b。

⁴⁶⁶ 參《七俱胝佛母所說准提陀羅尼經》卷 1。詳 CBETA, T20, no. 1076, p. 179, c。

⁴⁶⁷ 參《穢跡金剛說神通大滿陀羅尼法術靈要門》卷 1。詳 CBETA, T21, no. 1228, p. 158, c。

⁴⁶⁸ 參《阿吒婆拘鬼神大將上佛陀羅尼經》卷 1。詳 CBETA, T21, no. 1238, p. 185, a。

《龍樹五明論》云：

「取『桃木』根，方匕乁四寸，以剞䂞(刻削，通「刻」字→刻鏤劚)此印，燒五色繒作灰。以『朱沙』和擣，取井花水清淨，誦呪呪七百返……若有人被惡鬼所持，寒乍熱，隨其痛處以藥塗，呪之三七返，用印痛處，痛則除愈。」[469]

明·蓮池大師《雲棲法彙（選錄）(第 12 卷-第 25 卷)》云：

「世人取『桃木』作乩以降仙，然多精靈不散之鬼。」[470]

《洛陽伽藍記校釋》云：

「古人以為『桃木』可以制鬼，故魏氏把『桃枝』。(例如)《事類賦·卷二十六》引典術曰：桃者，(是)五木之精(華)，其精生鬼門，(能)制百鬼，故今作『桃人』著門以壓邪。」[471]

二、雷擊木（雷劈木、霹靂木）

「雷擊木」是指被雷電擊的樹木，又叫作「雷劈木、霹靂木」，會因什麼樣的木頭被雷擊而給予不同的名稱，例如被雷擊打到的「棗木、桃木、柳木、楊木」等，民間普遍認為被雷擊到的木頭是由「上天的雷電」所劈開，這些殘留在「雷擊木」上的「能量」對「靈體、鬼魂、精靈、冤魂、野鬼、狐黃、常蟒」等具有一定的震懾之力，因為雷已經把「鬼怪邪魔」都從這棵樹上驅走了，其他的「鬼怪邪魔」再見到這棵樹木時，就不敢再靠

---

[469] 參《龍樹五明論》卷 2。詳 CBETA, T21, no. 1420, p. 964, c。

[470] 參《雲棲法彙（選錄）(第 12 卷-第 25 卷)》卷 16。詳 CBETA, J33, no. B277, p. 86, a。

[471] 參《洛陽伽藍記校釋》卷 3。詳 CBETA, B12, no. 77, p. 166, a。

近它。所以在大陸東北一帶，民間常用繩子穿起一塊的「雷擊木」，然後戴在小孩的手腕上，或者掛在脖子上，這樣孩子就不容易被鬼神給干擾，於是「雷擊木」就逐漸成為有力的避邪法物。例如《正史佛教資料類編》就曾載當時的明悟法師就曾取「霹靂木」來刻天地文，如：「(玄宗)帝密欲廢(王皇)后，以語姜蛟。蛟漏言，即死。后兄守一懼，為求壓勝，浮屠(佛教修行的僧侶)明悟教祭『北斗』，取『霹靂木』，刻天地文及帝諱合佩之，曰：『后有子，與則天比。』」[472]

　　佛教的「咒語用印章」或「金剛杵」也有使用「雷擊木」材料，如《佛說常瞿利毒女陀羅尼呪經(并行法)》云：「印用『霹靂棗木』，方一寸七分。」[473]「金剛杵」的記載則見於《一字奇特佛頂經》云：「若欲成就金剛杵，取『霹靂木』十六指，作金剛杵……具其杵獻佛，種種食飲供養佛……手按其杵上念誦，乃至(能獲)三種成就。」[474]經文說要用「霹靂木」約「十六指長」來做「金剛杵」，如果手按在這種金剛杵上唸誦咒語，將可獲得三種的成就。另外在《一字奇特佛頂經》的〈成就毘那夜迦品〉中亦說：「取『霹靂木』十二指，作金剛杵。於『賒摩賒那』中，念誦『三洛叉』，阿修羅門關鍵內外開摧。」[475]經文說是「十二指」，換算大約是 23 公分，[476]因為這樣的長度是適合「手握」的。[477]在《大威力烏樞瑟摩明王經》則說到

---

[472] 參《正史佛教資料類編》卷 5。詳 CBETA, ZS01, no. 1, p. 353, a30-p. 354, a。另外《資治通鑑・唐玄宗開元十二年》亦有記云：「后兄太子少保守一，以后無子，使僧明悟為后祭『南北斗』，剖『霹靂木』。」胡三省注：「霹靂木者，霹靂所震之木。」明・李時珍《本草綱目・木四・震燒木》云：「霹靂木，此雷所擊之木也」。

[473] 參《佛說常瞿利毒女陀羅尼呪經》卷 1，詳 CBETA, T21, no. 1265, p. 295, a。

[474] 參《一字奇特佛頂經》卷 1〈先行品 4〉。詳 CBETA, T19, no. 953, p. 292, c。

[475] 參《一字奇特佛頂經》卷 2〈成就毘那夜迦品 5〉。詳 CBETA, T19, no. 953, p. 298, a。

[476] 據《佛光大辭典》云：「一磔手」(vitasti)即「中指」與「拇指」兩指端張開之距離，稱為「十二指幅」，約今之 23 公分，頁 78。

[477] 十二指的長度在《陀羅尼集經》卷 2〈佛說跋折囉功能法相品〉也有說明，如云：「其跋折羅，可重八兩，長十二指，橫指為量。兩頭三股，亦有五股。」詳 CBETA,

「雷劈木」也可作「三股(鈷)杵」，如云：「若『霹靂木』，刻作『三股(鈷)杵』，
(若遇)有大雪、(大)雷、(冰)雹降(下)。右手持(霹靂木做的)杵，(結)降山(手印)，或他
境(之處的)雪等，(將可)移往其處。」[478]

１０以「手印、誦咒」方式打鬼病者之身

在佛教的密教經典記載大量以「手印、誦咒」方式去打鬼病者身的方
式，經典例舉如下：

《陀羅尼集經》之〈釋迦佛頂三昧陀羅尼品〉云：
「若人身上患鬼神病。以(手)印打『頭、胸、背』，隨其病處，以印刺捺」[479]

《陀羅尼集經》之〈釋迦佛頂三昧陀羅尼品〉云：
「以此(手)印，打一切鬼病。其病即瘥，作者皆驗。」[480]

《陀羅尼集經》之〈金剛藏眷屬法印咒品〉云：
「若有人卒得鬼病，不知好惡痛痒之處(因為有鬼病，所以不知道好壞與任何有痛痒之
處)。以印盛水，誦咒七遍已。拂涾 (潑灑)打(擊打)病人面，及心上。但有痛
處，皆得除愈。」[481]

《種種雜咒經》云：

T18, no. 901, p. 804, a。

[478] 參《大威力烏樞瑟摩明王經》卷 2。詳 CBETA, T21, no. 1227, p. 151, b。

[479] 參《陀羅尼集經》卷 1〈釋迦佛頂三昧陀羅尼品 1〉。詳 CBETA, T18, no. 901, p.
792, a。

[480] 參《陀羅尼集經》卷 2〈釋迦佛頂三昧陀羅尼品 1〉。詳 CBETA, T18, no. 901, p.
798, b

[481] 參《陀羅尼集經》卷 7〈金剛藏眷屬法印咒品 2〉。詳(CBETA, T18, no. 901, p. 846,
b。

「右呪，若人著鬼病，(誦)呪水七遍，手把望(向)前病人面，(毆)打、叱ㄔ(大聲責罵與吆喝)之，即瘥。」[482]

11、面作瞋色，急急大聲誦咒

在佛教的密教經典記載大量要「面作瞋色、急急大聲誦咒」方式去趕鬼病者的方式，但話說回來，「鬼道」也是眾生，理應「平等慈心」對待，但如果有「鬼狂病」者，經過多方治療仍無效時，的確要改成「瞋怒之色(不是指瞋怒之心)、急急大聲誦咒」，但這只是一種「方便」的治鬼病之道，並非鼓勵治療「鬼病者」一定要採「瞋怒、大聲」的方式。例如在《大智度論》中便云：

若(有著)「鬼狂病」，(則需)拔刀罵詈，不識(不必去辯識)好醜……菩薩若為眾生(而生起)瞋惱罵詈，知其(乃)為「瞋恚者煩惱」(之)所病，(彼著鬼者已被)狂心所使，(故需以)方便治之，(其實)無所嫌責(任何眾生)，亦復如是。[483]

從《大智度論》中可知採用「瞋怒、大聲、急急」誦咒的方式並非「一定要如此」，只是在某些特殊案件上的「另類方便」治療方式罷了。在《清淨法身毘盧遮那心地法門成就一切陀羅尼三種悉地》也有說為了「方便」導引眾生，顯出此咒或本尊的「猛烈操惡」之身，目的只是為了「降伏眾魔」而令彼等因此而「歸入佛道」，而最大的「眾魔」其實還是自己的「心中惡念」，因為我們起心動念，念念皆邪，雖然還不至於「立即」產生相對應的果報，但「不怕念起，只怕覺遲」，[484]所以如果能先降服「自心中的

---

[482] 參《種種雜咒經》卷1。詳 CBETA, T21, no. 1337, p. 639, a。

[483] 參《大智度論》卷14〈序品 1〉。詳 CBETA, T25, no. 1509, p. 167, c26-p. 168, a

[484] 如《宗鏡錄》卷38云：「禪門中云：不怕念起，唯慮覺遲。又云：瞥起是病，不續是藥。」詳 CBETA, T48, no. 2016, p. 638, a。

諸惡鬼神」，那麼「外在」的一切「天魔、外道、天、阿修羅、藥叉、羅剎、諸惡鬼神」等，自然就會歸伏了。如下《清淨法身毘盧遮那心地法門成就一切陀羅尼三種悉地》所說：

> 爾時普賢菩薩從坐而起，白言法身世尊：諸佛如來以「大慈」為本，云何諸陀羅尼說有「操惡威德、自在傷害鬼神」及諸「外道天阿脩羅」？
> 毘盧遮那言：汝今諦聽，吾為汝說，期(或作「斯」)有二義，應善知之，云何為二：
>   一者、諸佛方便說法，導引眾生。
>   二者、顯此猛烈「操惡」之身，降伏眾魔(而)令(彼)入佛道。
> 汝等應知，此亦是(一種)「方便」(之法)……不知(此乃)諸佛「方便」所說。
> (若)欲知此者，(須先)降伏自心種種「顛倒、忘(或作「妄」)想、攀緣」，(及種種)作諸不善；或(已)生「餓鬼」之心、或(已)生「外道」之心、或(已)生「修羅」之心、或(已)生諸「惡鬼神、羅剎」之心。
> 以是義故，(自心所有的)念念相生，(大多)皆是(屬於)「諸惡鬼神、天、阿脩羅」，及諸「外道、羅剎鬼」。(所以應)要從心而生，雖不「即生」(此生；當生)受如是(果)報(雖然起心動念都是惡的，但還不會「立即」產生相對應的果報)。
> 諸法所說「摧伏鬼神」者，以是咒力能滅「心中」如是「惡念」，(己心若)無此「惡念」，(則)不受「惡身」，故當知降伏者矣！若能先降「自心諸惡鬼神」者，(則)一切「天魔、外道、天、阿修羅、藥叉、羅剎、諸惡鬼神」，自然歸伏，無敢違逆。若不自(身去)「降伏惡心」，(而)能降伏(外在的)諸「餘天鬼神」者，無有是處！[485]

底下例舉有關要「瞋怒之色、急急大聲誦咒」的經典如下：

《摩訶吠室囉末那野提婆喝囉闍陀羅尼儀軌》之〈求一切利益品〉云：

「若欲除『毘那夜迦』等一切鬼病者，(須)燒『安悉香』，(並)作大嗔心，急急誦咒。把『石榴子』打病人，其一切鬼病、天疫、龍疫，自然消滅。」[486]

《陀羅尼集經》之〈金剛藏眷屬法印咒品〉云：

「咒師兩手把火，面作瞋色，至心誦咒……若是鬼神病，無不瘥者。」[487]

《陀羅尼集經》之〈佛說金剛藏大威神力三昧法印咒品〉云：

「若人患鬼神病者，當作此印，以起瞋色。當病人前，(站)立誦咒者，是諸為病鬼神等類，悉皆散走。」[488]

《陀羅尼集經》之〈金剛阿蜜哩多軍荼利菩薩自在神力咒印品〉云：

「諸『惡神鬼』不伏退者，當作此(手)印，(再)繞病人三匝(三圈)。(側)斜身(體)，膝如跪地，起大瞋色，誦後(面的)大咒，咒聲莫絕。三匝繞作(繞病人三圈)，一切皆散，病即得瘥。」[489]

《不空羂索毘盧遮那佛大灌頂光真言》云：

「若患一切鬼神病，種種瘧病……加持一百八遍……當(生起)怒(色)，加持(對患鬼病者加持)，則便除瘥。」[490]

---

[486] 參《摩訶吠室囉末那野提婆喝囉闍陀羅尼儀軌》卷1〈求一切利益品 8〉。詳 CBETA, T21, no. 1246, p. 224, b。

[487] 參《陀羅尼集經》卷7〈金剛藏眷屬法印咒品 2 〉。詳 CBETA, T18, no. 901, p. 845, c。

[488] 參《陀羅尼集經》卷7〈佛說金剛藏大威神力三昧法印咒品 1 〉。詳(CBETA, T18, no. 901, p. 845, a。

[489] 參《陀羅尼集經》卷8〈金剛阿蜜哩多軍荼利菩薩自在神力咒印品 〉。詳 CBETA, T18, no. 901, p. 855, a

[490] 參《不空羂索毘盧遮那佛大灌頂光真言》卷1。詳 CBETA, T19, no. 1002, p. 606, c。

《阿吒薄俱元帥大將上佛陀羅尼經修行儀軌》云：

「但有鬼病人來，**勿多語**，口云『**急急**』，以**瞋怒**(之色)**罵**之。若似怖也(如果患鬼病者已生起恐怖狀況時)，即告之：神眾更待何時？急縛將來。**聲大**！官使人，應聲，即縛竟。」491

《阿吒婆㤄鬼神大將上佛陀羅尼經》云：

「若患虎鬼病，或二日一發(作)，或三日一發(作)，(咒師應該生起)俱**瞋怒**，**呪之**(對患鬼病者誦咒)，即瘥。」492

《阿吒薄俱元帥大將上佛陀羅尼經修行儀軌》云：

「若有惡瘧鬼病，或二日一發(作)，或三日一發(作)，(咒師應該生起)俱**瞋怒**，**呪之**(對患鬼病者誦咒)，即瘥。若不止，呪三遍，即自語而去，即得除愈。」493

《陀羅尼集經》之〈佛說跋折囉功能法相品〉云：

「(咒師應該生起)**面目殺**(沙界反)**怒**，**作大瞋形**。是法身印，亦名『毘唎俱致若』，作此法，一切鬼病悉皆除瘥。」494

《陀羅尼集經》之〈金剛藏眷屬法印咒品〉云：

「如是數滿一千八遍。即得靈驗。一切鬼病亦悉除愈……呪師把草，以拄取火，**急急**(大聲)誦呪，呪聲莫絕。」495

491 參《阿吒薄俱元帥大將上佛陀羅尼經修行儀軌》卷 3。詳 CBETA, T21, no. 1239, p. 202, a。

492 參《阿吒婆㤄鬼神大將上佛陀羅尼經》卷 1。詳 CBETA, T21, no. 1238, p. 186, b。

493 參《阿吒薄俱元帥大將上佛陀羅尼經修行儀軌》卷 2。詳 CBETA, T21, no. 1239, p. 197, c。

494 參《陀羅尼集經》卷 4〈佛說跋折囉功能法相品〉。詳 CBETA, T18, no. 901, p. 822, b

495 參《陀羅尼集經》卷 7〈金剛藏眷屬法印咒品 2〉。詳 CBETA, T18, no. 901, p. 845, c

12、咒語無效，知非鬼病，或業力甚大，能敵須彌

　　有一些「鬼神病」是比較特殊，即使誦了很多咒語、參加法會儀式、功德迴向、給大師加持……等，可能都「無效」，這有兩種答案，第一種是他個人的「業力」報應，包括前世因果所造成的惡業，因為《地藏菩薩本願經》云：「業力甚大，能敵須彌，能深巨海，能障聖道。」[496]或《佛頂放無垢光明入普門觀察一切如來心陀羅尼經》云：「業力甚大，悔恨無量。」[497]所以當一個人在受「業報」時，做任何的「法會佛事」可能都沒有「明顯」效果的，這在《陀羅尼集經》的「金剛藏眷屬法印咒品」有云：「若是鬼神病，無不瘥者。如不瘥者，即是『業報』也。」[498]也就是「鬼神病」是可用一些「咒語」方式救回，但是如果「無效」，那就是一種「業報」了，必須接受如此的「刑期」折磨待遇。清朝名醫徐大椿也有相同的看法，他說：「至於冤譴之鬼，則有數端。有自作之孽，深仇不可解者；有祖宗貽累者；有過誤害人者，其事皆鑿鑿可徵。」[499]徐大椿又云：「『祝由』[500]之法……此亦必病之『輕』者，或有感應之理。若果病機『深重』，亦不能有效也。」[501]也就是如果是屬於嚴重的「冤譴之鬼、自作之孽深仇不可解、

---

[496] 參《地藏菩薩本願經》卷1〈地獄名號品 5〉。詳 CBETA, T13, no. 412, p. 782, a。

[497] 參《佛頂放無垢光明入普門觀察一切如來心陀羅尼經》卷2。詳 CBETA, T19, no. 1025, p. 724, c。

[498] 參《陀羅尼集經》卷7〈金剛藏眷屬法印咒品 2〉。詳 CBETA, T18, no. 901, p. 845, c。

[499] 參清‧徐大椿《醫學源流論》，詳於《徐靈胎醫書全集》，台北：五洲出版社，1998年，卷1，〈病有鬼神論〉，頁72。

[500] 「祝由」也稱「祝由術、祝由科、咒禁科、書禁科、祝由十三科、中醫十三科、天醫」等，這是在《黃帝內經》成書之前，上古真人所創，即用「符咒治病」方術的一種稱呼詞。如《黃帝內經素問‧移經變氣論》云：「毒藥不能治其內，鍼石不能治其外，故可移精『祝由』而已」。參郭藹春《黃帝內經素問校注語譯》，天津：科學技術出版社，1981年，頁79。

[501] 參清‧徐大椿《醫學源流論》，詳《徐靈胎醫書全集》，台北：五洲出版社，1998年，卷1，〈祝由科論〉，頁122。

祖宗貽累、有過誤害他人」就算是用「祝由」的咒語方式或法會，也是「不能有效」的，因為「此則非藥石、祈禱所能免矣」，[502]這已經超出醫學上的能力範圍了。

　　第二種就不是一種「鬼病」，只是「類似鬼病」的現象，只是身體器官受損而發出類似「鬼病」的狀態而已，這個觀點在明代醫者孫志宏《簡明醫殼》就說過了，如云：「世俗謂沖斥邪惡為病，有諸奇怪之狀及妄聞見，妄言作。誠因其人元氣耗損，心血虧傷而致。」[503]所以即使病人看見的「鬼」、所感受到的「鬼」是非常清楚、歷歷在目，也可能是「假」的，在佛典《陀羅尼集經》的「佛說跋折囉功能法相品」就有說如果經過「咒語、手印」都無效時，可能就不是「鬼病」了，如云：「若不瘥者，即非『鬼病』。」[504]及《陀羅尼集經》的〈金剛烏樞沙摩法印咒(此與「穢跡金剛咒」是同類的咒語)品〉亦云：「若一日不瘥，三日作法，決定得瘥。如其不瘥，知非『鬼病』。」[505]

502　參清・徐大椿《醫學源流論》，詳於《徐靈胎醫書全集》，台北：五洲出版社，1998年，卷1，〈病有鬼神論〉，頁72。

503　參明・孫志宏《簡明醫殼》，卷4，此書已收入《中華醫典》，長沙：湖南電子音像出版社，2000年，電子書。

504　參《陀羅尼集經》卷4〈佛說跋折囉功能法相品〉。詳 CBETA, T18, no. 901, p. 821, a。

505　參《陀羅尼集經》卷9〈金剛烏樞沙摩法印咒品〉。詳 CBETA, T18, no. 901, p. 862, c

第三章　鬼神的存在與附身

第一節 鬼神本來就「無所不在」

在佛教經典中，無論是小乘或大乘佛典，對鬼神存在的觀點都是一致的，例如《佛說長阿含經》就說凡有人住的地方，甚至無人住的地方，都有「鬼神」，在這個世界中沒有任何一個地方是「無鬼無神」的，在任何有人居住的舍宅、所有的街巷，四通八達的大路、宰割屠殺處、市場店鋪、墳墓之間、巖窟山洞、山陵溪谷、一切惡獸所出沒之處，都有鬼神存在，這世間沒有一個地方是「空缺」而無鬼神存在的。如云：

> 佛告比丘：一切人民所居舍宅，皆有鬼神，無有空者(空缺之處)。一切
> 街巷，四衢ˊ 道(四通八達的大路)中，「屠兒(屠宰戶的蔑稱)、市肆(市場店鋪)」及
> 「丘塚ㄓ」(墳墓)間。皆有鬼神，無有「空」(空缺之處)者。
> 凡諸鬼神皆「隨所依」(隨他依止於何處)，即以為名。依「人」名人，依「村」
> 名村，依「城」名城，依「國」名國，依「土」名土，依「山」名山，依
> 「河」名河。[506]

所有的「鬼神」名字就隨著他所「依止」於何處，就以「依止」處所命名，所以就有「人中鬼神、村中鬼神、城中鬼神、國中鬼神、土地鬼神、山中鬼神、河中鬼神」……等種類，這在《起世經》與《大樓炭經》都有同樣的說明，如《起世經》云：

> 諸比丘！「人間」若有如是「姓」字，「非人」之中，亦有如是一切「姓」
> 字。諸比丘！人間所有「山林、川澤、國邑(國都)、城隍(城牆、護城河、
> 城池)、村塢ˋ(山村；村落)、聚落、居住之處」，於「非人」中，亦有如是
> 「山林、城邑、舍宅」之名……

---

[506] 參《長阿含經》卷20〈忉利天品 8〉。詳 CBETA, T01, no. 1, p. 135, b。

諸比丘！一切街衢ㄑㄩˊ（通衢大道），四交道（四面交通的大路）中。屈曲（彎曲；曲折）
巷陌（街巷），屠膾ㄎㄨㄞˋ（宰割屠殺）之坊ㄈㄤ，及諸巖窟（山洞）。並無「空虛」（空
缺之處），皆有「眾神」及諸「非人」之所依止。

又棄「死尸」，林塚ㄓㄨㄥˇ（墳墓）間丘壑ㄏㄜˋ（山陵和溪谷），一切「惡獸」所行之道，
悉有「非人」在中居住。[507]

如《大樓炭經》云：

若「異道人」問是者，汝曹（你們）當報言：街巷市里，一切屠殺處、塚
ㄓㄨㄥˇ間（墳墓），皆有「非人」，無空缺處。
其「人、非人」名，隨報「郡國、縣、邑、丘聚」名，如「江河、山川」
所有名。「非人」亦作是名，如「人」所作名護，「非人」亦作是名。[508]

在東晉・竺曇無蘭所譯的《佛說摩尼羅亶經》中，還分類成四十三
種鬼的名稱，詳細如下所舉：

有❶「國中鬼」。
有❷「山中鬼」。
有❸「林中鬼」。
有❹「草暮鬼」。
有❺「塚間鬼」。
有❻「塚中鬼」。
有❼「地上鬼」。
有❽「水中鬼」。
有❾「水邊鬼」。

---

[507] 參《起世經》卷 8〈三十三天品 8〉。詳 CBETA, T01, no. 24, p. 348, a。
[508] 參《大樓炭經》卷 4〈忉利天品 9〉。詳 CBETA, T01, no. 23, p. 298, c。

有❿「火中鬼」。

有⓫「火邊鬼」。

有⓬「北斗鬼」。

有⓭「虛空中鬼」。

有⓮「市井鬼」。

有⓯「死人鬼」。

有⓰「生人鬼」。

有⓱「飢餓鬼」。

有⓲「道外鬼」。

有⓳「道中鬼」。

有⓴「堂外鬼」。

有㉑「堂中鬼」。

有㉒「身中鬼」。

有㉓「身外鬼」。

有㉔「飯食鬼」。

有㉕「臥時鬼」。

今佛言：有㉖「赤色鬼」。

有㉗「黑色鬼」。

有㉘「長鬼」。

有㉙「短鬼」。

有㉚「大鬼」。

有㉛「小鬼」。

有㉜「中適鬼」。

有㉝「白色鬼」。

有㉞「黃色鬼」。

有㉟「青色鬼」。

有㊱「黑色鬼」。

有 ❸「夢寤鬼」。

有 ❸「朝起鬼」。

有 ❸「步行鬼」。

有 ❹「飛行鬼」。

有 ❹「問人魂魄鬼」。

有 ❹「生人鬼」。

有 ❹「死人鬼」。

佛言：若有「瞋恚、刀杖」起時，皆當念是《摩尼羅亶經》，諸鬼神則為破碎。[509]

　　除了佛教經典對鬼神存在的描敘內容外，在明·徐春甫(1520~1596)的《古今醫統大全》中也說：「凡山谷幽陰處所，或有魍魎魑魅、狐精狸怪，及人間多年雞犬，亦間有成妖，縱使迷人」[510]也就是在「山谷幽陰處所」都一樣會有「魍魎魑魅、狐精狸怪」的存在。在古代，「魑魅魍魎」四個字原是指會害人的鬼怪總稱，根據《說文解字》的解釋為：「魑，山神，獸形。魅，怪物」，「魍魎」則是一種「水神」。而「狐精狸怪」的存在也是很常見，在李建國《中國狐文化》一書中就說「北方(尤其是北京)多『狐妖』，江南多『山魈』。」[511]在佛教經典《佛說最上祕密那拏天經》中也說有無量的邪惡「夜叉、羅剎鬼」都會伺求想侵害人類的「方便機會」，如云：「爾時世尊受『毘沙門天王』請已，而即告言：天王！我見世間一切眾生，於晝夜中，有大驚怖，蓋為無量大惡『夜叉(Yakṣa)、羅剎(rākṣasa)』，伺求其

---

[509] 參《陀羅尼雜集》卷 8。詳 CBETA, T21, no. 1336, p. 627, b。

[510] 參明·徐春甫《古今醫統大全》，北京：人民衛生出版社，1991/1996 年，卷 49，〈邪祟敘論〉，頁 1415。

[511] 這個說法可參閱李建國《中國狐文化》，北京：人民文學出版社，2002 年，頁 156-165。關於山魈，最近較重要的研究有 RichardvonGlahn,TheSinisterWay:theDivineandtheDemonicinChineseReligiousCulture(Berkeley,LosAngelesandLondon:UniversityofCaliforniaPress,2004),Chapter3。

便，而作侵害。」[512]

《大樓炭經》上還說，如果樹木高達 172 公分以上，或者「樹圍」粗達 24.5 公分以上，就會有「鬼神」寄宿、寄附在樹上，如經云：「其有樹高『七尺』(約 172cm 左右)，圍(指樹圍一圈的粗細)『一尺』(約 24.5cm 左右)者，上悉有神」。[513]相同的說法還見於《起世經》，只是改成「八尺」高才會有鬼神寄宿，如云：「一切林樹，高至『一尋』(八尺為一尋，約 196cm 左右)，圍(指樹圍一圈的粗細)滿『一尺』(約 24.5cm 左右)，即有神祇ㄑㄧˊ，在上依住，以為舍宅。」[514]

除了上述所說的「非人鬼神」的存在外，在經典中也常說人只要一生下來，就會有「護法身、守護神」跟隨著，所以「鬼神」當中也有分「善」與「惡」這二類，他的判斷標準取決於這類鬼神有沒有「發善心、發善念」，如果有「發善心善念」就是歸於「善類」的鬼神，對人是有益處的；如果不是，那就歸於「惡類」的鬼神，會對人造成干擾與侵害，如《楞嚴經》所云：

> 此名住世「自在天魔」(Para-nirmita-vaśa-vartin 他化自在天魔➔欲界第六天魔)，使其眷屬如「遮文荼」(Cāmuṇḍā 遮悶拏;遮文荼)及「四天王(Catur-mahā-rājika-deva。欲界六天中之第一天)毘舍童子」(Piśāca 畢舍遮鬼)。未「發心」者(已發心者➔護人。未發心者➔害人)，利(利誘)其「虛明」(內心清虛明潔但貪求長壽的修行者)，食彼「精氣」。
> [515]

---

[512]《佛說最上祕密那拏天經》卷 1。詳 CBETA, T21, no. 1288, p. 358, c。

[513] 參《大樓炭經》卷 4〈忉利天品 9〉。詳 CBETA, T01, no. 23, p. 298, c。

[514] 參《起世經》卷 8〈三十三天品 8〉。詳 CBETA, T01, no. 24, p. 348, a。

[515] 參《大佛頂如來密因修證了義諸菩薩萬行首楞嚴經》卷 9。詳 CBETA, T19, no. 945, p. 151, a。

經文的意思是說「住於世間」的欲界「他化自在天魔」，[516]他會勅使他的眷屬弟子，如「遮文荼」(使役鬼)及由「四天王」所管轄的「毘舍遮童子」(噉精氣鬼)等等(以上兩類鬼，如果能發心皈依三寶，便當作佛教的護法神。如果沒發心皈依三寶者，就成為害人鬼，受魔王的驅使，專門來擾亂修行人)，這幾類「沒有發心」皈依三寶的「鬼神」，會去利誘「內心雖然清虛明潔但貪求長壽不死的修行者」，去吸食他的「精氣」來滋養其魔軀。在佛教經典中也常說很多「已發心」的鬼神亦可得菩提大法，如《大般涅槃經》云：大王！有「曠野鬼」，多害眾生。如來……至「曠野村」為其說法。時「曠野鬼」聞法歡喜……然後便發「阿耨多羅三藐三菩提心」。[517]又如《維摩詰所說經》云：未來世中，當有善男子、善女人，及「天、龍、鬼神、乾闥婆、羅刹」等，發阿耨多羅三藐三菩提心，樂于大法。[518]所以在<u>釋迦</u>佛身邊當然也有很多「已發大心」的鬼神當作佛陀的「侍衛」，如元魏·<u>吉迦夜</u>共<u>曇曜</u>譯《雜寶藏經》云：「佛在<u>王舍城</u>，爾時<u>提婆達多</u>作是念言：佛有五百『青衣鬼神』恒常侍衛，佛有十力百千那羅延，所不能及。我今不能得害。」[519]

在早期佛典《阿含經》就開始流傳人只要一生下來，就會有屬於「善」的「護法身、守護神」跟隨著，這個觀點一直到大乘經典都沒有變，也就是一個人不管有沒有歸依信仰的「對象」，他都一定有個「護法神」跟著或守著，這是與生俱來就有的。如《佛說長阿含經》云：

---

[516] 欲界第六天除了有「天人」在此住外，還有另一個魔宮是處在「欲界、色界初禪天」之間，專由「他化自在天魔」所住。如《瑜伽師地論》云：「他化自在天」復有「摩羅」天宮，即「他化自在天」攝。參《瑜伽師地論》卷4。詳 CBETA, T30, no. 1579, p. 294, c。又如《長阿含經》云：於「他化自在天」、「梵加夷天」(指初禪天)中間，有「摩天宮」。參《長阿含經》卷18〈閻浮提州品 1〉。詳 CBETA, T01, no. 1, p. 115, a。

[517] 參《大般涅槃經》卷19〈梵行品 8〉。詳 CBETA, T12, no. 374, p. 479, b。

[518] 參《維摩詰所說經》卷3〈囑累品 14〉。詳 CBETA, T14, no. 475, p. 557, a。

[519] 參《雜寶藏經》卷3。詳 CBETA, T04, no. 203, p. 465, b。

一切「男子、女人」初始生(誕生)時,皆有「鬼神」隨逐擁護。若其死時,彼「守護鬼」(則)「攝其精氣」,其人則死。

佛告比丘:設有「外道梵志」問言:諸賢!若一切男女,初始生(誕生)時,皆有「鬼神」隨逐守護。其欲死時,彼「守護鬼神」攝其「精氣」,其人則死者。[520]

《起世經》亦云:

諸比丘!一切世間男子女人,從生(誕生)已後,即有「諸神」,常隨逐行,不曾捨離。唯習行「諸惡」,及命欲終時,方乃捨去。[521]

與《佛說長阿含經》同本異譯的《大樓炭經》亦有同樣說明,如經云:

佛告比丘言:若有「異道人」問言:一切男子女人,初生(誕生)時,有(諸神)隨後「護」之不?……當報言:街巷市里,一切屠殺處、塚墓 間(墳墓),皆有「非人」,無空缺處。[522]

《大威德陀羅尼經》亦有云:

若「丈夫、婦人」,命終之時,彼之所有「守護神天」(指人的守護神,經典又稱之為「俱生神」或「同生神」。如《佛說長阿含經・卷二十》云:佛告比丘……一切男子、女人,初始生時,皆有「鬼神」隨逐擁護。若其死時,彼「守護鬼」攝其精氣,其人則死)、隨後行者(追隨在彼行者的後面)、作威力者(能在彼人身上發生威德的神力)、令彼勝者(能令彼人得

---

[520] 參《長阿含經》卷 20〈忉利天品 8〉。詳 CBETA, T01, no. 1, p. 135, b。

[521] 參《起世經》卷 8〈三十三天品 8〉。詳 CBETA, T01, no. 24, p. 348, a。

[522] 參《大樓炭經》卷 4〈忉利天品 9〉。詳 CBETA, T01, no. 23, p. 298, c。

殊勝勢力者)」。命終之時，將彼「威力」背(離棄)之而去。彼(指人的守護神)背去(離去)已，(彼人之)「語言、音聲」即皆滅盡。[523]

　　經文中說無論善惡之人都會有「守護鬼神」跟隨，就算造「十惡業」，最後仍有「一神」留守，目的是等「惡人」死後，就把他抓到閻羅王那邊去接受審判。如果是造「十善業」的人，甚至會有「百千守護神」追隨。如《佛說長阿含經》云：

世人為「非法行」，邪見顛倒，作「十惡業」。如是人輩，若百(無論是有上百人在作十惡業)、若千(無論是有上千人在作十惡業)，(此諸人等)乃至(會)有「一神」護耳。譬如群牛、群羊，若百(無論是有上百隻牛)、若千(無論是有上千隻牛)，(仍然會有)一人守牧。彼亦如是，(若)為「非法行」，邪見顛倒，作「十惡業」。如是人輩，若百(無論是有上百人在作十惡業)、若千(無論是有上千人在作十惡業)，(此諸人等)乃(至會)有「一神」護耳。

若有人修行「善法」，見「正」信行，具「十善業」。如是一人，有「百千神」護。譬如國王，國王、大臣(皆)有「百千人」衛護一人。彼亦如是，(如果)修行「善法」，(且)具「十善業」，如是一人，(則多會)有「百千神護」。

　　同本異譯的《大樓炭經》也說：

其有人於是人間，身行惡，口言惡，心念惡，作「十惡」者。千人(無論是有上千人在作十惡業)、百人(無論是有上百人在作十惡業)，(諸人等乃至會有)「一神」護之。譬如「百群」牛羊，若「千」牛羊群，(仍然會有)一人牧護之。佛言：如是！

---

[523]　參《大威德陀羅尼經》卷 8。詳 CBETA, T21, no. 1341, p. 791, b。

其有人身行惡，口言惡，心意念惡者，百人（無論是有上百人在作惡業）、千人（無論是有上千人在作惡業），（仍然會）有「一神」護耳。

其有人於此人間，身行善，口言善，心念善，奉「十善事」者……「一人」常有百、若千「非人」護之。譬如王，若「大臣」一人，常有百、若千人在傍護之。

佛言：如是！其有人身口意「行善」，奉「十善事」者，是尊是法（如是的尊重與奉行十善法），（則此）「正見之人」等，「一人」（則）常有百、若千「非人」，在後護之。是謂為男子、女人，常有「非人」護之。[524]

「守護神」的信仰觀點到大乘經典中仍然被持續流傳著，甚至出現「同生神」(Saha-deva 亦名「俱生神」)的名稱，也就是人一生下來就一定有「同生神」跟隨著，這位「守護神」會將人一生的「善惡業」記下，等人死後再將這些「資料」，交給閻羅王審判。如隋·達摩笈多(Dharmagupta？～619)譯《佛說藥師如來本願經》中云：

死相現前，目無所見，父母、親眷、朋友、知識啼泣圍遶，其人屍形，臥在本處。「閻摩」使人（此指琰魔羅王的「使者」➜鬼差或鬼王）引其「神識」，置於「閻摩法王」之前。

此人背後有「同生神」(Saha-deva 俱生神。如《佛說長阿含經·卷二十》云：佛告比丘……一切男子、女人，初始生時，皆有「鬼神」隨逐擁護。若其死時，彼「守護鬼」攝其精氣，其人則死)，隨其所作，若罪若福，一切皆書，盡持授與「閻摩法王」。

時「閻摩法王」推問其人，算計所作，隨善隨惡，而處分之。[525]

唐·玄奘(602？～664)譯的《藥師琉璃光如來本願功德經》亦有同樣的說明，經文如下：

---

[524] 參《大樓炭經》卷4〈忉利天品 9〉。詳 CBETA, T01, no. 23, p. 298, c。

[525] 參《佛說藥師如來本願經》卷1。詳 CBETA, T14, no. 449, p. 403, c。

死相現前……然彼自身，臥在本處。見「琰魔使」(此指琰魔羅王的「使者」

➔鬼差或鬼王)，引其「神識」至于「琰魔法王」之前。

然諸有情，有「俱生神」(Saha-deva 同生神。如《佛說長阿含經‧卷二十》云：佛告比

丘……一切男子、女人，初始生時，皆有「鬼神」隨逐擁護。若其死時，彼「守護鬼」攝其精氣，其

人則死)，隨其所作。若罪若福，皆具書之，盡持授與「琰魔法王」。[526]

「同生神」的信仰在《華嚴經》中即指為二種天神，一是「同生神」，
一是「同名神」，這二種天神從我們生下來就跟隨我們，但我們無法見到
他們，而這二神卻常常不離吾人，如東晉‧佛馱跋陀羅(Buddhabhadra 359
～429)譯《大方廣佛華嚴經》(六十華嚴)云：

如人從生，有二種「天」(指同生神與同名神)，常隨侍衛。

一曰「同生」。(Saha-deva 俱生神。如《佛說長阿含經‧卷二十》云：佛告比丘……一切男

　　　　　　子、女人，初始生時，皆有「鬼神」隨逐擁護。若其死時，彼「守護鬼」攝其精

　　　　　　氣，其人則死)

二曰「同名」。

「天」(指同生神與同名神)常見人，人不見「天」。[527]

唐‧實叉難陀(Śikṣānanda 652～710)譯的《大方廣佛華嚴經》(八十華嚴)
亦云：

如人生已，則有「二天」(指同生神與同名神)，恒相隨逐。

一曰「同生」。(Saha-deva 俱生神)

二曰「同名」。

---

[526] 參《藥師琉璃光如來本願功德經》卷 1。詳 CBETA, T14, no. 450, p. 407, b。
[527] 參《大方廣佛華嚴經》卷 44〈入法界品 34〉。詳 CBETA, T09, no. 278, p. 680, c。

「天」(指同生神與同名神)常見人，人不見「天」。[528]

還有唐・般若譯《大方廣佛華嚴經》(四十華嚴)中云：

譬如世人，初始生時，則有「二天」(指同生神與同名神)，「同時」而生。
一曰「同生」。(Saha-deva 俱生神)
二曰「同名」。
彼「天」與人，恒相隨逐。
「天」(指同生神與同名神)常見人，人不見「天」。[529]

另外唐・義淨(635～713)譯《根本說一切有部毘奈耶皮革事・卷上》
亦出現「同生神」及「常隨神」的名詞，如經云：

爾時「薄伽梵」在室羅筏城 逝多林給孤獨園……悉皆祈請，求其男
女。諸「園林神、曠野等神、四衢道神(四面交通要道上的神)、受祭神」、
「同生神」(Saha-deva 俱生神)、「同法神」(此應指《華嚴經》中所說的「同名天神」)、
「常隨神」等，悉皆求之。[530]

到了唐・吉藏(549～623)所撰的《無量壽經義疏》則出現新的說法，
他說這二種「守護神」一位是女神，住在人的「右肩」上，專記眾生的「惡
事」；另一位是男神，住在人的「左肩」上，專記眾生的「善事」，如吉藏
云：

[528] 參《大方廣佛華嚴經》卷 60〈入法界品 39〉。詳 CBETA, T10, no. 279, p. 324, a。
[529] 參《大方廣佛華嚴經》卷 2〈入不思議解脫境界普賢行願品〉。詳 CBETA, T10, no.
293, p. 667, c。
[530] 參《根本說一切有部毘奈耶皮革事》卷 1。詳 CBETA, T23, no. 1447, p. 1048, c。

> 一切眾生皆有二神，一名「同生」，二名「同名」。
> 「同生女」在「右肩」上書其作惡。
> 「同名男」在「左肩」上書其作善。
> 「四天善神」一月六反，錄其名籍，奏上大王。[531]

　　看來吉藏大師的說法又增加了不少「新觀點」，但這是佛典沒有的內容，也許他的說法是結合或融入了中國傳統民間宗教的教義。而由韓國的新羅 太賢(約中國的唐代)所撰的《本願藥師經古跡》中，還把臨終病人所出現的「神識、鬼神」問題分成了「四相分」，一是指「閻摩法王」的「使者」，鬼差或鬼王。二是指自己的「阿賴耶識」。三是指「閻摩法王」本人。四是指自己的「守護神」，如下所云：

> 謂由「業力」，病人意識現「四相分」。
> 一「琰魔使」。(指「閻摩法王」的「使者」➔鬼差或鬼王)
> 二「己神識」。(指自己的「阿賴耶識」)
> 三「琰魔王」。(指「閻摩法王」本人)
> 四「俱生神」。(指自己的「守護神」➔Saha-deva 同生神)
> 傳說「本識」與身，故名「俱生神」(Saha-deva 同生神)。能熏習言，具書持，表於「法王」(琰魔羅法王)。[532]

　　《本願藥師經古跡》內的說法甚為完整，臨終時除了有自己的「神識」(阿賴耶識)外，還有「閻羅王、鬼差鬼王、守護神」這三個「鬼神」的問題存在。

---

[531] 參《無量壽經義疏》卷 1。詳 CBETA, T37, no. 1746, p. 124, b。
[532] 參《本願藥師經古跡》卷 2。詳 CBETA, T38, no. 1770, p. 261, b。

第二節　墳墓塚塔裡面到底有「郎」某？

　　每年都要掃墓，這是東方人的基本習俗與禮儀，那墳墓內到底還有沒有「人」在住呢？這是個有趣的問題。筆者於 2014 年 2 月所發行的專書《漢傳佛典「中陰身」之研究》一書中，其中第四章(頁 161-170)就是在討論「中陰身」之壽命問題，結論出「大善、大惡」這兩類眾生是沒有「中陰身」的，這在經論中有很多例證，如《最勝問菩薩十住除垢斷結經》云：「如是，<u>最勝</u>！<u>童真</u>菩薩捨身受形，身根意識，初不錯亂，不受『中陰』而有留難(被拘留障難)。眾生神離(神識離開)，(需)住於『中陰』，隨其(業力)輕重殃禍之本，便有留難(被拘留障難)」。[533]《雜寶藏經》云：「有二邪行，如似『拍毬』(古代一種遊戲用的皮球，即毛丸氣毯之類)，速墮地獄。云何為二？一者不供養父母。二者於父母所，作諸不善。有二正行，如似『拍毬』，速生天上。云何為二？一者供養父母。二者於父母所，作眾善行」。[534]《最勝問菩薩十住除垢斷結經》中說人如果要往生「天道」，則此人的「中陰身」將立刻「尋往」，而「不中留」。[535]《大寶積經》亦提到要往生「天道」是「速疾」的立刻「移去」，如經云：「身攀緣『善業』，『速疾』如筈，出氣移去……見父母坐天榻上」。[536]另《大乘修行菩薩行門諸經要集》則云：「若於佛法中傾倒，直墮無間地獄」。[537]《鞞婆沙論》亦云：「若以『無間』生地獄者，是故無『中陰』」。[538]以上這二類「大正、大邪」者都將迅速「生天」或「墮大地」，故無「中陰身」。

---

[533] 參《最勝問菩薩十住除垢斷結經》卷 3〈8 童真品〉。詳 CBETA, T10, no. 309, p. 983, b。

[534] 參《雜寶藏經》。詳 CBETA, T04, no. 203, p. 449, a。

[535] 參《最勝問菩薩十住除垢斷結經》卷 9〈24 道智品〉。詳 CBETA, T10, no. 309, p. 1033, c。

[536] 參《大寶積經》卷 110。詳 CBETA, T11, no. 310, p. 621, a。

[537] 參《大乘修行菩薩行門諸經要集》卷 2。詳 CBETA, T17, no. 847, p. 950, c。

[538] 參《鞞婆沙論》，詳 CBETA, T28, no. 1547, p. 516, b。

　　另一種「非大善大惡」型的人，其「中陰身」的壽命約有四種情形，一、最少 1 日，最多 7 日。二、21 日。三、49 日。四、依「眾緣」決定，壽命無期限，所以民間一直都說是七七 49 日就會投生，這只是取「平均」值的大略說法而已，因為真正要花多少時間才能去投生他處，這與個人的「業力」有關，所以有關的「天數」還是沒有「定論」的。所以在 49 天的平均值內，有些「中陰身」就會寄附在自己的墳墓、靈骨塔上，等 49 天過後，他就會照自己的「業力」投生他處，等於這個墳墓或靈骨塔已經沒有「人」在內了。另一種情形就是這個「中陰身」必須要等待超過 49 天的「因緣」才能投生，所以他的「中陰身」就可能會一直停留在自己的墳墓或靈骨塔間。甚至有些「中陰身」因此都沒有去投生他處，就留在墳墓或靈骨原地，久了，也可能變成了「精靈、精魂」類的眾生，這種問題在佛經中也有出現過，如東晉・帛尸梨蜜多羅(Po -śrīmitra)譯《佛說灌頂塚墓因緣四方神咒經》就說：

　　阿難又問佛言：若人命終，送著山野，造立「墳塔」。是人「精魂」在
　　　中與不？

　　佛言阿難：是人精魂亦「在」，亦「不在」。

　　阿難又問：云何亦「在」，亦「不在」？

　　佛言：阿難！其魂「在」者。若人生時，不種善根，不識三寶，而不
　　　為惡。無善受福，無惡受殃。無「善知識」為其「修福」。是以「精
　　　魂」在「塚塔」中，未有去處，是故言「在」……

　　佛語：阿難！又言「在」者。或是「五穀」之精(指會吃「五穀雜糧」的一種精靈，
　　此不一定是指的人類。但人類也是屬於吃「五穀雜糧」的，所以當人死亡，靈魂還有勢力之時，
　　「有時」也會被比喻為是一種「五穀之精」)，骨「未朽爛」，故有「微靈」。骨若
　　「糜爛」，此「靈」即滅，無有氣勢(因為亡者的「靈魂」是「依附」在仍未「朽爛」
　　的骨頭上，但骨頭如果完全消滅的話，就沒有東西可以「依附」了，他就沒有勢力可作怪了)，

亦不能為人作諸「禍福」。[539]

　　經文記載阿難曾問佛陀，當人死後，屍骨放在墳塔內，那這個人的「精魂」會一直都在這墳塔內嗎？佛的回答有二種，一是「在」，一是「不在」。如果這個人生前沒有種什麼善根，也沒佛教的三寶信仰，但也沒有做什麼大惡之事；屬於沒有「大善」可去天上或轉世投生為人，也沒有「大惡」可能讓他當「餓鬼、下地獄」去，也沒有「善知識」為他修福田功德迴向，所以他的「精魂」沒有任何地方可以「投生轉世」，那就可能會一直停留在墳塔內。理由是人類是專吃「五穀雜糧」生存的，所以當人死亡，骨頭仍未完全朽爛之前，此時的靈魂可能還會有一點「殘餘勢力」的「微靈」存在；但若骨頭都完全「糜爛」了，這個「微靈」就會跟著滅去，因為已經沒有「屍骨」可以讓它有所「依附」，他就沒有「勢力」可再「作怪」，當然也不能再為人類作諸「禍福」的神異事件。

　　換句話說，這個亡者的「中陰身」並沒有去「轉世」去做「真正的鬼」，亡者的「靈魂」只是變成了一種「精靈」的特殊狀況，但他有可能會一直「依附」在自己生前所「貪著」的「塔廟、靈骨位、骨灰塔、墳墓間」的一種特殊狀況。例如「守屍精靈鬼、守墳精靈鬼、守骨灰精靈鬼、守牌位精靈鬼」。所以如果我們的親人亡靈並沒有去投生他處，只是停留在現場當「精靈鬼」，那我們每年的「清明祭祖」掃墓仍是有效的，因為有的祖先的確已成為「守屍精靈鬼、守墳精靈鬼」，但這些鬼都非屬於「造作惡業」而招受業報的「惡鬼」或「餓鬼」。接下來佛再回答第二個為何「精魂」不在這墳塔內的原因和理由，如經云：

阿難又言：「不在」云何？

---

[539] 參《佛說灌頂經》卷 6。詳 CBETA, T21, no. 1331, p. 513, b。

佛言：阿難！魂不在者，或其前生在世之時，大修福德，精勤行道，或生天上「三十三天」(此亡者已轉世到「天上」去了)，在中受福，或生人間「豪姓」之家(此亡者已轉世到「人道」去了)，封受自然，隨意所生。

又言「不在」，或其前生在世之時，(經常)殺生禱祀，不信「真正」(真正的佛法智慧)，(而以)「邪命」自活(以邪曲之方式而獲得經濟來源之生活)，諂諛偽欺人，(將來會)墮在「餓鬼、畜生」之中，備受眾苦，經歷「地獄」。(既然已墮三惡道)故言「不在」塚塔中也。[540]

佛陀認為如果亡者的「靈魂」已不在「墳塔」的情形，一種是這個人生前是做大功德的，所以已經轉投生到「天上」去了，或者轉投到「人道」的富貴之家。另一種是在世時經常「殺生」，不信佛法智慧，甚至常常以「邪曲、欺詐」方式而獲得經濟生活來源，那就會轉投生到三惡道的「餓鬼、畜生、地獄」去。最後一種比較特殊的是，這個人在世時沒有做福德，也造了一些邪曲阿諛諂媚的事，本來也應該投生「餓鬼」業報去，但他卻成了一種「精靈鬼」，他沒有足夠的福報上天，也沒有足夠的惡業下地獄或當「餓鬼」，只能當「精靈鬼」，然後為了獲得飲食及人類「供奉」他，只好變現一些「神怪」的事蹟來，如經云：

靈「未滅」時(亡者的靈魂精靈仍未消失，還有勢力之時)，或是(在)鄉親(中)，(有些是)新命終人(剛新死亡的人)，(如果他)在世「無福」，又(多)行邪諂，應墮(入真正的)鬼神。

(另一種較特殊的，他不是鬼，而是一種「精靈」)或(成)為「樹木雜物之精」，(此亡者)無「天福」可受(不能往生到天上)，「地獄」不攝(也沒有足夠的惡業下地獄去)。(此亡者的精靈便)縱橫世間，浮遊人村，既無「天饍」(天人供養的膳餚美食可吃)，(於是就)恐動於人(想辦法令人類生恐怖心，去感動無知的人類)，(於是此精靈便)作諸「變怪」，

---

[540] 參《佛說灌頂經》卷6。詳 CBETA, T21, no. 1331, p. 513, b。

扇動(即煽動也)人心。

或有「魘魅邪師」，倚以為「神」(也有世間一些「利用魘魅的邪師們」，就利用這些「精靈」來讓自己更有「神力」，或者藉此「裝神弄鬼」，此為類似「養小鬼」的方式)，覓諸福祐(利用這些「精靈」來尋找更多的福德或庇祐)，欲得「長生」(或者從這些「精靈」來獲得「長生不死」)。

愚癡邪見(指這些「利用魘魅的邪師們」)，(便經常)殺生「祠祀」(去供養這些「精靈」)，(將來的因果業報)死入「地獄、餓鬼、畜生」，無有出時，可不慎之。[541]

經文說這些「精靈」為了獲得人間的「供奉」，就會到處「寄附」為生，也會對人類顯現「神通」。世間有一些在利用「魘魅」的「邪師」們，就專門利用這些「精靈」來讓自己更有「神力」，或者藉此來「裝神弄鬼」，很類似民間宗教的「養小鬼」的方式。「邪師」們利用這些「精靈」來尋找更多的福德或庇祐，或者從這些「精靈」來獲得讓自己「長生不死」的神力。於是這些「邪師」們，便經常殺生「祠祀」去供養這些「精靈」，當然這些「精靈」也因此受到「祠祀」的供奉，所以「靈力」也可能愈來愈大，這是世間人所不知道「鬼神」的另一種「祕密」。

「墳塔」邊可能會有「鬼」逗留在現場，這種鬼可分成兩種，一是已經轉世成為「鬼眾」的真鬼；二是「附著」在「墳塔」附近的「精靈鬼」，這種「精靈鬼」經常會與正版的「餓鬼」混在一起，讓人難以分辨牠們是屬於那一種？在《佛說灌頂塚墓因緣四方神咒經》就發生過有佛的弟子去墳塔朝拜「祖先」後，因此就被「卡到陰」的情形，[542]造成這位佛弟子「身

---

[541] 參《佛說灌頂經》卷6。詳 CBETA, T21, no. 1331, p. 512, c。

[542] 在台灣民間少數慢性病，或不明原因的疾病，或是重病纏身，到最後都會被病人解釋為「卡到陰」，尤其是「精神方面」的疾病更是會被病人解釋為「卡到陰」。以這類資料可參見陳思樺〈我憂鬱，因為我卡陰：憂鬱症患者接受臺灣民俗宗教醫療的療癒經驗〉一文，慈濟大學宗教研究所碩士論文，2007年。另外據林富士也說：「卡到陰」這一說法在民間醫療中，最近幾年經常被使用。「陰」可以是多義的，但

蒙塵土，顏色憔悴。何所憂愁，狀似怖悸(恐怖驚悸)」的現象發生。這種現象在民間也有記載，如元末明初的<u>沈野</u>(<u>從先</u>)就指出：「凡遇尸喪、覘古廟、入無人所居之室，及造天地鬼神壇場歸來，暴絕面赤無語者，名曰鬼疰，即中祟也。」[543]這個現象叫做「鬼疰、中祟」，如果很嚴重的話，也會導致「猝死」發生。在清・<u>陸以湉</u>(1801~1865)的《(精校)冷廬醫話》中曾記載<u>杭州</u>有名三十歲男子<u>陳茂才</u>，其人「形狀豐碩，氣體素健」，有天為父親赴市集買藥時，忽然在藥舖門口倒地不起，店家倩車送歸延醫救治，但仍無效。<u>陸以湉</u>推斷這名男子之所以「猝死」，或許與其之前曾赴「喪家弔唁」有關，[544]所以<u>徐大椿</u>《醫學源流論》在論及「猝死」時也認為「至於暴遇神鬼，適逢冤譴，此又怪異之事，不在疾病之類矣。」[545]

後來佛陀便解釋說，在「塚塔」附近本來就有「善、惡」鬼神聚集在那邊的，因為亡者的「靈魂」如果沒有特殊「因緣」的話，「中陰身」在49天之內大部份就會「轉世」成功。但如果亡者生前因為捨不得生前所「擁有」之人事物，如捨不得「家人」、喜愛的「珠寶」、貪著宏美的「墳墓」、貪執所住的「房子」、執著自己的車子、床具、手機……等日用品，這樣就可能會有兩種特殊情況產生。一種是轉世成「真正的鬼類」，但他會一直「依附」著自己生前喜愛的「家人、珠寶、名車、房子、傢俱、床具、墳墓、手機」……等。另一種是沒有去「轉世」作「真正的鬼」，亡者的「靈

是對多數民眾來說，簡單地統歸為鬼魂。民眾對各類鬼魂，尤其是屬鬼，包括有應公、大眾爺、水流公等等各式名稱的屬鬼的懼怕而祭祀之。」參見<u>林富士</u>《孤魂與鬼雄的世界：北台灣屬鬼信仰》，台北：台北縣立文化中心，頁 25，及<u>林富士</u>〈六朝巫覡與醫療〉，《中研院史語所集刊》70，1999 年，頁 1-48。

[543] 參元・<u>沈野</u>《暴證知要》，此段引自清・<u>陸以湉</u>(1801~1865)《(精校)冷廬醫話》，台北：國立中國醫藥研究所，1997 年，卷 4，頁 94。

[544] 參清・<u>陸以湉</u>《(精校)冷廬醫話》，台北：國立中國醫藥研究所，1997 年，卷 4，頁 94。

[545] 參清・<u>徐大椿</u>《醫學源流論》，詳《徐靈胎醫書全集》，台北：五洲出版社，1998年，卷 1，〈卒死論〉，頁 71。

魂」只是變成了一種「精靈」的特殊狀況，他會一直「依附」在自己生前所「貪著」的「塔廟、靈骨位、骨灰塔、墳墓」間。《佛說灌頂塚墓因緣四方神咒經》的經文如下：

釋種童子[546]從外而來，往詣世尊……

佛問：釋種童子從何而來？身蒙塵土，顏色憔悴。何所憂愁，狀似怖悸(恐怖驚悸)？

釋種童子而白佛言：我今暫至「塚塔」之上，朝拜「先亡」，瞻視「山野」，忽為鬼神之所嬈亂，是故恐怖，戰掉(抖動;搖動;戰慄)如是。

我今歸命於佛世尊，施我法術，令身安寧，及餘一切無量眾生，皆令離苦得安隱樂，不為「鬼神」之所嬈亂……

佛語釋種童子：一切「塚塔」皆有「善、惡」鬼神之眾。

釋種童子又白佛言：「塚塔」之中何故有此「善、惡」鬼神……

釋種童子復白佛言：凡夫「塚塔」何故有此諸「鬼神」輩而來依附？

[547]

接下來佛陀要解釋為何在「塚塔」會有「善、惡」鬼神聚集呢？因為人類是屬於吃「五穀雜糧」的，所以當人死亡後，還未「轉世」前，他的靈魂還有「殘餘勢力」時，會找東西來「附著」，有可能「附著」在「塔廟、靈骨位、骨灰塔、墳墓」而成為一種「精靈」狀態，或是依止在「樹木山林」間，成為「樹精、山精」類的「精靈」。這些精靈們為了要有飲食，有人供奉，於是就作諸「變怪」，想辦法讓人類對牠們產生「恐怖」心，去搧動「無知」的人類。一般凡夫眾生看見這些精靈變化的鬼，都會把他們當作「神」一樣來膜拜，讓後對牠們「求福」，當然這些「精靈鬼」也會給人

---

[546] 此指「釋迦」的種族之意，「童子」是指未滿二十歲，且尚未剃髮得度之男子，稱為「童子、童兒、童真」；女子則稱為「童女」。

[547] 參《佛說灌頂經》卷6。詳 CBETA, T21, no. 1331, p. 513, b。

類一點「靈驗」的，這個叫作彼此「互相求利」的行為。後來佛就介紹應該要持誦咒語來護身，避免被這些「精靈鬼」給利用或迷惑了，如《佛說灌頂塚墓因緣四方神咒經》內容所云：

> 佛答：童子！我已先說。凡夫「塚塔」(會)有「精靈」(去依附)者，皆是「五穀」之精(指會吃「五穀雜糧」的一種精靈，此不一定是指的人類。但人類也是屬於吃「五穀雜糧」的，所以當人死亡，靈魂還有勢力之時，「有時」也會被比喻為是一種「五穀之精」)、(或)魃魅(之)幻化。或「橫死」之鬼，無所附著，「依」以為靈(依附這些「塔廟、靈骨位、骨灰塔、墳墓」而成為一種「精靈」狀態)。或是(依止在)「樹木山林之精」，(這些精靈們)既無飲食，往來人間，(於是就)作諸變怪，恐動於人(想辦法令人類生恐怖心，去感動無知的人類)。凡夫眾生聞見之(指這些精靈變化的鬼)者，即便「請福」，謂之為「神」(凡夫會將塚塔有靈驗的稱為「神」來供奉，來「請福」)。
>
> 釋種童子又白佛言：當以何物而禁制之？斷絕邪惡，使精魅消滅？毒氣不行，得吉祥福？
>
> 佛語釋種童子：汝當諦聽，專心念之。吾有無上「灌頂章句」(此即指「咒語」)，消滅鬼魅，使魔無敢當者。汝當誦念，受持莫忘。
>
> 童子問佛：何等是也？佛告童子諦聽諦受。「灌頂章句」其名如是……[548]

在台灣到處都可見類似這種「精靈鬼」的小祠，主要是華人對死者「亡靈」的一種恐懼，包括對於「死屍、棺材、墳墓」等的禁忌與嫌惡，例如死亡前去看病人而得「探病煞」，死亡後參加喪禮又得「倒房煞」或「捉交替煞」等等類似「鬼怪」異常的現象。[549]

---

[548] 參《佛說灌頂經》卷6。詳 CBETA, T21, no. 1331, p. 513, b。

[549] 有「探病煞、倒房煞、捉交替煞」現象可參閱李豐楙〈收驚：一個從「異常」返「常」的法術醫療現象〉，醫療與文化學術研討會會，中央研究院民族學研究所、台灣史研究所籌備處，2002年。頁24-26。

第三節　鬼神「附身」造成的現象

　　當鬼「附身」於人後所呈現的「症狀」就名為「邪祟」或「鬼病、邪鬼」，如果以《四庫全書》所收的醫書為例，輸入「邪祟」、「鬼邪」或「鬼病」檢索所得出的書目與條目都比「祟病」[550]這二個字詞多出很多，[551]「邪祟」這二字在明清的醫書裡也是很常見的「疾病分類」術語，「祟」字指「被鬼神禍害」意思，或指鬼對人的作用而導致人的「魂魄」暫時離去。[552]那鬼神為何會「干擾」人？或者「附身」於人呢？我們先舉中國歷代的醫書來看待這個問題。清代名醫徐靈胎(1693～1771)，名大椿，字靈胎，晚號洄溪老人，在他的《醫學源流論・病有鬼神論》中提到：

> 人之受邪也，必有受之之處，有以召之，則應者斯至矣。夫人精神完固，則外邪不敢犯；惟其所以禦之之具有虧，則侮之者斯集……夫「鬼神」，猶風寒暑濕之邪耳。「衛氣」虛，則受寒。「榮氣」虛，則受熱。「神氣」虛，則受鬼。蓋人之神屬「陽」，「陽衰」則鬼憑之。《內經》有「五臟之病」，則現「五色之鬼」。《難經》云：「脫陽者見鬼。」故經穴中，有「鬼床、鬼室」等穴。此諸穴者，皆賴「神氣」以充塞之，若「神氣」有虧，則鬼神得而憑之，猶之風寒之能傷人也。[553]

---

[550] 李建民曾以「祟病」一詞泛稱所有的「鬼神之病」。詳李建民〈祟病與「場所」：傳統醫學對祟病的一種解釋〉，台北《漢學研究》，第 12 卷第 1 期，1994 年，頁 101-148。

[551] 可參考《文淵閣四庫全書電子版》，香港：迪志文化出版有限公司，出版年度不詳。

[552] 參蒲慕州〈中國古代鬼論述的形成〉，此書收入蒲慕州編《鬼魅神魔--中國通俗文化側寫》，台北：麥田出版社，2005 年，頁 23。有關於「祟」字解釋也可參見《漢語大詞典》的相關條目，或參考李建民〈祟病與「場所」：傳統醫學對祟病的一種解釋〉一文，頁 101，註腳 1。

[553] 參清・徐大椿《醫學源流論》，詳於《徐靈胎醫書全集》，台北：五洲出版社，1998 年，卷 1，〈病有鬼神論〉，頁 71。

　　徐大椿認為「神氣有虧，則鬼神得而憑之」，所以鬼神並不是隨便就找人「下手」的，而是你自己身體的「神氣」先虧損，才會導致「外鬼神」趁虛而入的情形，在明・虞摶 (1438~1517)《醫學正傳》中也有相同的看法，如云：「人見五色非常之鬼，皆自己精神不守，神光不完故耳，實非外邪所侮，乃元氣極虛之候也。」[554]又如明・李梴 《醫學入門》也說：「視、聽、言、動俱妄者，謂之邪祟。甚則能言平生未見聞事，及五色神鬼。此乃氣血虛極，神光不足，或挾痰火壅盛，神昏不定，非真有妖邪鬼祟。」[555]明・李中梓(1588~1655)《刪補頤生微論》則主張一是「因虛而入」；二是「邪心引起」，如云：「然有犯與不犯者，抑又何也？一則曰因虛而入，『正氣』虛則『陽明』之氣不足以勝其『幽潛』。一則曰因心而客，『邪心』起則淫亂之神適足以招其類聚。」[556]明・徐春甫(1520~1596)《古今醫統大全》中也認為「鬼邪」不會無故侵犯人類，會被鬼侵犯與否的關鍵在於個人，如云：「正氣弱，即心邪，心邪則妄見、妄聞、妄言、妄走，無非邪也。」若是你能達到「惟此心一正」的境界，則「百邪俱避，何邪祟之疑哉！」[557]

　　所以當一個人的「氣血虛弱」到極點時，也可能引發各種看似為「鬼靈作祟」的病症，如明・張介賓(1563~1640)《質疑錄》云：「即有云怪病者，如人入廟、登塚、飛尸、鬼擊、客忤，亦由人氣血虛弱，邪乘虛入，見

---

[554] 參明・虞摶 《醫學正傳》，北京：人民衛生出版社，1981 年，卷 5，〈邪祟〉，頁 271。

[555] 參明・李梴 《醫學入門》，天津：天津科學技術出版社，1999 年，卷 4，〈雜病分類〉，頁 920。《醫學正傳》與《醫學入門》的記載亦可見於朝鮮宣祖御醫許浚(1537 或 1546 ?~1615 年)所編撰《東醫寶鑑》一書，北京：中國中醫藥出版社，1996 年，卷 7，〈雜病篇・邪祟〉，頁 630。

[556] 參明・李中梓《刪補頤生微論》，北京：中國中醫藥出版社，1998 年，卷 17，〈邪祟論〉，頁 118。

[557] 參明・徐春甫《古今醫統大全》，北京：人民衛生出版社，1991 年/1996 年，卷 49，〈邪祟敘論〉，頁 1415。

為譫妄邪祟，若有神靈所憑，而為怪耳！」[558]明・孫志宏《簡明醫彀》也說：「世俗謂沖斥邪惡為病，有諸奇怪之狀及妄聞見，妄言作。誠因其人元氣耗損，心血虧傷而致。」[559]從以上大量的醫書討論，都可發現共同的理論，那就是個人身體若「虛弱」到一定的程度，很容易引發「邪祟」鬼病的「干擾」或「附身」，至於「鬼神物怪」何以能干擾或附身於人類，這方面的資料也可參考蒲慕州的〈中國古代鬼論述的形成〉與林富士的〈釋「魅」〉一文。[560]

　　由「邪祟」所引起的病症「類型」，在明・李時珍(1518~1593)的《本草綱目》中至少列出「百精老物、殃鬼邪氣、中惡腹痛、鬼附啼泣、鬼疰精氣、尸疰傳尸、鬼擊、魍魎、鬼胎、中惡魘寐、婦人夜夢鬼交」等十一種病症。[561]清・沈金鰲(1717~1767)《雜病源流犀燭》則列出「邪祟病」的相關類型，大約分為十種，分別是「十疰、五尸、中惡、客忤、鬼擊、鬼打、鬼排、鬼魅、鬼魘、尸厥」。[562]就它們彼此之間的相關性而言，在陳秀芬〈病人見到鬼：試論明清醫者對於「邪祟」的態度〉一文中又再細分為五組，內容節錄如下：[563]

(1)「十疰」及「五尸」：

---

[558] 參明・張介賓《質疑錄》，江蘇：江蘇科學技術出版社，1981/1985年，〈論怪病多屬痰〉，頁15。

[559] 參明・孫志宏《簡明醫彀》，卷4，此書已收入《中華醫典》，長沙：湖南電子音像出版社，2000年，電子書。

[560] 上述文章已收入蒲慕州編《鬼魅神魔--中國通俗文化側寫》，台北：麥田出版社，2005年，頁19-40、109-134。

[561] 參明・李時珍《本草綱目》，劉衡如、劉山永校注，北京：華夏出版社，1998年，卷3，〈邪祟〉，頁149-150。

[562] 參清・沈金鰲《雜病源流犀燭》，此書已收入《沈氏尊生書》中，台北：自由出版社，1988年，卷20，〈內傷外感門・邪祟病源流〉，頁492-493。

[563] 底下五組內容節錄自陳秀芬〈病人見到鬼：試論明清醫者對於「邪祟」的態度〉。國立政治大學歷史學報第30期，2008年12月，頁56。

為病相似，或因人死三年之外，「魂神」化作「風塵」，著人成病；或逢「年月之厄」，感「魑魅」之精，因而「癘氣」流行身體，令人「寒、熱」交作，昏昏默默，不能的知所苦，積久委頓，漸成癆瘵，肌肉盡削，以至於死。死後復「傳疰」他人，慘至滅門，可勝痛矣。

(2)中惡：凡人偶入「荒墳、古廟、郊野、冷廁」及「人迹罕到」之處，忽見鬼物，口鼻吸著「鬼氣」，卒然昏倒，不省人事，四肢厥冷，兩手握拳，口鼻出清血、白沫，狂言驚忤，與「尸厥」略同，但「腹」不鳴，「心腹」俱煖為異耳。

客忤：即「中惡」之類，多於道路得之，亦由感觸「邪惡之氣」，故即時「昏暈」，「心腹」絞痛脹滿，氣沖心胸，不速治，亦能殺人。

尸厥：凡人卒中「邪惡」，與「臟氣」相逆忤，忽「手足」厥冷，頭面「青黑」，「牙關」緊閉，「腹中」氣走如雷鳴。聽其耳中，如「微語聲」者，即是「尸厥」。

(3)「鬼打」或「鬼擊」或「鬼排」：卒者「鬼氣」如刀刃刺擊，或如「杖打」之狀，「胸腹」間痛不可按，「排擊」處亦痛，甚則吐衄（吐血）下血。此等病，皆來之無漸，卒然而死者也。

(4)鬼魅：或為「邪祟」附著於體，沉沉默默，妄言譫語，乍寒乍熱，心腹滿，手足冷，氣短，不能食欲。或為山林窮谷妖狐迷亂，精神減少，日漸羸瘦，能言「未然禍福」，毫髮皆驗，人有念起，即知其故。或「婦女與鬼邪」相交，每與交時，神思昏迷，口多「妄語」，醒則依然如故，面色「嬌紅」，日久「腹中」作痞，如抱

「甕」然，名曰「鬼胎」。

(5)鬼魘： 人睡則「魂魄」外遊，或為「鬼邪」魘屈其精神，弱者往往久不
　　　　　得寤，至於氣絕。此證於「客舍」冷房中得之為多，但聞其人吃
　　　　　吃作聲，便叫喚如不醒，乃鬼魘不得近前。

　　在佛教的經典中也記載著大量有關「神、鬼、魔、精、妖」附身的情
形，如《楞嚴經》的「想陰十魔」就有十種鬼怪，如：「怪鬼、魃鬼、魅
鬼、蠱毒魘勝惡鬼、癘鬼、大力鬼、山林土地城隍川嶽鬼神、天地大力
『山精、海精、風精、河精、土精』五精、附著於『芝草、麟鳳龜鶴的精
靈』、他化自在天魔」等，關於這些內容可參閱筆者著的《《楞嚴經》五十
陰魔原文暨白話語譯之研究》一書(2016 年 6 月。萬卷樓圖書股份有限公司發
行)。

　　底下再例舉《陀羅尼集經》的「烏樞沙摩金剛法」中所載的「鬼病」
情形，云：「若患『神病』，(會突然表現)或慈、或瞋、或喜歌、憙笑、或唱、
叫喚，亦依前呪，其病即愈。」[564]也就是如果患了「鬼神」類的病，就會
造成病人突然發生(之前沒有這些習性)「柔軟慈心、瞋心怒瞪、愛唱歌、憙笑、
唱跳、亂叫」的情形，如《大莊嚴論經》所說的：「如人得『鬼病』，心意
不自在。」[565]得了「鬼病」，他的「心」就不能自在，會造成情緒大亂的現
象，但如果能持誦「烏樞沙摩金剛咒」(此與「穢跡金剛咒」是同類的咒語)，就可以除
去這類的「鬼神病」。在《陀羅尼集經》之〈諸天等獻佛助成三昧法印咒
品〉中也說：「若有人忽得『天魔羅難室陀』鬼病，[566]其狀似『風癲』、或似

---

[564] 參《陀羅尼集經》卷 9〈烏樞沙摩金剛法印咒品〉。詳 CBETA, T18, no. 901, p. 867, b。

[565] 參《大莊嚴論經》卷 13。詳 CBETA, T04, no. 201, p. 329, b

[566] 此指「傳屍鬼病」，如《青色大金剛藥叉辟鬼魔法(亦名辟鬼殊法)》云：此「傳屍病鬼」，亦名「天魔羅難室陀鬼」。詳 CBETA, T21, no. 1221, p. 100, a。

『狂人』、或哭、或笑。此是病狀，經四十九日不(治)療，其人必死。」[567]經文說如果得了這種「鬼病」就會變成「狂人」般的哭笑交替，但如果把「鬼病」治好了，有時也會發生病人「口吐血」的現象，如《陀羅尼集經》之〈金剛阿蜜哩多軍荼利菩薩自在神力咒印品〉云：「若治鬼病，(當)縛鬼之時，病人口中即(會)吐出『血』。」[568]所以被鬼「附身」所造成的現象本來就是「千奇百怪」，這需要很多經驗去判斷其中的真假，究竟是「真實的鬼」？還是「心理作用」？還是身體的不明疾病所造成？

---

[567] 參《陀羅尼集經》卷 11〈諸天等獻佛助成三昧法印咒品〉。詳 CBETA, T18, no. 901, p. 884, a

[568] 參《陀羅尼集經》卷 8〈金剛阿蜜哩多軍荼利菩薩自在神力咒印品〉。詳 CBETA, T18, no. 901, p. 854, a

第四節　《正法念處經》中提到三十六種鬼的詳細分析

　　《正法念處經》有多處經文內容都在大談「餓鬼」的故事，經文說「餓鬼」是住在二個地方，一是與「人」同在一個空間居住，一是住在地球的深處。如云：

> 復次比丘，知業果報，觀餓鬼道，餓鬼所住，在何等處？作是觀已，即以聞慧，觀諸餓鬼，略有二種，何等為二？
> 一者「人中住」。二者住於「餓鬼世界」。是「人中鬼」，若人夜行，則有見者。
> 「餓鬼世界」者，住於「閻浮提」下「五百由旬」(yojana 由旬之音譯，1 由旬為 8 英哩，即約 12.872 公里，故約在地下 6435 公里深處，此與科學判定的數據是「接近」的)，長(範圍)三萬六千由旬，及餘「餓鬼」惡道眷屬，其數無量，惡業甚多。住閻浮提，有近有遠。[569]

　　經文說「人中住」的餓鬼，如果我們在夜晚走路，就容易撞見他們。但如果是住在地下深處「五百由旬」之處的「餓鬼世界」，那應該是見不到的，經文說有「五百由旬」有幾種解釋，一只是形容詞或比喻而已，所以不需計算是否與真實狀況相同；二是確定有「五百由旬」之深，那換成後可以得到 6435 公里之深，[570]這個換算後與現在的地球「半徑」是 6378.1 公里幾乎是一樣的，也就是地球的最深半徑之處，可能有「另一度」的空

---

[569] 參《正法念處經》卷 16〈餓鬼品 4〉。詳 CBETA, T17, no. 721, p. 92, a。

[570] 據唐・義淨《根本說一切有部百一羯磨・卷三》云：「由旬者……當 12 里」。又如《藏漢佛學詞典》云：「一逾繕那，約合二十六市里許，即 13 公里」。又據現代緬甸馬雜湊尊者在參訪印度聖地時，根據注釋書的資料，如菩提伽耶至王舍城距離為 5 由旬。菩提樹距離菩提伽耶約為 3 伽浮他(gavut)。王舍城和那爛陀寺距離 1 由旬。最後根據實際距離得出：1 由旬應為 8 英哩，即約 12.872 公里。

間存在，而這個空間就是給另一種餓鬼住的。當然這種說法只是一種推測，並無法真實的證明它，如下圖所示：

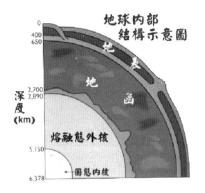

《正法念處經》上還說「餓鬼」道眾生的「一日一夜」生活等同我們地球上的十年，有的壽命長的，還能活上五百歲，有的則不定。如經云：

> 餓鬼道中，(總共要)經「五百歲」。餓鬼道中(的)一日一夜，(等於)此「閻浮提」日、月歲數，經於「十年」。如是(總共要)「五百歲」，名為(餓鬼道的)一生。少出多減，命亦不定。[571]

餓鬼道的一日一夜等於地球十年，若以此計算的話，則 365 天 X 10 年 X 500 歲，約等於地球人間 182 萬 5 千歲的時間。但這也不是定數，因為照經典的說法有 1 萬 5 千歲、7 萬歲、8 萬 4 千歲等，皆「無有定數」。例如《大乘理趣六波羅蜜多經》云：「次觀鬼趣，復起悲心。見諸眾生處餓鬼中，一日一夜如人一月，以日計月，十二為年，於鬼趣中壽五百歲，同於人間萬五千歲，常受飢渴。」[572]這樣的「五百歲」餓鬼壽

---

[571] 參《正法念處經》卷 16〈餓鬼品 4〉。詳 CBETA, T17, no. 721, p. 92, c。

[572] 參《大乘理趣六波羅蜜多經》卷 3〈不退轉品 4〉。詳 CBETA, T08, no. 261, p. 876, c。

命等於是人間的 1 萬 5 千歲。相同的說法還見於《優婆塞戒經》云：「人中五百年，是餓鬼中一日一夜，如是三十日為一月，十二月為一歲，彼鬼壽命萬五千歲。」[573]

　　餓鬼壽 7 萬歲的說法見於《長阿含經》云：「餓鬼壽七萬歲，少出多減」、[574]《成實論》云：「餓鬼極多，壽七萬歲」、[575] 及《佛說稱揚諸佛功德經》云：「若有言：我不信此經！於七萬歲常在餓鬼，不聞飲食、水、穀之名。」[576]

　　餓鬼壽 8 萬 4 千歲則見於《佛說觀佛三昧海經》云：「墮餓鬼中，烊銅灌咽，壽命長遠八萬四千歲」、[577] 及《師子月佛本生經》云：「墮餓鬼中，吞飲融銅噉熱鐵丸，經八萬四千歲從餓鬼出，五百身中恒為牛身。」[578]從諸多經典來看餓鬼道的壽命的確是「無有定準」的，就如《出曜經》上說的「餓鬼壽命，無有限量……餓鬼受形壽，不可稱，亦無齊限」、[579] 及《優婆塞戒經》云：「彼鬼壽命萬五千歲，命亦不定。」[580]底下將餓鬼經典的出處與壽命製表如下：

經典出處	餓鬼壽命
《大乘理趣六波羅蜜多經》 《優婆塞戒經》	1 萬 5 千歲

---

[573] 參《優婆塞戒經》卷 7〈業品 24〉。詳 CBETA, T24, no. 1488, p. 1072, a。

[574] 參《長阿含經》卷 20〈忉利天品 8〉。詳 CBETA, T01, no. 1, p. 133, a。

[575] 參《成實論》卷 13〈道諦聚〉。詳 CBETA, T32, no. 1646, p. 347, a。

[576] 參《佛說稱揚諸佛功德經》卷 1。詳 CBETA, T14, no. 434, p. 91, a。

[577] 參《佛說觀佛三昧海經》卷 3〈觀相品 3〉。詳 CBETA, T15, no. 643, p. 661, b。

[578] 參《師子月佛本生經》卷 1。詳 CBETA, T03, no. 176, p. 445, a。

[579] 參《出曜經》卷 2〈無常品 1〉。詳 CBETA, T04, no. 212, p. 616, c。

[580] 參《優婆塞戒經》卷 7〈業品 24〉。詳 CBETA, T24, no. 1488, p. 1072, a。

《長阿含經》《成實論》《佛說稱揚諸佛功德經》	7 萬歲
《佛說觀佛三昧海經》《師子月佛本生經》	8 萬 4 千歲
《正法念處經》	182 萬 5 千歲
《出曜經》《優婆塞戒經》	無定數

　　《出曜經》上說如果轉世為餓鬼的話，無論早晚都會感覺到非常的飢渴，身材有個特色就是肚子很大很大，咽喉則細若針線。身長有的很大，有的則很小。如果是「貧賤」式的餓鬼，那就經常找不到食物可用，如果是當「富豪」式的餓鬼，那就會跟人間一樣屬於「衣食無缺」型的。如《出曜經》云：若生餓鬼，晝夜飢渴，腹若泰山，咽細若鍼，身長四十里，一寸千隔……(若)生作豪尊餓鬼，衣食自然。若(好像)處人間，豪富大族，無所渴乏。[581]

　　《正法念處經》有提到「三十六種鬼」，其實鬼道眾生種類非常的多，這三十六種只是大略的分類而已，《法苑珠林·卷六》中已將這三十六種鬼作了註解，如底下刮號內便是：[582]

一、鑊湯鬼(由受他雇殺生。受鑊湯煎煮。或受他寄附，抵拒不還。故受斯報也)

二、針口臭鬼(以財雇人令行殺戮故。咽如針。鋒滴水不容也)

三、食吐鬼(夫勸婦施，婦惜言無。積財慳悋。故常食吐也)

---

[581] 參《出曜經》卷 25〈惡行品 29〉。詳 CBETA, T04, no. 212, p. 745, a。

[582] 參《法苑珠林》卷 6。詳 CBETA, T53, no. 2122, p. 311, c。

四、食糞鬼（由婦人誑夫自噉飲食惡嫌夫故。常食吐糞也）

五、食火鬼（由禁人糧食令其自死。故受火燒嗶ㄟ 叫飢渴苦也）

六、食氣鬼（多食美食。不施妻兒常困飢渴。唯得嗅氣也）

七、食法鬼（為求財利。為人說法。身常飢渴身肉消盡。蒙僧說法命得存立也）

八、食水鬼（由酤酒如水以惑愚人。不持齋戒。常患燋渴也）

九、希望鬼（由買賣諍價。欺誑取物。常患飢渴。先靈祭祀而得食之也）

十、食唾鬼（以不淨食誑出家人。身常飢渴恒被煮燒。以求人唾兼食不淨）

十一、食鬘ㄇ 鬼（以前世時。盜佛華鬘用自莊嚴。若人遭事以鬘賞祭。因得鬘食也）

十二、食血鬼（由殺生血食不施妻子。受此鬼身。以血塗祭方得食之）

十三、食肉鬼（由以眾生身肉。觜觜秤之。賣買欺誑。因受此報多詐醜惡人惡見之。祭祀雜肉方得食之）

十四、食香鬼（由賣惡香多取酬直。唯食香煙。後受窮報）

十五、疾行鬼（若有破戒而披法服。誑惑取財。言供病人。竟不施與。便自食之。由受此報。常食不淨。自燒其身）

十六、伺便鬼（由謀誑取財不修福業。因受此報。身毛火出。食人氣力不淨以自存活）

十七、黑闇鬼（由枉法求財繫人牢中。目無所見聲常哀酸。故受闇處惡蛇遍滿。猶刀割苦）

十八、大力鬼（由偷盜人物。施諸惡友，不施福田。因受此報。大力神通多被苦惱也）

十九、熾然鬼（由破城抄掠殺害百姓。因受此報。嗶ㄟ 哭叫喚遍身火燃。後得為人常被劫奪）

二十、伺嬰ㄦ 兒便鬼（由殺嬰兒心生大怒。因受此報。常伺人便。能害嬰兒也）

二十一、欲色鬼（由好婬得財不施福田。因受此報。遊行人間與人交會。妄為妖怪以求活命）

二十二、海渚鬼（由行曠野見病苦人。欺人誑取財物。生海渚中。受寒熱苦。十倍過人）

二十三、閻羅王執杖鬼（由前世時。親近國王大臣專行暴惡。因受此報。為王給使。作執杖鬼）

二十四、食小兒鬼（由說咒術誑惑取人財物。殺害豬羊。死墮地獄。後受此報。常食小兒）

二十五、食人精氣鬼（由詐為親友。我為汝護。令他勇力沒陣而死。竟不救護。故受斯報）

二十六、羅剎鬼（由殺生命以為大會。故受此飢火所燒報）

二十七、火燒食鬼（由慳嫉覆心。喜噉僧食。先墮地獄。從地獄出。受火爐燒身鬼也）

二十八、不淨巷陌鬼（由此不淨食。與梵行之人。因墮此報。常食不淨也）

二十九、食風鬼（由見出家人來乞。許而不施其食。因受此報。常患飢渴。如地獄也）

三十、食炭鬼（由典主刑獄。禁其飲食。因受此報。常食火炭也）

三十一、食毒鬼（由以毒食令人喪命。因墮地獄。後出為鬼。常飢餓恒食毒火。燒其身也）

三十二、曠野鬼（由曠野湖池，造已施人。惡口決破，令行人渴乏。故受斯報。常患飢渴。火燒其身也）

三十三、塚間食灰土鬼（由盜佛華果，賣已活命。故受此報。常食死人。處燒屍熱灰也）

三十四、樹下住鬼（由見人種樹為施人作蔭。惡心斫伐。取財而用。故墮樹中。常被寒熱也）

三十五、交道鬼（由盜行路人糧。以惡業故。常被鐵鋸截身因交道祭祀。取食自活也）

三十六、魔羅身鬼（由行邪道不信正真。因墮魔鬼。常破人善法也）

　　下面重新將《正法念處經》中的「三十六種鬼」改成白話方式介紹，分成「特色」與造成的「原因」二種，如下：

一、「鑊身餓鬼」又名「迦婆離鑊身餓鬼」

特色：這種鬼的身材比較大，大約為一般正常人的二倍，但沒有臉、眼睛，也沒有任何的手腳可以穿透過去，身體的四肢有點像煮食物用的「大鍋子」的「腳」。

原因：前世時因為「貪財」原因，而為他人去從事屠殺，或被人受雇於殺生，心無悲愍，貪心殺生，轉世後，便成為「鑊身餓鬼」。另一種原因是他生前曾受他人所寄放之物，後來竟然抵拒不還，轉世後也會變成這種鬼。

二、「針口餓鬼」又叫「蘇支目佉ˋ餓鬼」

特色：口如「針孔」，腹如「大山」，常懷憂惱。常為飢渴之火焚燒他的身體，外還有「寒、熱」逼迫，加上常遭蚊子惡蟲的種種攻擊。

原因：前世時曾以金錢雇用他人，令他人實行殺戮之事。此人慳貪、嫉妒，從不行布施。

三、「食吐餓鬼」又名「槃ㄛ多餓鬼」

特色：身體很大，在曠野中，會到處奔走，求覓「水漿」來喝，常感受到飢渴。當此鬼時，就算吃到東西也會立即嘔吐，無法享用食物。又此鬼常在「街巷小弄」內吃世間人丟棄的「殘餘」食物，例如「飯、菜、茶、水、果、餅」等。所以若馬路上有被遺棄的「飯、菜、茶、水、果、餅」等，應該要儘速回收或清除掉，以免「食吐餓鬼」會過來分吃。

原因：前世時做人妻子，曾欺誑自己的丈夫，自己享用美食，心中常懷慳嫉，憎惡自己的兒子，也不曾「施與」自己的小孩。或有前世做人丈夫時，獨享「美食」，不施予妻子。

四、食糞餓鬼

特色：常躲在「糞穢」之處求飯食，只能吃蛆蟲、糞尿之類的穢物，尤其是無人打掃的廁所、公廁，或者荒郊野外的廁所處。所以我們在上廁所時，一定要先「出聲」或「敲門」，說不定「食糞餓鬼」就正在裡面「用餐」呢！

原因：前世時常常慳貪嫉妒，不行布施，竟然用「黑心」的「假素食商品」布施給「出家法師」及「修道人」。

五、無食餓鬼

特色：常常感受到飢渴異常，肚子中常有大火生起，進而焚燒他的全身。如果「無食餓鬼」想到水邊去喝水，則會被水邊的「守水鬼」給毆打。

原因：前生時因為「慳貪嫉妒」的原因，到處打妄語欺誑他人。曾經依恃「後盾靠山」的勢力而到處去誣陷「忠良善人」，甚至害人入獄而死。殺了人後還感到滿足愉快，沒有任何的懺悔之心。

六、食氣餓鬼

特色：因為飢渴燒身，所以到處奔走，瘋狂亂叫。唯一只能吃「鬼神廟」中信徒拿來的「供品」，這些「食氣餓鬼」因為聞到供品的「香氣」就可以活命下來。還有如果世間人有疾病，為了病癒，會在水邊、樹林間、街道小巷設「祭拜」供奉，如此「食氣餓鬼」就可以聞這些「香氣」而活命。所以「鬼神廟」中拜拜用的祭品不只是給「神」吃，附近的「食氣餓鬼」也會過來偷吃的。

原因：前世時多自己「享用美食」，從不分給自己的妻子及子女眷屬，甚至還故意在妻子小孩面前「獨享美食」，主要仍是因自己太吝嗇造成。

七、食法餓鬼

特色：常常求索飲食而飢渴燒身，頭髮長且蓬亂，身上的毛髮特別長，身材枯瘦，皮骨相連，血脈就像網狀之物般的可怕。有的又孔武有力，但貌相非常醜陋，手指或腳趾前端的「指爪」非常的長且銳利，臉常皺著，眼眶深且空洞，經常淚流滿面。有的身體很黑暗，就像一團「黑雲」，全身都被惡蟲、蚊蟲所咬食，因而導致「食法餓鬼」被咬得到處奔走亂竄。「食法餓鬼」也會躲在佛寺精舍中，如果有人來「講法」，他便前來「聽法」，只要他「讚歎」所聽到的「法義」就可以獲得身命而存活。所以佛寺精舍道場，有「講經說法」的地方，本來就會有「食法餓鬼」躲在附近一起過來「分享」聽經的。《正法念處經》上還說這個「食法餓鬼」壽命是五百歲。[583]

原因：前世時常與人講授「邪法、邪教」，講解一些「不淨的染穢之法」，例如說殺生就可以生天，去搶奪別人財物是無罪報的，如果讓一個女人「嫁人」就可以獲大福德……等。專門講授「邪惡的道理」來獲得個人的財路。

八、食水餓鬼

特色：常常飢渴，於是到處奔走，為了求得一滴水來喝，始終不能得。身體非常醜，就像是燒焦的大地，全身破洞、穿孔，頭髮長到蓋住整個臉面，看不見他的眼睛。如果有人類要渡河，人類腳下會有些許遺落的水滴雜著污泥，他便迅速的接下這些水滴來喝，來讓自己活命。如果有人在河邊「祭拜」自己死去的父母親，「食水餓鬼」也會過來「分一杯」來吃。如果「食水鬼」自己去河邊喝水的話，則有「守水餓鬼」過來打他們，打到他們全身脫落、痛苦難耐為止。所以河水邊常有「水鬼」，其實就是以「守水餓鬼」與「食水餓鬼」這二類為主。

---

[583] 參參《正法念處經》卷 16〈餓鬼品 4〉云：「食法餓鬼之身。是人壽命，經五百歲」。詳 CBETA, T17, no. 721, p. 94, b。

原因：前世時因一念的貪心，竟製造一些「黑心酒、黑心食品」來欺騙世人，如加水、加汁、加化學劑……等。他不行布施，也不修福德，不持戒律，更不聽「正法」，還常教人做壞事。

九、「悕望餓鬼」又名「阿睒迦餓鬼」

特色：如果有人為「亡者、亡父母」舉行「祭拜」活動，「悕望餓鬼」就可以順便獲得一些食物，除此外，其餘的食物都無法獲取，也食不得。「悕望餓鬼」常得飢渴症，火燒其身，無人能救他。臉又皺又黑，淚流直下，手腳皆破裂，頭髮很長，蓋住臉面，身材很可怕，就像一團黑雲般。所以只要有人在為「亡者」祭拜供品食物時，不一定是自己的「已亡眷屬」來吃，可能也會有「悕望餓鬼」躲在附近，等待時機過來一起「分享」偷吃。

原因：前世時因嫉妒貪心，看見別的「善人」在買賣東西，自己就去欺誑這位「善人」，沒有懺悔心，還教別人一起做壞事。自己不修福德，不持戒律，沒有誠信，不親近善人。

十、「食唾餓鬼」又名「呿吒餓鬼」

特色：常為飢渴燒身，會躲在「不乾淨的地方」飲用食物，如破爛的牆壁間、髒亂的地面、人類的口水唾液……等，「食唾餓鬼」專吃這些東西。所以人不應該隨地吐口水、吐痰，容易引起「食唾餓鬼」來吃，常常隨地吐口水、吐痰，也會因「物以類聚」而招感「食唾餓鬼」常常過來跟你「作伴」。凡是有很多人在吐口水、吐痰的地方，聰明的人應該儘速「遠離」，因為一定有「食唾餓鬼」在附近。

原因：前世時曾以「黑心假素食商品」去欺騙世人、修道人、出家法師……等，還聲稱這是「完全純淨的素食品」。時有還故意送一些「修道人」不能吃的東西，還教人一起共同做這種壞事。自己不修福德，不持戒律，沒有誠信，不親近善人。

十一、「食鬘<ruby>鬘<rt>ㄇㄢ</rt></ruby> 餓鬼」又名「魔羅食鬘<ruby>鬘<rt>ㄇㄢ</rt></ruby> 餓鬼」

特色：如果有人類因為某事而「忿怒相爭」，於是就相約到「鬼神宗廟」邊
去「訂立盟誓」，此時「食鬘 餓鬼」就有適當的時間乘虛而入，能
讓來發誓的人得「惡夢」，讓他們恐怖。於是遭受到「惡夢」或「惡
事」的人，就會前來此「鬼神宗廟」求得「神力」，因此就會帶很多的
「香花鬘 」過來「供養」，此時「食鬘 餓鬼」就可順道吃點這些「香
花的供品」。只要吃一點，「食鬘 餓鬼」就可以解除他一點的「飢
渴痛苦」。如果世間人一直「讚嘆」這些「食鬘 餓鬼」的「神力」，他
們就會愈來愈高興，相對的，也會讓你所「求」的事獲得更多的靈
驗。

原因：前世因偷盜供佛、供僧專用的「花鬘 」，因為供佛、供師長用的
花鬘 比較潔淨高貴，因此他為了自我「莊嚴」，竟然做起「偷盜」
之事。這種人轉世後會生於「鬼神寺廟」旁邊去當「食鬘 餓鬼」，
就在有「供花」的附近，進行「偷聞香」的動作。

十二、「食血餓鬼」又名「囉訖<ruby>訖<rt>ㄑㄧˋ</rt></ruby> 吒<ruby>吒<rt>ㄓㄚ</rt></ruby> 餓鬼」

特色：大家都稱這種鬼為「吸血鬼、食血鬼」，也有人供奉他們，供奉的
方式就是要「濺血」，以「血」染滿供桌的方式祭拜他們。「吸血鬼」
在喝了鮮血後，就會發揮出更恐怖的力量，導致人類對他愈來愈
崇拜，甚至改稱它為「靈神」類高級神明，其實他的骨子還是為「吸
血鬼」。

原因：前世時喜歡貪吃「生血活肉」之類的食物，而且貪心吝嗇，做了壞
事不知懺悔，到處戲笑炫耀，也沒有顧家養子。

十三、「食肉餓鬼」

特色：常出沒在「道路、歧路、岔路、街巷、夜市」，或有修道人所住處，

或有祭祀供奉天神之處，等待有人來拜拜時可以順便享用食物。
「食肉餓鬼」的容貌非常的醜惡，令見者會感到恐怖，但「食肉餓鬼」也有神通，讓拜他的人獲得些許「靈驗」，因為「食肉餓鬼」的個性是屬於「輕柔綿軟」型的，所以這種鬼不會「為非作歹」，也有一點神力。

原因：前世時因為嫉妒貪心，竟將「人肉」或非人類在吃的「動物肉、死肉」去充當「假肉」賣販，把它切成很小的肉混雜後再去欺騙眾生，明明很少很低賤，故意賣很貴很多。或者將「牛、羊、鹿」肉混到「假肉」去，然後拿去讓人當成祭拜的「供品」。

十四、「食香烟餓鬼」

特色：「食香烟餓鬼」有神通，會在神廟、佛寺精舍、高樓建築……等地方「出沒」，身上喜歡塗抹香味、香料。世間的凡人也會把他當作高級的「神明」而燒高級的「沉水香」供養他，他也有神力，因為前世曾賣香給信徒，讓信徒拿去供養他們信仰的宗教神明，只是拿「假香」而已。

原因：前世賣香時，見有信徒急買香要供養，然後不賣給別人「好香」，用最劣等的香賣他，所賣的價錢與香味的「品質」完全不合，甚至說根本不會有任何的因果報應。

十五、「疾行餓鬼」又名「阿毘゛遮羅餓鬼」

特色：在「不淨污穢」的地方飲食，身常患飢渴。喜歡遊行在墳墓間而接近屍體，身上常有火在燃燒。如果看見世間有「流行性的疫病」，很多人死亡，「疾行餓鬼」就會非常的歡喜。如果有外道的咒術能招喚「疾行餓鬼」前來，則隨喚隨到，他能對眾生做很多「不好」的事。假如有眾生多行「不淨之事」，「疾行餓鬼」也會因「物以類聚」而去干擾他，甚至會「現身」讓人恐怖，或者等待合適的時機乘虛而侵

入「人身」。「疾行餓鬼」也能在一念間而行至百千、數萬公里之外，世間凡人若有供養「疾行餓鬼」者，都稱呼他是「大力神通夜叉鬼」。

原因：前世時曾經當過「出家法師」，但已破戒，仍然穿著「僧服」，然後到處乞討求財，謊稱為了「有病的人」而募款，是要買藥給病人，但得款後，便不再拿此金錢去救濟「病者」，而是自己私吞錢財。

十六、「伺便餓鬼」又名「蟲 陀羅餓鬼」

特色：全身毛孔都充滿火焰，焚燒其身，全身像紅肉色。「伺便餓鬼」常為飢渴之火所燒而到處亂叫、奔跑求索食物。如果有世間凡人對佛塔採「逆向而行、不恭敬」的方式而行，卻對「天神鬼廟」採「順向而行、極度恭敬」的方式，此時「伺便餓鬼」就會找到「合適的時機」而乘虛而入，進而附入人身中，專吃人的「精氣神」。如果有人專做「婬穢之事」，則「伺便餓鬼」就可獲得「便利」而附身到這個人身中，然後吃盡他的「精氣神」來讓自己活命。「伺便餓鬼」除了飲食「婬穢人」的「精氣神」外，其餘的食物他都無法享用。

原因：前世時因貪心嫉妒，因而誣陷眾生，進而竊取他人的財物。或作種種鬥諍，以恐怖的方式逼人，侵佔他人財物。或於村落城邑，劫奪他人的財物。常等待合適的時機便乘虛而入去行「劫盜」。一生不行「布施」，不修「福業」，不親近善知識。眾人見之，都共同指責此為最惡劣的人。

十七、「地下餓鬼」又名「地下黑闇餓鬼」

特色：「地下餓鬼」身體很長大，長約 20 公里，若遭一點風寒就會打顫，全身飢渴，頭髮又長又亂，身體很枯瘦，如果用棍棒打他的身體，其身便會破碎，其所在之處常充滿大惡蛇。「地下餓鬼」也受大苦，常常悲痛而到處奔走，沒有任何的伴侶。如果有猛風吹來，則全身將感受如刀割般的痛苦，但求死不得。

原因：前世時為了求財，竟將他人繫縛綑綁，進而將人置放在暗牢中，讓此人不見日月，雖然可聽見此人的呼救悲酸聲，但無人可去救他。像這類的「惡人」死即便會墮入「地下黑闇餓鬼」。

十八、「大力神通餓鬼」又名「神通大力光明餓鬼」

特色：自己雖然當「大力神通餓鬼」，身旁會有很多苦惱的餓鬼圍繞在他身邊，當作左右護法似的。「大力神通餓鬼」常住在深山、海邊，也有「神力鬼通」，因為他前世曾以「不淨財」去幫助他人，所以雖當鬼，可過著快樂的生活。

原因：前世時常常妄語欺人，偷盜他人財物、或強奪他人財物，然後再把搶來的財物賞賜給同黨的惡友，有點像江湖大盜似的，也像「劫富濟貧」似的。有時也將搶來的財物送給需要救助的人，看似在「布施」，其實是種「不淨之施」，因為錢財來源「不乾淨」。

十九、「熾燃餓鬼」又名「闍婆隸餓鬼」

特色：「熾燃餓鬼」身上都是火，所以到處奔走而亂叫，「熾燃餓鬼」在夜間無論到城邑、村落、人間、山林住處」，全身都是火團，非常飢渴。

原因：前世時妄語欺人，喜歡在暗夜中奪人財物，破壞城市、人民，令他人眷屬、宗親而散亂，或者綁票、撕票，對肉票施以殘忍酷刑。得財後再把錢貢獻給國王，或給大臣子、豪貴者，此人便會獲得國王的贊美而得更多的勢力。

二十、「伺嬰兒便餓鬼」又名「蛊陀羅餓鬼」

特色：因其嬰兒曾被殺壞，所以報復心特強，在婦女生育分娩的地方等待「機會」，然後進一步的乘虛而入，再想辦法將嬰兒殺害。「伺嬰兒便餓鬼」有神力，如果聞到「血腥味」就能在「須臾之間」快速到

達百千公里外之處。如果有女人正在生產，就會變成「微細的身形」躲在附近，等候適當的「時機」再下手侵害嬰兒。如果這位母親常犯「過失」，或沒有對嬰兒採取正確的「養育之道」，則「伺嬰兒便餓鬼」就會得到「下手的時機」。如果嬰兒有不淨的「大小便溺」，都一直不處理，或者帶嬰兒到水邊危險處，或者帶嬰兒靠近火邊、刀劍處、高山處、高樓處……等，這些都是「伺嬰兒便餓鬼」能下手的時機。如果一直無法下手，也可能會等到十歲時，再找機會下手。所以嬰兒常需「大人」隨伴隨行，不能帶嬰兒去「危險陰暗」的地方，以免遭受「伺嬰兒便餓鬼」的侵害。但話說回來，此生自己的嬰兒會被侵害，這與「前世因果」是脫不了關係的。

原因：前世時自己的嬰兒曾被他人所殺壞，當下便發怒說來世要做「夜叉鬼身」，要報復自己曾被殺的嬰兒。

二十一、「欲色餓鬼」又名「迦摩餓鬼」

特色：「欲色餓鬼」會做種種相貌，想變美就會很美，想變醜就會很恐怖，也會變做男人，非常英俊，或變做女人，豔麗美妙。也會變成畜生動物，但相貌非常漂亮，能變化出種種「美貌」，或人或動物，也能隨意到達任何地方去。「欲色餓鬼」如果獲得飲食，則無有憂恐，也無障礙，因他前世也曾做過一點「布施」去幫助他人。「欲色餓鬼」能以「微細的身形」偷潛入「住家」內去求得飲食，這就是世間人常說的「毘舍闍鬼」，專門盜食「人類」及「五穀」之一種「精氣鬼」。「欲色餓鬼」變化成人身時，[584]也會潛入人類所辦的各種宗教「節慶宴會」，或變化成「鳥類」，然後飛過來偷吃你祭拜的供品，但他非常的「細密」，一般人無法發現。「欲色餓鬼」也會變成「女

---

[584] 中國自古流行一種說法就是：「凡物之偷生于世者，年至千歲，皆能變化為人」。參清・陳士鐸《辨證奇聞》，北京：中國中醫藥出版社，1995年，卷10，〈中妖門〉，頁381、頁383。

人身」，然後與人到處「行婬」，所以如果去荒郊野外有「豔遇」的話，可能都是「欲色餓鬼」在做怪，或者常去風月場所等，也會碰到「欲色餓鬼」。常常買春行婬的人，因「物以類聚」，所以也會常招感「欲色餓鬼」來靠近他。

原因：前世時有男人或女人，或有已被「去勢」的「黃門人」，偷穿女人衣服，然後到處婬犯他人。或者與別人「性交易、援交」而獲錢財，再將此「不淨財」布施給他人，或者給家人，或者捐到「救濟單位」等。

二十二、「海渚 餓鬼」

特色：「海渚 餓鬼」雖然住在海水之處，但卻沒有任何的樹林、池塘、湖泊、河水，所見到的海水都是「枯竭」的，就算看到樹林也都是一片大火，到處都很熱，甚至冬天也會熱，熱過夏天的十倍之多。「海渚 餓鬼」只能以「朝露」為飲食，常使飢渴燒身，狂亂號叫，到處奔走，無人救度。「海渚 餓鬼」垂髮蓬亂，身體枯瘦，全身粗野醜陋就像「網狀之物」，無論走到哪裡，都沒有東西可食用。所以海水邊會有「海渚 餓鬼」在出沒，大家勿往危險的海域去遊戲。

原因：前世時見有「行人」要渡過曠野，於是就與他講「價錢」，但實際上給的報價並不合符，例如收取 5 公里的計程車費，但實際只有開 3 公里。此人常以虛偽的言辭去詐欺想要「遠行的人」，或者要渡過曠野的人。

二十三、「閻羅執杖餓鬼」

特色：「閻羅執杖餓鬼」的特色是當「閻羅王」的「執杖鬼身」，為「閻羅王」奔走效命，作為「閻羅王」的役使者。如果有「罪惡多端」的眾生下地獄，「閻羅王」就會命令「閻羅執杖餓鬼」去拘捕這個「惡人」，把他的精神魂魄抓來。「閻羅執杖餓鬼」身體非常醜惡令人可怕，手

執刀杖，頭髮蓬亂，倒豎的頭髮覆蓋著全身，長長的嘴唇下垂，大耳朵大肚子，常高聲尖叫而讓其餘的鬼感到害怕。

原因：前世時曾親近「國王、大臣、豪貴」，也做他們的「部下」，但卻專行壞事，心無慈愍，不行正道，死後轉生為「閻羅執杖餓鬼」。

二十四、「噉小兒餓鬼」又名「婆羅婆叉餓鬼」

特色：若有眾生前世曾犯「殺生罪」，這世轉生為人，就容易遭「噉小兒餓鬼」所下手，如果前世沒有犯「殺生罪」，這世轉為人，就不會遭「噉小兒餓鬼」的殺害。「噉小兒餓鬼」常到婦產科附近去找機會下手，或者嬰兒爬行時、或一歲會走時，「噉小兒餓鬼」常找時機去殺害嬰兒。

原因：前世時善長以邪惡的咒術，咀咒於龍蛇以為一種戲樂，有時會假裝為眾生除「水災冰雹」而去欺詐病人，或以種種咒術驅動鬼神而令人恐慌，或取人財物、殺羊等。

二十五、「食人精氣餓鬼」

特色：常受大飢渴，有火燒身，有刀斧砍削他的身體，令他的皮肉斷壞，甚至空中會降下刀雨令「食人精氣餓鬼」到處求避而無方。「食人精氣餓鬼」如果見到有人「為非作歹、不信三寶」，就會去「附身」到此惡人身上，吸取他的「精氣神」來讓自己活命。但也常常求不到飲食，甚至十年、二十年才能有一次下手的機會而獲得人類的「精氣」來吃。

原因：前世時常以虛偽言辭去誆惑人，詐騙偽稱是自己的親友，令他人誤信，然後再加害他人，殺害他人後便離去，亦不救護。或謊稱是自己人，會保護你，讓他人勇力的「入敵殺陣」，然後便因此喪命。

二十六、「婆羅門羅刹餓鬼」又名「梵羅刹餓鬼」

特色：常為飢渴所燒身，到處奔走，「婆羅門羅刹餓鬼」常現出人類的「形象」，但常造「殺生」業，或住於空巷、歧路、岔路、四方道路……等，來等待合適的機會找人下手。有很多專門殺生的外道都是「婆羅門羅刹餓鬼」這類餓鬼的轉世，有時「婆羅門羅刹餓鬼」會附入人的身中，令人心亂，甚至喪命，或以咒術驅使，廣作壞事。所以若有宗教儀式是「專門殺生祭拜」的場所，切勿靠近，因為附近充滿了「婆羅門羅刹餓鬼」。

原因：前世時常常殺害生命，來做為「宗教法會」的祭拜，並宣稱「殺害動物」來祭拜是最殊勝希有的事。或自己在販賣飲食時則以「最低的賤價買進」，然後以「最高的價錢」賣出來圖利。

二十七、「火爐餓鬼」又名「君茶餓鬼、火爐中食餓鬼、燒食餓鬼」

特色：常受火燒，到處奔走而求飲食，有時會到鬼神廟中，將被火燒過的「殘食」(自己或他人食用以後殘餘的食物，如飯、菜、茶、水、果、餅等)拿來吃。因為常意念「火燒過的食物」，所以導致飢渴，哀號亂叫。

原因：前世時遠離善友，喜歡盜食「三寶」僧伽的食物。

二十八、「不淨巷陌餓鬼」又名「不淨囉他餓鬼」

特色：在白天時，一般人見不到「不淨巷陌餓鬼」，如果晚上夜行，就會見到這種鬼。「不淨巷陌餓鬼」常住在「城邑、聚落、村舍、曠野、軍營的廁所、荒野的行動廁所、生滿蛆蟲、穢惡髒亂、臭氣沖天」的地方。一般人見到太臭的東西，便會令人歐吐不已，而「不淨巷陌餓鬼」竟生活在其中。有時一個月、半個月才能得到一點食物，但仍感飢餓。就算吃飽了，旁邊還有一種「守糞餓鬼」會毆打他讓「不淨巷陌餓鬼」吐食物出來。

原因：前世時以「黑心」的「假素食商品」布施給「清淨的修道人、出家法

「師」等。

二十九、「食風餓鬼」又名「婆移婆叉餓鬼」

特色：到處奔走乞食，卻無人救護，無依無靠。「食風餓鬼」因前世造的
　　　罪業，所以今生當鬼需要奔到非常遙遠的地方才能獲得飲食，有
　　　時見到飲食在「樹林間」或在「僧眾聚集處」，便前往求食，等到「張
　　　口」欲食時，只有「風從口入」，只好以「風」為食，與俗謂「喝西
　　　北方」同樣的意思。「食風餓鬼」常會有飲食的「妄想」，猶如「渴鹿」
　　　見「陽焰」般，竟將之當作真正的「水」。
原因：前世時見「出家法師、修道者、貧窮病人」來乞討時，剛開始有答
　　　應要給他們食物，等到他們來後，竟然就「毀約」不給了，最終導
　　　致這些「出家法師、修道者、貧窮病人」遭受飢餓之苦。

三十、「食火餓鬼」又名「食火炭餓鬼」

特色：「食火餓鬼」常到墳墓間去吃正在焚燒屍體的「火」，但還是會非常
　　　飢餓。如果能獲得一點「火源」來吃，才能解除他的飢渴。所以焚
　　　燒屍體的附近都會有此「食火餓鬼」在等待飲食。
原因：前世時曾經掌管「監獄」之「官職」，即典獄官、典獄長，因一念貪
　　　心而毆打眾生，禁止「犯人」飲食，令他飢渴，「犯人」因而以「噉食
　　　泥土」為生。

三十一、「食毒餓鬼」

特色：此鬼會住在山窟附近，或幽險陰暗的山邊，或冰山極冷之處，所
　　　住的地方充滿諸多「毒物」，沒有任何漿水、都是毒藥。冬天將感
　　　到冰凍異常，夏天則熱毒難耐。或住在獅子、老虎猛獸附近之處。
　　　「食毒餓鬼」所遭受的「酷熱」及「寒苦」痛苦超過一般人上百倍。
　　　有時遭天空降下「刀雨」砍他，有時降下「刀劍」割他，或「火雨」

傷他。「食毒餓鬼」常以「毒藥丸」為食，食已便死，但還會復活起來。會有利嘴的「鳥獸」會來啄食他的眼睛，但啄食完畢，眼睛又會復原，如是不斷的重複重複這樣的「報應」。

原因：前世時因一念貪心而將「有毒」的東西拿給別人吃，終令人喪命，然後再取其財物。

三十二、「曠野餓鬼」又名「阿吒毘餓鬼」

特色：常有大火燒身，就像燃燒的樹木一樣，常遭日光火焰的曝曬，故奔走於曠野，不斷的叫喚水與食物。有時遇到「陽焰」竟當作是真正的「清水」，走到有水之地，只有「空地」一片，一滴水都沒有。為了求水，走路一直被「荊棘」刺傷，貫穿兩足，疲困到昏死於地。雖死又會復活，再遭受前面同樣的「苦報」，更勝過十倍之苦。在「曠野餓鬼」仍未復活之時，還會有「烏鵄鳥、雕鷲鳥」去啄食他的眼睛，再吃掉他的身肉，直到「分離支解」到完全散碎為止。

原因：前世時曾斷絕、破壞眾人所共同飲用的「池水泉井」，令行路者的「過路客」無水可喝，氣力衰弱，然後再趁機「打劫」他們，奪走其財物。

三十三、「塚間住餓鬼」又名「食熱灰土餓鬼」

特色：「塚間住餓鬼」常吃在「燒屍體處」的「熱灰」及「熱土」，但在一個月中才僅能吃上一餐而已，有時有機會吃，有時無機會吃。「塚間住餓鬼」頭上會穿戴有「火焰」的「鐵鬘」，還有「死人的頭骨」掛在頭上，常常被火焚燒到爛壞，但雖燒盡還會復活。「塚間住餓鬼」還會再次穿戴起「鐵鬘」，然後貫穿過頸子，火焰不停的燒，燒到「胸嚨」為止。「塚間住餓鬼」全身由內出火，燒遍全身，而且非常的醜惡。身上除了有火在燒，還會遭「諸多蟲子」來吸食他的身體，甚至還有別的「羅剎惡鬼」來用「棍棒」來打他，或用刀刺他。

原因：前世時一念貪心，見有信徒拿著花來供養佛，便故意偷盜此花，
　　　然後拿去販賣而轉作為自己的生活「收入」。

三十四、「樹中住餓鬼」又名「毘利差餓鬼」

特色：「樹中住餓鬼」遭大寒大熱苦，寒則大寒，熱則大熱。或遭種種的
　　　「賊木蟲」去壓擠他的身體。身體非常枯瘦，常遭諸蟲吸食其身體。
　　　如果有人將食物棄置於樹林，則「樹中住餓鬼」便可得而食之。所
　　　以在樹林隱密處，常有「樹中住餓鬼」躲在附近，大家要多注意小
　　　心。

原因：前世時看見有人種植「林樹」專為「遠行者、病困者」能休息使用，
　　　竟生貪心而用刀斧砍削此樹木，或者去盜用僧人精舍專用的「園
　　　林樹木」。

三十五、「四交道餓鬼」又名「遮多波他餓鬼」

特色：「四交道餓鬼」(指通達四方的道路、歧路、岔路)常遭「鐵鋸」來截斷他的身體，
　　　所以他的身體常常被縱橫四處散去，也會遭飢渴燒身。有此世間
　　　凡人因為「生病」好不了，於是就在「四交道」中設「祭祀」供奉他
　　　們，後來他們的病果然得癒，於是便感謝「鬼恩之力」，其實根本就
　　　是「四交道餓鬼」在後面主導「鬼通」的，因此「四交道餓鬼」便以世
　　　間人所祭祀的食物來自活命。如果是其餘的「飯菜」，則「四交道餓
　　　鬼」不能得食之，只能吃人類專門「祭祀拜拜」的食物。所以我們燒
　　　香在拜「路頭鬼」其實就是在拜「四交道餓鬼」他們啊！

原因：前世時一念的貪心而盜用別人旅途專用的「糧食、口糧」，盜取後
　　　還笑容滿面，不知懺悔。被盜走糧食的人因為在「曠野路途」中缺
　　　糧，因此受大飢餓。

三十六、「殺身餓鬼」又名「魔羅迦耶餓鬼」

特色：「殺身餓鬼」專門破壞「修行的人」，如果有「出家法師」在「經行時、食時、坐禪時」，這「殺身餓鬼」就會故意過來擾亂他們，或者突然發出「不悅耳、不吉祥、恐怖、邪惡、驚恐」的聲音，令「修行者」聽到而感到害怕，或讓「修行者」常作惡夢。其實「殺身餓鬼」有時是被另外的「魔」所控制的，所以專門憎恨嫉忌「正法」，專行「邪法」。「殺身餓鬼」會有很大的「熱鐵團」從其口中進入，因為吞噉「熱鐵」而異常的苦痛。

原因：前世時如果有人專行「邪道」，廣造「惡法」，說種種「邪惡的知見」，然後故意說這是「真正的法義」。

　　上面第十三個是「食肉餓鬼」，這種鬼是專吃祭祀拜拜的肉類，但如果轉世成人類，則因為他的業報就會「噉食人肉」，如《正法念處經》云：「以諸眾生，雜類牛羊麞鹿之肉，設會與人，以是業緣，故有神力……有微善業，得生人中，墮於邊地，如旃陀羅蠻夷之屬，噉食人肉。」[585]但另有一種鬼則是專吃「生人之肉」的，這在《出曜經》就有記載，如經云：「昔有噉人鬼，在人中作王，恒食人肉，以為廚宰。」[586]同經又云：「彼國中時有暴鬼，名阿羅婆，恒噉生人，日數十人，奴婢悉盡……鬼白佛言：自受鬼身以來，恒食生人，不食死人肉血。」[587]可見餓鬼除了有在吃祭祀過的肉類，也有只吃「生人之肉」的。

　　上面第二十四個是「噉小兒餓鬼」又名「婆羅婆叉餓鬼」，這種鬼專門找小兒下手，等待機會把小兒弄死，他就可以吃這個嬰兒屍肉。如《正法念處經》云：「為此餓鬼，偷而食之，或至產婦所住之處取彼嬰兒，或

---

[585] 參《正法念處經》卷 16〈餓鬼品 4〉。詳 CBETA, T17, no. 721, p. 95, c25-p. 96, a。
[586] 參《出曜經》卷 25〈惡行品 29〉。詳 CBETA, T04, no. 212, p. 747, a。
[587] 參《出曜經》卷 12〈信品 11〉。詳 CBETA, T04, no. 212, p. 673, a。

匍匐時、或始行時，如是餓鬼偷諸小兒，次第食之。」[588]另外在北宋‧施護(Dānapāla 世稱顯教大師，西元 980 年至開封譯經)譯《佛說守護大千國土經》及元魏‧菩提流支(Bodhiruci。西元 508 年至洛陽譯經)譯《佛說護諸童子陀羅尼經》都同時說到有一種鬼除了吃「小兒」外，也吃「人胎」，也就是會讓人容易流產，不讓人「受孕」成功，這種鬼多達十五種，都有詳細完整的名稱，《佛說守護大千國土經》與《佛說護諸童子陀羅尼經》的內容應是「同本譯異」，下面將這二個譯本比對後如下圖解：

---

[588] 參《正法念處經》卷 17〈餓鬼品 4〉。詳 CBETA, T17, no. 721, p. 99, a27-b。

《佛說守護大千國土經・卷三》 北宋・施護譯	《佛說護諸童子陀羅尼經》 元魏・菩提流支譯
世尊！有諸(十五種)「羅剎」，常食「人胎」，彼諸「羅剎」，無人能(詳細)知，無(人)能「制伏」。(此十五種羅剎能讓)一切眾生無有「子息」及「不受胎」。	有(十五種)「夜叉羅剎」，常憙噉「人胎」，非人王境界(這十五種羅剎若非「人王」的境界是不能詳知的)，「強力」所不制(而且一切的「強力」也不能制止掉這十種羅剎)，能令人「無子」，傷害於「胞胎」。
此諸「羅剎」，常求其便(適當的機會)，候彼「男女和合」之時，(便在旁邊)吸其「精氣」，使不「受胎」，斷滅「人種」。	(此十五種羅剎將在)「男女交會」時，使其意迷亂，(造成)懷妊(懷孕)不成就。
(甚至已經懷孕時)及「羯邏藍」(kalala 入胎第七天)，次「案部談」(arbuda 入胎第十四天)，(這十五種羅剎還想)令彼女人其胎「傷損」。	(甚至已經懷孕時)或「歌羅」(kalala 入胎第七天)、「安浮」(arbuda 入胎第十四天)，(仍可以令女人)「無子」以「傷胎」，及「生時」(生產小孩時)奪命，皆是諸惡鬼，為其作嬈害。
我今說此諸「羅剎眾」各各「名字」，惟願世尊聽我所說。	我今說彼名，願佛聽我說。
一名「曼祖」(mañjuka)。 二名「鹿王」(mṛgarāja 彌迦王鬼)。 三名「塞健(二合)那」(skanda)。 四名「阿鉢娑麼(二合)囉」(apasmāra)。 五名「母瑟致(二合)迦」(muṣṭikā)。	第一名「彌酬迦」(mañjuka)。 第二名「彌伽王」(mṛgarāja 鹿王)。 第三名「騫陀」(skanda)。 第四名「阿波悉魔羅」(apasmāra)。 第五名「牟致迦」(muṣṭikā)。

六名「麼怛哩(二合)迦」(mātrikā)。	第六名「魔致迦」(mātrikā)。
七名「惹弭迦」(jāmikā)。	第七名「闍彌迦」(jāmikā)。
八名「迦弭顊」(kāminī)。	第八名「迦彌尼」(kāminī)。
九名「黎嚩帝」(revatī)。	第九名「黎婆坁」(revatī)。
十名「布單那」(pūtanā)。	第十名「富多那」(pūtanā)。
十一名「麼怛哩(二合)難那」 　　　(mātṛnaṁdā)。	第十一名「曼多難提」 　　　(mātṛnaṁdā)。
十二名「爍俱顊」(śakuni)。	第十二名「舍究尼」(śakuni)。
十三名「建姹播底顊」 　　　(kaṇṭhapaṇinī)。	第十三名「捷吒波尼尼」 　　　(kaṇṭhapaṇinī)。
十四名「目佉滿抳」 　　　(mukhamaṇḍitikā)。	第十四名「目佉曼茶」 　　　(mukhamaṇḍitikā)。
十五名「阿監麼」(ālambā)。	第十五名「藍婆」(ālambā)。
如是等諸(十五種)「羅剎」晝夜巡行，於一切處，現「可畏」形，作諸「執魅」，持彼「童男、童女」(生)種種「疾病」，使其(童)男、(童)女，現(出)種種(怪)相，若：	此十五鬼神，常遊行世間，為嬰孩小兒，而作於「恐怖」。 我今當說此諸(十五種)鬼神「恐怖」(之)形相，以此「形相」，令諸小兒，皆生「驚畏」。
❶「曼祖計」(mañjuka)及 ❷「鹿王」(mṛgarāja 彌迦王鬼)魅者，(將)令(小兒)惡吐逆。	❶「彌酬迦鬼」(mañjuka)者，著(著諸)小兒，(將令小兒)眼睛迴轉(眼睛經常轉來轉去，停不下來)。 ❷「彌迦王鬼」(mṛgarāja 鹿王)者，著(著諸)小兒，(將令小兒)數婁 數婁 嘔吐。

❸「塞健(二合)那」(skanda)魅者，(將令)小兒搖頭。	❸「騫陀鬼」(skanda)者，著(著諸)小兒，(將令小兒)其兩肩動(兩肩不斷的聳動)。
❹「阿鉢娑麼」(二合)囉(apasmāra)魅者，(將令小兒)口吐涎沫。	❹「阿波悉魔羅鬼」(apasmāra)者，著(著諸)小兒，(將令小兒)口中(有白)沫出。
❺「母瑟致(二合)迦」(muṣṭikā)魅者，(將令小兒)手指拳縮。	❺「牟致迦鬼」(muṣṭikā)者，著(著諸)小兒，(將令小兒)把捲(拳)不展(小兒的手拳縮不能申展)。
❻「麼底哩(二合)迦」(mātrikā)魅者，(將令小兒)長喘而笑。	❻「魔致迦鬼」(mātrikā)者，著(著諸)小兒，(將令小兒)自齧齒(咬)其舌。
❼「惹弭迦」(jāmikā)魅者，(將令小兒)不飲其乳。	❼「闍彌迦鬼」(jāmikā)者，著(著諸)小兒，(將令小兒)憙啼喜笑。
❽「迦弭顎」(kāminī)魅者，(將令小兒)睡即驚怖，寤即啼哭。	❽「迦彌尼鬼」(kāminī)者，著(著諸)小兒，(將令小兒)樂(樂喜)著女人。
❾「黎嚩底」(revatī)魅者，(將令小兒)常咬其舌。	❾「黎婆坻鬼」(revatī)者，著(著諸)小兒，(將令小兒)見種種雜相。
❿「布單那」(pūtanā)魅者，(將令小兒)噎氣、咳嗽。	❿「富多那鬼」(pūtanā)者，著(著諸)小兒，(將令小兒)眠中驚怖啼哭。

⓫「麼底哩(二合)難那」(mātṛnaṁdā)魅者，(將令小兒)作種種色。	⓫「曼多難提鬼」(mātṛnaṁdā)者，著(著諸)小兒，(將令小兒)憙啼喜笑。
⓬「爍俱顙」(śakuni)魅者，(將令小兒)嗅諸臭穢。	⓬「舍究尼鬼」(śakuni)者，著(著諸)小兒，(將令小兒)不肯飲乳。
⓭「建姹播抳」(kaṇṭhapaṇinī)魅者，(將令小兒)咽喉閉塞。	⓭「乾吒波尼尼鬼」(kaṇṭhapaṇinī)者，著(著諸)小兒，(將令小兒)咽喉聲塞。
⓮「目佉滿抳」(mukhamaṇḍitikā)魅者，(將令小兒)口頻(張口頻伸一直打哈欠)蹙縮(畏難退縮憂愁不樂)。	⓮「目佉曼茶鬼」(mukhamaṇḍitikā)者，著(著諸)小兒，(將令小兒)時氣熱病、下痢。
⓯「阿監麼」(ālambā)魅者，(將令小兒)小兒餩ㄜ(噎，打嗝聲)噦ㄩㄝ(嘔吐)。	⓯「藍婆鬼」(ālambā)者，著(著諸)小兒，(將令小兒)數ㄕㄨㄛ數ㄕㄨㄛ噫ㄞ噦ㄩㄝ(「噦噎」➔氣逆;氣短不順)。
如是等諸大「羅剎」復現種種可畏之狀，令諸「童男、童女」，恒常「驚怖」。	
	《佛說護諸童子陀羅尼經》此段經文原置於上欄，為了比對，故已移置此欄位
❶「曼祖計」(mañjuka)現形如「牛」。	❶「彌酬迦」(mañjuka)者，其形如「牛」。
❷「鹿王」(mṛgarāja 彌迦王鬼)其形如「鹿」。	❷「彌迦王」(mṛgarāja 彌迦王鬼)者，其形如「師子」。

❸「塞健(二合)那」(skanda)，狀知「童子」。	❸「騫陀」(skanda)者，其形如「鳩魔羅天」(kumāra 童子)。
❹「阿鉢娑麼(二合)囉」(apasmāra)，形如「柴(或作「犲」)狗」。	❹「阿波悉魔羅」(apasmāra)者，其形如「野狐」。
❺「母瑟致(二合)迦」(muṣṭikā)，其形如「烏」。	❺「牟致迦」(muṣṭikā)者，其形如「獼猴」。
❻「麼底哩(二合)迦」(mātrikā)，其形如「羖ᵔ羊」(黑色的公羊)。	❻「魔致迦」(mātrikā)者，其形如「羅剎女」。
❼「惹弭迦」(jāmikā)，現形如「馬」。	❼「闍彌迦」(jāmikā)者，其形如「馬」。
❽「迦弭顙」(kāminī)者，其狀如「驢」。	❽「迦彌尼」(kāminī)者，其形如「婦女」。
❾「黎嚩底」(revatī)者，現形如「狗」。	❾「黎婆坻」(revatī)者，其形如「狗」。
❿「布單那」(pūtanā)者，形如「鸚鵡」。	❿「富多那」(pūtanā)者，其形如「豬」。
⓫「麼底哩(二合)難那」(mātṛnaṁdā)，形如「貓兒」。	⓫「曼多難提」(mātṛnaṁdā)者，其形如「貓兒」。
⓬「爍俱顙」(śakuni)者，形如「飛鳥」。	⓬「舍究尼」(śakuni)者，其形如「鳥」。
⓭「建姹播捉」(kaṇṭhapaṇinī)，其形如「鷄」。	⓭「乾吒婆尼尼」(kaṇṭhapaṇinī)者，其形如「雉」。
⓮「目佉滿捉」(mukhamaṇḍitikā)，形如「獷狐」。	⓮「目佉曼茶」(mukhamaṇḍitikā)者，其形如「獷狐」。
⓯「阿監麼」(ālambā)者，其形如「雉」。	⓯「藍婆者」(ālambā)，其形如「蛇」。
	此十五鬼神，著諸小兒，令其驚怖。我今當復說諸小兒怖畏之相。
如是等諸大「羅剎」起毒害心，常於人間現如是相，驚怖小兒，盜而	此十五鬼神，以如是等形，怖諸小兒，及其小兒驚怖之相，我皆已

食之，破壞其胎，令胎傷損。	說。 復有大鬼神王，名「栴檀乾闥婆」於諸鬼神，最為上首…… 此十五鬼神常食「血肉」，(若能)以此「陀羅尼」呪力故，悉皆「遠離」(十五種羅剎鬼)，(能令十五種羅剎鬼對童男童女)不生「惡心」。

　　這十五種「羅剎餓鬼」能讓一切眾生無有「子息」以及「不受胎」，他們有時都會在「男歡女愛」的場合等待機會，偷吸收可能會受孕的精氣，目的就是要絕滅胎兒「成功受孕」的機會。如果已成功生下來的嬰兒，他們還是會找機會下手，或變現出種種恐怖的形相去嚇小孩，例如「牛、鹿、童子、柴狗、烏、黑公羊、馬、驢、狗、鸚、貓兒、飛鳥、鷄、玃狐、師子、野狐、獮猴、羅剎女、豬、蛇」……等。這些恐怖的「形相」將導致小孩會發生各種千奇的事情，例如讓小孩一直毆吐、或搖頭、或口吐涎沫、或手指拳縮、或大聲喘氣而笑、或反復的忽笑忽哭、或忽然不喝乳汁、或一睡很快又驚怖而醒；一醒即啼哭不停、或常反咬自己舌頭、或經常噎氣或咳嗽、或臉色異常、或常聞臭穢之味、或咽喉常被閉塞而無法下咽或語言、或一直打哈欠或憂愁不樂、或打嗝打不停、或常嘔吐所吃的東西、或眼睛經常轉來轉去停不下來、或兩肩膀一直聳動不停、或口中常有白沫吐出、或手常拳縮而不能申展、或一直看見種種怪相、或時發熱很久或發冷很久、或下痢肚痛……等的毛病。《佛說護諸童子陀羅尼經》上說如果「行者」能在小兒旁邊誦此「陀羅尼咒」，可讓這十五種「羅剎餓鬼」遠離干擾小兒的情形，不致讓他們對小兒起了「惡心」。

　　但在醫學上的「婦產科」相關理論中也常有生產時的婦女「如見鬼神」、

「乍見鬼神」的記載，這類的記載不一定是指那十五種「羅剎餓鬼」在干擾的情形，也可是婦女本身身體「虛弱」所造成的「幻相」，如宋代醫者陳自明(1190~1270)認為：「產後如見鬼神，或言語譫妄，皆由血氣虧損，陰虛發熱，或淤血停滯，以致心神煩躁而然也。」[589]在清‧徐大椿《女科醫案》中也有記載類似案件，當時有一婦人「產後別無他病，時若與人對語，或驚叱，或悲愁。家人勸慰，乃大聲曰：『鬼神滿室，結隊成群，曷不與我敬送之！』」經徐大椿診斷後，這個病應該是由於「血氣大虛，心失所養，而神不守舍」所引起的「乍見鬼神」幻相病。[590]還有清‧傅山(1607~1684)也曾提到產後所發生的「妄言妄見」現象，他強調只要以藥物去調理「氣血虛，神魂無依」的病症，那麼「其病自癒，勿謂邪祟。若噴以法水驚之，每至不救。」[591]

　　除了《正法念處經》所說的「噉小兒餓鬼」，及《佛說守護大千國土經》與《佛說護諸童子陀羅尼經》中說的十五種會吃「小兒」及「人胎」的鬼外，在《大乘本生心地觀經》中也同時提到「食人胎」(專吃仍處在子宮的胎兒的一種鬼)與「食生子」(專吃已生下來的嬰兒的一種鬼)這種鬼，如經云：

復有無量無數「非人餓鬼」，所謂：
❶「無財鬼」、
❷「食人吐(人所吐之物)鬼」、
❸「惱眾生鬼」、

---

[589] 參宋‧陳自明著、明‧薛己補注《校註婦人良方》(《婦人大全良方》)，北京：中國中醫藥出版社，1997年。卷19，頁1。

[590] 徐大椿後來使用「八珍湯」加「棗仁、遠志補氣血」，晚用「加味歸脾湯」加「棗仁、伯仁」調理，最後終將這名類似有鬼病的婦女治癒。詳清‧徐大椿著《徐靈胎醫書全集》，卷4，《女科醫案》〈乍見鬼神門〉，頁215-216。

[591] 詳清‧傅山《傅青主女科‧產後編》，此書收入《傅青主先生男女科‧萬氏婦人科集證》，台北：新文豐出版社，1997年，卷上，〈妄言妄見〉，頁133-134。

❹「食漬ˇ唾ㄊㄨㄛˋ鬼」、

❺「食不飽鬼」、

❻「毘舍闍鬼」、

❼「臭極臭鬼」、

❽「食糞穢鬼」、

❾「食人胎(還仍處在子宮的胎兒)鬼」、

❿「食生子(已生下來的嬰兒)鬼」、

⓫「食不淨鬼」、

⓬「生吉祥鬼」。

如是諸鬼，「毘盧陀伽大鬼神王」而為上首。捨離毒心歸佛法僧，悉皆衛護如來正法，為聽法故來詣佛所，五體投地渴仰世尊，各與若干百千眷屬俱。[592]

　　《大乘本生心地觀經》中提到十二種鬼，有很多是與《正法念處經》的「三十六種鬼」具有同樣性質，例如「食人吐鬼、食漬唾鬼、毘舍闍鬼」、臭極臭鬼、食糞穢鬼」、食人胎鬼、食生子鬼、食不淨鬼」等。另外的「生吉祥鬼」其實還是鬼，只不過這種鬼因為受人類的「膜拜供奉」後會給人類帶來「吉祥、福蔭、賜福」罷了，這在「三十六種鬼」中的「食鬘餓鬼、四交道餓鬼」都具有「賜福」給人類的「能力」。

　　《正法念處經》「三十六種鬼」中的第十六個是「伺便餓鬼」又名「蚩ㄔ陀羅餓鬼」，這種鬼除了專吃人的「精氣神」外，還會找機會「附身」到「人身」上去，如《正法念處經》云：「如是之人，此鬼得便，入人身中，食人氣力。若復有人近房欲穢，是鬼得便入其身中，食人氣力以自活命。」[593]但這不是隨便「附身」的鬼，而是必須與它有「相同業感」的才會被附

---

[592] 參《大乘本生心地觀經》卷 1〈序品 1〉。詳 CBETA, T03, no. 159, p. 293, a。

[593] 參《正法念處經》卷 16〈餓鬼品 4〉。詳 CBETA, T17, no. 721, p. 96, c。

身,例如《正法念處經》中提到第十五個「食人精氣餓鬼」時便說「若見有人行惡無信,不奉三寶,即得彼便,入其身中,食噉精氣,以自濟命。」[594]所以被「餓鬼」附身都是有「相同業感」才會發生,就是「物以類聚」的道理。

　　《正法念處經》「三十六種鬼」中的第二十六個是「婆羅門羅剎餓鬼」又名「梵羅剎餓鬼」,這種餓鬼也是會找人「附身」的,如《正法念處經》云:「或自藏身,以殺害人;或入人身中,以斷人命。呪術人言:『鬼神著人。』入人身已,令人心亂,狂惑無知。」[595]所以當被這種餓鬼附身後就會讓人心大亂,有時被附身後還會表現出突喜突瞋、忽啼或哭的現象,如《大般涅槃經》云:「譬如病人,為鬼所著……或語或喜,或瞋或罵,或啼或哭。」[596]另一種被鬼附身的狀況則與「修行」有關,就是因為「持誦呪語而執著神通、修禪而執著境界、修行而貪著五欲」等所引起的「鬼神、諸魔」來附身情形,關於這些內容可參閱筆者著的《《楞嚴經》五十陰魔原文暨白話語譯之研究》一書(2016年6月。萬卷樓圖書股份有限公司發行)。

　　除了上面所講的「三十六種餓鬼」外,另外在《大寶積經》中還有說「毘舍闍鬼」(piśāca)[597]也會附在「人身」上,然後去接受一些「不淨臭穢」之物,如經云:「如彼不淨毘舍闍鬼神,倚在人身中,受不淨諸物臭穢……而彼人被不淨鬼神力故,常樂臭穢不淨之處。」[598]經中也說如果被「不淨

---

[594] 參《正法念處經》卷17〈餓鬼品 4〉。詳 CBETA, T17, no. 721, p. 99, c

[595] 參《正法念處經》卷17〈餓鬼品 4〉。詳 CBETA, T17, no. 721, p. 99, c。

[596] 參《大般涅槃經》卷32〈師子吼菩薩品 11〉。詳 CBETA, T12, no. 374, p. 557, c。

[597] 又譯作「畢舍遮鬼、臂奢柘鬼」,意譯「食血肉鬼、噉人精氣鬼、癲狂鬼、吸血鬼」。此鬼原為印度古代神話中之魔鬼,其腹如滄海,咽喉如針,常與「阿修羅、羅剎」相提並論,據《一切經音義》所說:「畢舍遮,舊經中名『毗舍闍』,亦言『臂舍柘鬼』名也。餓鬼中勝者也。」又說「畢舍遮鬼,唐言『食血肉鬼』,『羅剎』之類也。」詳 CBETA, T54, no. 2128, p. 763, a。

[598] 參《大寶積經》卷110。詳 CBETA, T11, no. 310, p. 618, b。

鬼神」附身者就會發生愛樂「臭穢不淨」的地方，所以如果一個很愛乾淨的人，突然改成不愛乾淨，喜歡「臭穢不淨」(前提要排除生理、心理疾病問題)的人、事、物，那很有可能有被鬼「附身」的情形了。還有「富多那鬼」(Pūtana)也會「依附人身」，然後就會改成吃一些「糞穢」類的食物，如《大寶積經》云：「如彼無色富多那鬼，倚著人身，恒樂食諸糞穢。」[599]

　　在《正法念處經》舉了三十六種鬼，本書特別提到第十五「食人精氣餓鬼」、第十六「伺便餓鬼」及第二十六「婆羅門羅剎餓鬼」都有「附著人身」的情形發生，但依筆者研究佛經多年的心得，其實任何的鬼類都有可能「入人身」附著的，起因都是從「自己心魔」開始，最終吸引「外魔」進來，這個觀點在《楞嚴經》中是講的最清楚不過了，如《楞嚴經》云：「不作聖心(證聖之心)，名善境界。若作聖解(證聖之解)，即受群邪(群魔邪怪)」[600]、「或汝陰魔，或復天魔，或著鬼神，或遭魑魅。心中(若)不明(明白辨認)，(將)認賊為子。」[601]一切的魔事，或是由你自己的「五陰魔境」(心魔)所生，或是「天魔」(外魔)作怪，或是被「鬼神」(外魔)所附著，或是遭「魑魅」(外魔)精怪所弄。修行人若心中不能明白辨認這些魔境，則易「將魔作佛」而「認賊為子」了。

---

[599] 參《大寶積經》卷110。詳 CBETA, T11, no. 310, p. 618, b。

[600] 參《大佛頂如來密因修證了義諸菩薩萬行首楞嚴經》卷9。詳 CBETA, T19, no. 945, p. 147, c。

[601] 參《大佛頂如來密因修證了義諸菩薩萬行首楞嚴經》卷9。詳 CBETA, T19, no. 945, p. 147, a。

第四章　《正法念處經》中提到有關
　　　　四大部洲之「中陰身」研究

第一節　四大部洲的簡介

　　四大部洲，梵語為 catvāro dvīpāḥ，又稱「四大部洲、四大洲、四天下、須彌四洲、四洲形量」，原意是指古代印度人對這個宇宙世界的分類，也是佛經中很常使用的名詞術語，「四州」是指以「須彌山」為中心點，圍繞在它的四方，最少有四個大洲，以現代的名詞來比喻，「須彌山」類似宇宙間的一個「大黑洞」構造，[602]圍繞在「須彌山」之間，至少有四個可住「類人」(類似地球人類)的「行星」星球。這四個星球旁邊還有五百小洲以上的「小星球」圍繞，如《正法念處經》云：「此『閻浮提洲』(南贍部洲)，五百小洲以為圍遶。」[603]如《佛說法集名數經》云：「云何四大洲？所謂南贍部洲、西俱耶尼洲、北俱盧洲、東勝身洲。各有五百小洲以為眷屬，復有二鐵輪圍：小鐵輪圍、大鐵輪圍。」[604]

　　據《大唐西域記·卷一》、《俱舍論光記·卷八》等記載，四洲是指(一)東勝身洲(Pūrva-videha)，舊稱「東弗婆提、東毘提訶」，或「東弗于逮」，略稱「勝身」(Videha，毘提訶)。以其身形殊勝，故稱「勝身」。「東勝身洲」的地形是類似「半月」形，上面所住「類人」的臉面亦如「半月」形。(二)南贍部洲(Jambu-dvīpa)，舊稱「南閻浮提」。「贍部」(jambu)原為「蒲桃樹」之音譯，此洲即以此樹而得名，我們「地球」上的人類就住在這個洲上，經典比喻地形是類似「南狹北廣」，故人的臉面亦如「南

---

[602] 本文在此處並無深入探討「須彌山」的構造，但「須彌山」的構造特徵是「下狹上闊」，這與「大黑洞」的構造是相似的。據《起世經》卷 1〈閻浮洲品 1〉云：「須彌山王，在大海中，下狹上闊，漸漸寬大，端直不曲。」詳 CBETA, T01, no. 24, p. 310, c。又據《大樓炭經》所云：「須彌山王入大海水。深八萬四千由旬，高亦八萬四千由旬。下狹上稍稍廣，上正平。」詳 CBETA, T01, no. 23, p. 277, b。據美國華盛頓大學的物理學家協同法國學者成功類比出「克爾黑洞」的圖像，其形狀正是呈現出「下狹上闊」的構造，圖片可參網站所示 https://kknews.cc/science/ae6g8ox.html。

[603] 參《正法念處經》卷 70〈身念處品 7〉。詳 CBETA, T17, no. 721, p. 417, b。

[604] 參《佛說法集名數經》。詳 CBETA, T17, no. 764, p. 662, a。

狹北廣」形。(三)西牛貨洲(Apara-godaniya)，舊稱「西瞿耶尼」，地形類似「滿月」形，上面所住「類人」的臉面亦如「滿月」形，主要是以「牛行」貿易而得名。(四)北俱盧洲(Uttara-kuru)，舊稱「北鬱單越」。「俱盧」意謂「勝處」，以其國土勝於上述三洲而得名，地形類似「正方」形，上面所住「類人」的臉面亦如「正方」形。據《佛說長阿含經・卷第十八》中云：

佛告比丘：「須彌山」北有天下，名「欎單曰」(北俱盧洲)，其土「正方」，縱廣一萬由旬，人面亦方，像彼「地形」。

「須彌山」東有天下，名「弗于逮」(東勝身洲)，其土「正圓」，縱廣九千由旬，人面亦「圓」，像彼「地形」。

「須彌山」西有天下，名「俱耶尼」(西牛貨洲)，其土形如「半月」，縱廣八千由旬，人面亦爾，像彼「地形」。

「須彌山」南有天下，名「閻浮提」(南贍部洲)，其土南狹北廣，縱廣七千由旬，人面亦爾，像此「地形」。[605]

若依《法界安立圖》所繪製的圖表，如下：[606]

---

[605] 參《長阿含經》卷 18〈閻浮提州品 1〉。詳 CBETA, T01, no. 1, p. 115, b。關於東勝身洲與西牛貨洲在其餘的經典也有一點差異，也就是東勝身洲改為半月，西牛貨洲改為正圓。如《頂生王因緣經》，詳 CBETA, T03, no. 165, p. 394, 上。如《大乘理趣六波羅蜜多經》，詳 CBETA, T08, no. 261, p. 897, 下。如《甚希有經》，詳 CBETA, T16, no. 689, p. 782, 中。如《最無比經》。詳 CBETA, T16, no. 691, p. 785, c。如《正法念處經》。詳 CBETA, T17, no. 721, p. 404, 下。如《佛說決定義經》。詳 CBETA, T17, no. 762, p. 651, 中。

[606] 參《法界安立圖》。詳 CBETA, X57, no. 972, p. 442, d。

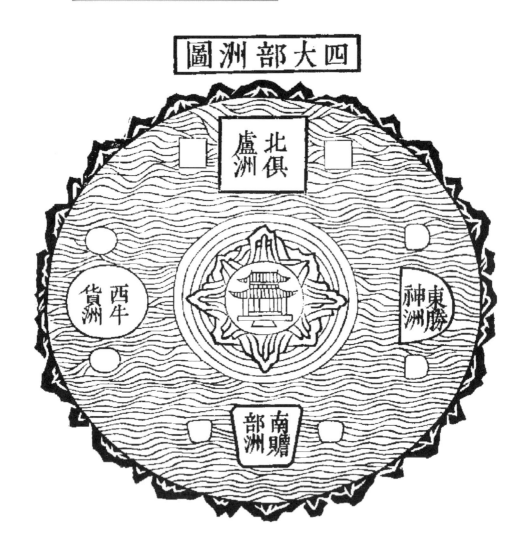

這四大洲所處的地方其日夜時間都是不同的，據《起世經》所云：
(一)「南贍部洲」在日「正中」時，「東勝身洲」之日方始沒，「西牛貨洲」之
日則剛出，「北俱盧洲」則正當「半夜」之時。(二)「西牛貨洲」在日「正中」
時，「南贍部洲」之日方始沒，「北俱盧洲」之日則剛出，「東勝身洲」則正
當「半夜」之時。(三)「東弗婆提」(東勝身洲)在日「正中」時，「北俱盧洲」
之日方始沒，「南贍部洲」之日則剛出，「西牛貨洲」則正當「半夜」之時。
(四)「北鬱單越」(北俱盧洲)在日「正中」時，「西牛貨洲」之日方始沒，「東

勝身洲」之日則剛出，「南贍部洲」則正當「半夜」之時。如《起世經》云：

> 諸比丘！若閻浮洲(南贍部洲)，日正中時。弗婆提洲(東勝身洲)，日則
> 始沒；瞿陀尼洲(西牛貨洲)，日則初出。欝單越洲(北俱盧洲)，正當半
> 夜。
>
> 若瞿陀尼洲(西牛貨洲)日正中時，此閻浮洲(南贍部洲)日則始沒，欝單
> 越洲(北俱盧洲)日則初出，弗婆提洲(東勝身洲)正當半夜。
>
> 若欝單越洲(北俱盧洲)日正中時，瞿陀尼洲(西牛貨洲)日則始沒，弗婆
> 提洲(東勝身洲)日則初出，閻浮洲(南贍部洲)中正當半夜。
>
> 若弗婆提洲(東勝身洲)日正中時，欝單越洲(北俱盧洲)日則始沒，閻浮
> 洲(南贍部洲)中日則初出，瞿陀尼洲(西牛貨洲)正當半夜。
>
> 諸比丘！若閻浮洲(南贍部洲)人所謂西方，瞿陀尼(西牛貨洲)人以為
> 東方。
>
> 瞿陀尼(西牛貨洲)人所謂西方，欝單越(北俱盧洲)人以為東方。
>
> 欝單越(北俱盧洲)人所謂西方，弗婆提(東勝身洲)人以為東方。
>
> 弗婆提(東勝身洲)人所謂西方，閻浮洲(南贍部洲)人以為東方。
>
> 南北二方，亦復如是。[607]

這四洲的「類人」壽命也不盡相同，如《中陰經》上說：「閻浮提(南
贍部洲)眾生壽命百歲、東弗于逮(東勝身洲)壽命五百歲、西拘耶尼(西牛
貨洲)壽命二百五十歲、北欝單曰(北俱盧洲)壽命千歲。」[608]還有「身形」
大小也不同，如《阿毘達磨俱舍論》云：[609]

---

[607] 參《起世經》卷 10〈最勝品 12〉。詳 CBETA, T01, no. 24, p. 360, b。

[608] 參《中陰經》卷 1〈如來五弘誓入中陰教化品 1〉。詳 CBETA, T12, no. 385, p. 1059,
b。

[609] 參《阿毘達磨俱舍論》卷 11〈分別世品 3〉。詳 CBETA, T29, no. 1558, p. 61, a。

「贍部洲」人，身多長「三肘半」(大約172～207cm)，[610]於中少分，有長
「四肘」(大約237cm)。

「東勝身」人，身長「八肘」(大約392～474cm)。

「西牛貨」人，長「十六肘」(大約784～947cm)。

「北俱盧」人，「三十二肘」(大約1568～1894cm)。

在佛教經典《正法念處經・卷三十四》中記載著由「天帝釋」跟「諸
天眾」所介紹的十七種「中陰身」詳細內容，如云：

> 「天帝釋」說此偈已，告諸天眾……復次諸天子！有十七種「中陰有」
> 法，汝當係念行寂滅道。若天若人，念此道者，終不畏於「閻羅使
> 者」之所加害。何等十七「中陰有」耶？[611]

十七種「中陰身」內容，以圖表整理如下：

種類	內容重點
第一種	「南贍部洲」人命終時將生於「天界」的情形介紹
第二種	「南贍部洲」人命終生於「北俱盧洲」的情形介紹
第三種	「南贍部洲」人命終生於「西牛貨洲」的情形介紹
第四種	「南贍部洲」人命終生於「東勝身洲」的情形介紹
第五種	「北俱盧洲」人「下品」往生「天界」的情形介紹
第六種	「北俱盧洲」人「中品」往生「天界」的情形介紹

---

[610] 「肘」的原意是指「上下臂相接處可以彎曲的部位」。「肘」的長度若據北周（北朝）
時代之闍那崛多（523-600）譯的《佛本行集經》云：「二尺一肘」。詳 CBETA, T03,
no. 190, p. 710, a。亦即「一肘」等於「二尺」。若將「仍」與「肘」二個長度單位換
算成現代的「公分」（cm）制，則依「東晉」制：1 尺 ＝24.5 cm。故 2 尺 ＝49 cm
＝1 肘。若依「北朝」制：1 尺 ＝29.6 cm。故 2 尺 ＝59.2 cm ＝1 肘。

[611] 參《正法念處經》卷 34〈觀天品 6〉。詳 CBETA, T17, no. 721, p. 197, c。

第七種	「北俱盧洲」人「上品」往生「天界」的情形介紹
第八種	「北俱盧洲」人往生「天界」的情形介紹
第九種	「西牛貨洲」人往生「天界」的情形介紹
第十種	「東勝身洲」人往生「天界」的情形介紹
第十一種	「餓鬼道」眾生往生「天界」的情形介紹
第十二種	「畜生道」眾生往生「天界」的情形介紹
第十三種	「地獄道」眾生往生「天界」的情形介紹
第十四種	從「人界」往生至「人界」的情形
第十五種	從「下天界」往生至「上天界」的情形
第十六種	從「上天界」退生至「下天界」的情形
第十七種	「東勝身洲」人與「西牛貨洲」人互相往生情形

　　底下將以二個小節來研究「四大部洲」人在死亡之後與轉生之前的「中陰身」種種變化問題。

第二節 「四大部洲」互相轉生情形

　　《正法念處經》中說「四大部洲」人將會互相轉世投生，故本節將再以五個小節來分析這些問題，如：（一）「南贍部洲」人命終生於「北俱盧洲」的情形介紹。（二）「南贍部洲」人命終生於「西牛貨洲」的情形介紹。（三）「南贍部洲」人命終生於「東勝身洲」的情形介紹。（四）「南贍部洲」人命終生於「南贍部洲」的情形介紹。（五）「東勝身洲」人與「西牛貨洲」人互相往生情形。

1 「南贍部洲」人命終生於「北俱盧洲」的情形介紹

　　「南贍部洲」亦譯為「閻浮提」，即指人類現在所住的地球，因為釋迦牟尼佛就是在「地球」轉生出生的人。如《長阿含經》云：「佛告比丘：閻浮提人，有三事勝拘耶尼人。何等為三？一者、勇猛強記，能造業行。二者、勇猛強記，勤修梵行。三者、勇猛強記，佛出其土。」[612]而在《一切經音義》中也有詳述為何「南贍部洲」亦譯為「閻浮提」的原因，如下所云：

> 南贍部洲：時染反，去聲。梵語，此「大地」之總名也。古譯或名「贍浮」，或名「琰浮」，或名「閻浮提」皆梵語，訛轉也。正梵音云「瞻（弓強）謨」。《立世阿毘曇論》云：有「贍部樹」生此洲……水底南岸下有「贍部黃金」，古名「閻浮檀金樹」，因金而得名洲，因樹而立號故，名「贍部」，音如瞻　音。[613]

---

[612] 參《長阿含經》卷 20〈忉利天品 8〉。詳 CBETA, T01, no. 1, p. 135, b。

[613] 參《一切經音義》卷 1。詳 CBETA, T54, no. 2128, p. 314, c。

不過這個「瞻」字正確應該要唸作「善」的音，但為了順梵文 jambu 的發音，所以就被經常讀成了「瞻」的音。《正法念處經》上說地球人如果命終後將轉生到「北俱盧洲」時，首先會看到類似「紅色的毛料布」，此時亡者便心生歡喜而用手去抓，但在旁的親人是看不到這種「紅色的毛料布」的，於是就以為這個亡者為何兩隻手在抓摩著虛空呢？如果亡者是冬寒時死亡，就會感覺到有暖風吹來，如果是在夏熱時死亡，就會感覺到有涼風吹來，這些風會讓亡者感覺到非常的舒適暢快，此時亡者便處於這種「喜悅」中，因此就聽不到親人在旁哭啼的聲音。但如果亡者因業力的原因而無法一直處在「喜悅」中，耳朵就會聽到親人哭啼的聲音。如《正法念處經》中云：

> 若「閻浮提」(南瞻部洲)人，中命終生「欝單越」(北俱盧洲)，則見細軟「赤氈」可愛之色。見之愛樂，即生貪心，以手捉持，舉手攬之，如攬虛空。親族謂之「兩手摸空」。復有風吹：若此病人冬寒之時，暖風來吹，若暑熱時，涼風來吹，除其欝蒸，令心喜樂。以心緣故，不聞哀泣悲啼之聲。若其業動，其心亦動，聞其悲啼哭泣之聲，業風吹令生於異處⋯⋯
>
> 中間次第有「善相」出：見「青蓮花池」，「鵝、鴨、鴛鴦」充滿池中，周遍具足，其人見之，即走往趣。如是中間生於善心，命終即見「青蓮花池」，入中遊戲。若於「欝單越」(北俱盧洲)欲入母胎，從「花池」出，行於陸地，見於父母染欲和合。因於不淨，以顛倒見，見其「父身」乃是「雄鵝」，母為「雌鵝」。若男子生，自見其身作「雄鵝」身；若女人生，自見其身作「雌鵝」身。若男子生，於父生「礙」，於母「愛染」，生「欝單越」(北俱盧洲)。[614]

---

[614] 參《正法念處經》卷 34〈觀天品 6〉。詳 CBETA, T17, no. 721, p. 197, c。

　　在亡者斷氣後，他的中陰身就會看見「青蓮花池水」，有很多的鵝、鴨、鴛鴦等動物都在「青蓮花池水」中嬉戲。中陰身看到此景很著迷，於是就往「青蓮花池水」中走去，並進入池水中一起嬉戲玩樂。如果此人準備投生到「北俱盧洲」時，就會從「青蓮花池水」中離開走向陸地去，因此人的業力感召，接著會看見一對「雄鵝」與「雌鵝」交配的畫面，此時的中陰身如果想與「雄鵝」交配，就會對「雌鵝」產生強烈的「排斥心」、或「障礙仇恨心」，然後對「雄鵝」產生強烈的「歡喜心」、或「愛慾貪染心」；接著就投生為「北俱盧洲」人，性別為女。反之，如果中陰身想與「雌鵝」交配，就會對「雄鵝」產生強烈的「排斥心」、或「障礙仇恨心」，然後對「雌鵝」產生強烈的「歡喜心」、或「愛慾貪染心」；接著就投生為「北俱盧洲」人，性別為男。這種「異性相吸」的道理在其餘佛典也有很多例子，如《大般涅槃經》云：

> 父母「交會胖合」之時，隨業因緣向受生處，於母生「愛」，於父生「瞋」。「父精」(指父親的精子)出時謂是己有，見已心悅，而生歡喜。以是三種煩惱因緣，「中陰」滅壞，生後五陰，如印印泥，印壞文成。[615]

　　在《瑜伽師地論》中也有清楚的描敘這種狀況，云：「若當欲為女，彼即於父便起會貪。若當欲為男，彼即於母起貪亦爾，乃往逼趣」。[616]所以假若是要轉生為女胎，則此中陰身就會逼正在「交合」中的「女方」遠去，因為此女胎對「男方」(即未來自己的父親)生貪愛，要與「男方」(即未來自己的父親)交歡；假若要轉生為男胎，則此中陰身就會逼正在「交合」中的「男方」遠去，因為此男胎對「女方」(即未來自己的母親)生貪愛，要與「母方」(即未來自己的母親)交歡。

---

[615] 參《大般涅槃經》卷 29〈師子吼菩薩品 11〉。詳 CBETA, T12, no. 374, p. 535, c。
[616] 參《瑜伽師地論》卷 1。詳 CBETA, T30, no. 1579, p. 282, c。

2 「南贍部洲」人命終生於「西牛貨洲」的情形介紹

　　如果「南贍部洲」人在死亡後要轉生到「西牛貨洲」時，則亡者在臨終時會看見很多黃色或金色的屋宅，還會見到虛空中很多類似「黃色的毛料布」，此時亡者便心生歡喜而用手去抓，但在旁的親人是看不到這種「黃色的毛料布」的，於是就以為這個亡者為何兩隻手在抓摩著虛空呢？當亡者將臨終時，因為業力的原因，會見到自己竟然變成了一條牛，然後有很多的牛群及屋宅，接著會有「特牛」(公牛)與「母牛」交配的畫面產生。如《正法念處經》中云：

> 若「閻浮提」(南贍部洲)中死，生「瞿陀尼」(西牛貨洲)，則有相現。若臨終時，見有「屋宅」，盡作黃色，猶如金色，遍覆如雲。見虛空中有「黃氎」相，舉手攬之，親族兄弟說言：「病人兩手攬空」。是人爾時善有將盡，見身如牛，見諸牛群如夢所見。若男子受生，見其父母染愛和合而行不淨。自見人身，多有「宅舍」，見其父相猶如「特牛」，除去其父，與母和合。「瞿陀尼」(西牛貨洲)人，男子生者，有如是相。若女人生「瞿陀尼」(西牛貨洲)界，自見其身猶若「乳牛」，作如是念：「何故『特牛』與彼和合，不與我對？」如是念已，受女人身，是名「瞿陀尼」(西牛貨洲)國女人受生。[617]

　　此時的中陰身如果想與「公牛」交配，就會對「母牛」產生強烈的「排斥心」、或「障礙仇恨心」，然後對「公牛」產生強烈的「歡喜心」、或「愛慾貪染心」，此時的中陰身還會對「公牛」起念說：我應該要與這隻「公牛」交配嗎？難道此「公牛」不與我相交配嗎？中陰身生完這個念頭後，接著

---

[617] 參《正法念處經》卷 34〈觀天品 6〉。詳 CBETA, T17, no. 721, p. 198, a。

就投生為「西牛貨洲」人，性別為女。反之，如果中陰身想與「母牛」交配，就會對「公牛」產生強烈的「排斥心」、或「障礙仇恨心」，然後對「母牛」產生強烈的「歡喜心」、或「愛慾貪染心」；接著就投生為「西牛貨洲」人，性別為男。如在《阿毘達磨俱舍論》中也說明相同的道理，云：

> 彼由業力所起，眼根雖住遠方，能見生處「父母交會」而起倒心。若男緣母，起於「男欲」。若女緣父，起於「女欲」。翻此緣二俱起「瞋心」……謂愛或恚。彼由起此二種倒心。便謂己身與所愛合。[618]

也就是中陰身如果想跟女主角交歡的話，必須變成男性才可跟女主角交歡，但如果想跟男主角交歡的話，必須變成女性才可跟男主角交歡，這些境界與「南贍部洲」人死亡後要轉生到於「西牛貨洲」時「中陰身」的境界是一樣的。

3 「南贍部洲」人命終生於「東勝身洲」的情形介紹

經典上說「南贍部洲」人在死亡後要轉生到於「東勝身洲」時，則亡者在臨終時會看見很多類似「青色的毛料布」，到處都是青色的相狀，也會看見屋宅就像虛空般那麼多。此時亡者會怕被這些墮下來的「青色毛料布」壓到，於是亡者就用手去遮撥阻止它，但在旁的親人是看不到這種「情況」的，於是就說：大家看啊，亡者好像用手在遮撥阻止虛空呢？其實這是亡者要轉生到「東勝身洲」的情形。

當亡者將臨終時，因為業力的原因，會見到自己竟然變成了一條馬，接著會有「馱馬」(公馬)與「騲馬」(母馬)交配的畫面產生。如《正法念處經》

---

[618] 參《阿毘達磨俱舍論》卷9〈分別世品 3〉。詳 CBETA, T29, no. 1558, p. 46, c。

中云：

> 若「閻浮提」(南瞻部洲)人，命終生於「弗婆提」(東勝身洲)界，則有相
> 現。見「青氍」相，一切皆青遍覆虛空。見其屋宅悉如虛空，恐「青
> 氍」墮，以手遮之，親族兄弟說言「遮空」。命終生於「弗婆提」(東勝
> 身洲)國，見中陰身猶如「馬形」，自見其父猶如「馭馬」，母如「騲馬」，
> 父母交會愛染和合。若男子受生，作如是念：「我當與此草馬和合。」
> 若女人受生，自見己身如「騲馬」形，作如是念：「如是『父馬』何故
> 不與我共和合？」作是念已，即受女身。[619]

此時的中陰身如果想與「馭馬」(公馬)交配，就會對「騲馬」(母馬)產生
強烈的「排斥心」、或「障礙仇恨心」，然後對「馭馬」(公馬)產生強烈的「歡
喜心」、或「愛慾貪染心」，此時的中陰身還會對「馭馬」(公馬)起念說：難
道這隻「馭馬」(公馬)不與我相交配嗎？中陰身生完這個念頭後，接著就
投生為「東勝身洲」人，性別為女。

反之，如果中陰身想與「騲馬」(母馬)交配，就會對「馭馬」(公馬)產生
強烈的「排斥心」、或「障礙仇恨心」，然後對「騲馬」(母馬)產生強烈的「歡
喜心」、或「愛慾貪染心」。此時的中陰身還會對「騲馬」(母馬)起念說：我
應該是要與這隻「騲馬」(母馬)相交配的啊！中陰身生完這個念頭後，接
著就投生為「東勝身洲」人，性別為男。如《大寶積經》也以「愛」與「憎」
的方式來說明人類入胎的原理，經云：

> 難陀！云何「中有」得入母胎？……父母及子有相感業，方入母胎。
> 又彼「中有」欲入胎時，心即顛倒。

---

[619] 參《正法念處經》卷 34〈觀天品 6〉。詳 CBETA, T17, no. 721, p. 198, a。

　　若是「男者」，於母生「愛」，於父生「憎」。

　　若是「女者」，於父生「愛」，於母生「憎」。[620]

4 「南贍部洲」人命終生於「南贍部洲」的情形介紹

　　「南贍部洲」人死後如果仍轉生自己的「南贍部洲」時，則亡者在臨終時會看見像大山的石頭壓在自己的身上，此時亡者便心生念頭：這坐「大石山」怎會壓墮在我身上呢？於是便動去要去遮撥阻止它，但在旁的親人是看不到這種現象的，於是就以為這個亡者為何兩隻手在抓摩著虛空呢？接著亡者便會看見此「大石山」變成類似「白色的毛料布」，然後就想往上爬昇上去，結果才發現其實是「紅色的毛料布」。亡者會產生如此錯亂的原因乃是生前缺少「善業」的薰習，才會發生這樣迷亂的現象。如《正法念處經》中云：

> 若人中死，還生人中，有何等相？云何悕望？其人死時，若生人中，則有相現，云何悕望？若生人中，於臨終時，見如是相。見大石山猶如影相在其身上，爾時其人作如是念：「此山或當墮我身上。」是故動手欲遮此山，兄弟親里見之，謂為觸於虛空。既見此已，又見此山猶如「白㲲」，即昇此㲲，乃見「赤㲲」，次第臨終，復見光明，以少習故，臨終迷亂，見一切色如夢所見。以心迷故，見其父母愛欲和合，見之生念而起顛倒。若男子生，自見其身與母交會，謂父「妨礙」；若女人生，自見其身與父交會，謂母「妨礙」。[621]

　　接著亡者的中陰身因為業力的原因，就會看見一對「男人」(未來的父

---

[620] 參《大寶積經》卷56。詳 CBETA, T11, no. 310, p. 328, b。

[621] 參《正法念處經》卷34〈觀天品 6〉。詳 CBETA, T17, no. 721, p. 200, c。

親)與「女人」(未來的母親)交歡的畫面，此時的中陰身如果想與「男人」(未來的父親)交歡，就會對「女人」(未來的母親)產生強烈的「排斥心」、或「障礙仇恨心」，然後對「男人」(未來的父親)產生強烈的「歡喜心」、或「愛慾貪染心」；接著就投生為人，性別為女。反之，如果中陰身想與「女人」(未來的母親)交歡，就會對「男人」(未來的父親)產生強烈的「排斥心」、或「障礙仇恨心」，然後對「女人」(未來的母親)產生強烈的「歡喜心」、或「愛慾貪染心」；接著就投生為人，性別為男。同樣的道理在《阿毘達磨大毘婆沙論》中也有詳細的描敘，如云：

> 若「男中有」將入胎時，於母起愛，於父起恚，作如是念：若彼丈夫離此處者，我當與此女人交會。作是念已，顛倒想生。見彼丈夫遠離此處，尋自見與女人和合……若「女中有」將入胎時，於父起愛，於母起恚，作如是念：若彼女人離此處者，我當與此丈夫交會。作是念已，顛倒想生。見彼女人遠離此處，尋自見與丈夫和合……以迷悶故，「中有」麤重，既麤重已，便入母胎。[622]

這也是人類入胎變男或變女的主要原因。

5 「東勝身洲」人與「西牛貨洲」人互相往生情形

這節探討「東勝身洲」人與「西牛貨洲」人互相轉生的情形，經典上說這二洲人於臨命終時會看見一個「大黑窟洞」，在洞中會有類似「幡狀」的紅色或白色電光相，亡者看見這種現象就會用手去捕捉摘攬，在亡者進入「大黑窟洞」時，就會準備投生了。如果要轉生到「西牛貨洲」，

---

[622] 參《阿毘達磨大毘婆沙論》卷 70。詳 CBETA, T27, no. 1545, p. 363, b。

會看見二牛在交配的畫面；如果要轉生到「東勝身洲」，會看見二馬在交配的畫面。其餘的過程如前文資料所敘，若對公的生出「愛慾貪染心」，就會轉成女；若對母的生出「愛慾貪染心」，就會轉成男。如《正法念處經》中云：

> 若「弗婆提」(東勝身洲)人，生「瞿陀尼」(西牛貨洲)有何等相？「瞿陀尼」(西牛貨洲)人，生「弗婆提」(東勝身洲)復有何相？諸天子！如是二天下人彼此互生，皆以一相。臨命終時，見「黑闇窟」，於此窟中有「赤電光」，下垂如幡，或赤、或白。其人見之，以手攬捉，是人爾時「現陰」即滅，以手接「幡」，次第緣「幡」，入此窟中，受「中陰身」。近於「生陰」，見受生法，亦如前說。或見「二牛」，或見「二馬」愛染交會，即生欲心，既生欲心，即受「生陰」。[623]

上面是「四大部洲」互相轉投生的中陰身境界，這當中都有一個特色，就是會看見「未來的父母親」交歡畫面，然後自己起心動念，想要與其中一位交歡而生起「愛慾貪染心」，而對另一位則生起「障礙仇恨心」，如《阿毘達磨藏顯宗論》所云：「若當為男，於母起愛，於父起恚。女則相違。由是因緣男女生已……謂愛或恚，彼由起此二種倒心，便謂己身與所愛合」。[624]底下將這「四大部洲」互相轉投生的中陰身境界作一圖表整理，如下：

---

[623] 參《正法念處經》卷 34〈觀天品 6〉。詳 CBETA, T17, no. 721, p. 201, a。
[624] 參《阿毘達磨藏顯宗論》卷 13〈辯緣起品 4〉。詳 CBETA, T29, no. 1563, p. 838, b。

轉生處所	中陰身會看到的境界	中陰身會看到公與母，或男與女交合
轉生到「北俱盧洲」 (臉大多爲「方正」型。 壽 1000)	看見紅色的毛料 (《正法念處經》所說的第二種中陰身)	雄鵝[公鵝]與雌鵝[母鵝]交合的畫面
轉生到「西牛貨洲」 (臉大多爲「半月」型。 壽 500)	看見黃色的毛料 (《正法念處經》所說的第三種中陰身)	特牛[公牛]與乳牛[母牛]交合的畫面
轉生到「東勝身洲」 (臉大多爲「滿月」型。 壽 250)	看見青色的毛料 (《正法念處經》所說的第四種中陰身)	駁馬[雄馬]與驊馬[母馬]交合的畫面
「閻浮提」(南贍部洲)人轉生到「閻浮提」人 (臉大多爲「上廣下狹」型。 壽約 100)	看見大如「山石」的白色毛料，但爬昇上去後就變成紅色毛料 (《正法念處經》所說的第十四種中陰身)	男人與女人交合的畫面

第三節　「四大部洲」轉生到天界情形

　　《正法念處經》中說「四大部洲」人也會轉生到天界，故本節將再以三個小節來分析這些問題，如：(一)「南贍部洲」人命終時將生於天界的情形介紹。(二)「北俱盧洲」人「三品」往生天界的情形介紹。(三)「西牛貨洲」與「東勝身洲」人往生天界的情形介紹。

1 「南贍部洲」人命終時將生於天界的情形介紹

　　「南贍部洲」人如果生前有作很多善行而發願到天界去，則此人臨終時的中陰身形狀會類似「明亮白色的毛料」，非常的細軟白淨，亡者看見自己如此殊勝的中陰身時，心中將充滿歡喜。在《菩薩地持經》中也有說明作善眾生的中陰身是「白淨的明月光」狀，或如波羅㮈國所產的「白色毛料」狀。如經云：

> 眾生臨死，名為死時……「白淨」有二種，如是像類，乘「中陰」生，如「明月光、波羅㮈衣」，故名好色。[625]

　　在《大般涅槃經》上也有同樣的說明，如經云：「純善眾生所受中陰，如波羅奈所出白氎。」[626]接下來中陰身就會看見「花園果樹」及「蓮花池水」，有河有樹林，都非常的可愛，然後會聽到很多的歌舞戲笑聲，也會聞到特別的香味。此時如果亡者的親人在旁哭啼，但此中陰身會對這個現象「不聞不見，心亦不念」，不會有任何貪執的心生起。如《正法念處經》中云：

---

[625] 參《菩薩地持經》卷 10〈建立品 5〉。詳 CBETA, T30, no. 1581, p. 957, a。
[626] 參《大般涅槃經》卷 34〈迦葉菩薩品 12〉。詳 CBETA, T12, no. 374, p. 566, c。

若人中死，生於天上，則見樂相。見「中陰有」，猶如「白氎」，垂垂
欲墮，細軟白淨，見已歡喜，顏色怡悅。臨命終時，復見「園林」，
甚可愛樂，「蓮花池水」亦皆可愛，河亦可愛，林亦可愛，次第聞諸
歌舞戲笑，次聞諸香，一切愛樂，無量種物和合細觸。如是次第，
即生天上，以善業故，現得天樂。得此樂已，含笑怡悅，顏色清淨，
親族兄弟悲啼號泣，以善相故不聞不見，心亦不念。

以善業故，臨命終時，於中陰有，大樂成就。初生樂處，天身相似，
天眾相似……即受天身。[627]

此時中陰身即可轉生到天界，身形將與天人相似。在《大智度論》
[628]及《賢愚經》[629]中皆分別記載了這二天的壽命與相當人間的歲數。如
下表所示：

---

[627] 參《正法念處經》卷 34〈觀天品 6〉。詳 CBETA, T17, no. 721, p. 197, c。

[628] 參《大智度論》卷 35〈報應品 2〉云：「四天王壽五百歲；人間五十歲，為四天王
處一日一夜；亦三十日為一月，十二月為一歲；以此歲壽五百歲，為人間九百萬歲。」
詳 CBETA, T25, no. 1509, p. 315, b。

[629] 參《賢愚經》卷 12〈二鸚鵡聞四諦品 51〉云：「此閻浮提五十歲，為四王天上一
日一夜，彼亦三十日為一月，十二月為一歲，彼四王天壽五百歲。」阿難問佛：「於
彼命終，當生何處？」佛告阿難：「當生第二忉利天上。此閻浮提百歲，為忉利天
上一日一夜，亦三十日為一月，十二月為一歲，彼忉利天壽千歲。」詳 CBETA, T04,
no. 202, p. 436, c27-p. 437, a。

天界	1天1夜相當於人間的天數	總壽命	總壽命相當於人間壽命
四天王天	人間五十歲 出自《大智度論·卷三十五》 出自《賢愚經·卷第十二》	總壽五百歲。 出自《大智度論·卷三十五》 出自《賢愚經·卷第十二》	九百萬歲 出自《大智度論·卷三十五》 出自《賢愚經·卷第十二》
忉利天 （共三十三天，帝釋天爲其總天主）	人間百歲 出自《佛說齋經》 出自《賢愚經·卷第十二》	總壽一千歲 出自《佛說齋經》 出自《賢愚經·卷第十二》	三千六百萬歲。 出自《佛說齋經》 出自《賢愚經·卷第十二》

2「北俱盧洲」人「三品」往生天界的情形介紹

「北俱盧洲」人如果要轉生到天界，情形比較特殊，因為「北俱盧洲」人有分成「上中下」三品人種。

如果是「下品」人要轉到天界的話，亡者臨終時會看見很多的「蓮花樹」，有青、黃、赤、白四種「蓮花樹」，也會聞到很多「第一上妙」的香味。此時中陰身對青、黃、赤、白的「蓮花樹」便生出貪心，想要攀昇到這些樹上，等到他攀昇上去時，其實是登上了「須彌寶山」，然後就見到了天國世界。如《正法念處經》中云：

若「欝單越」(北俱盧洲)人，臨命終時……臨命終時，以手攬空，如一夢心，夢中所見種種好花，見之歡喜，又聞第一上妙之香，第一妙

色皆悉具足第一莊嚴青黃赤白，第一香氣在其手中。是人見花，生於貪心，作如是念：「今見此樹，我當昇之。」作是念已，臨終生於「中陰有」中，見「蓮花樹」，青、黃、赤、白，有無量種。復作是念：「我當昇樹。」作是念已，即上大樹，乃是昇於「須彌寶山」。昇此山已，見天世界花果莊嚴，作如是念：「我當遊行如是之處，我今至此，花果之林處處具足。」是名「欝單越」(北俱盧洲) 人「下品」受生。[630]

中陰身到了天國世界後，並生念說：我應該好好遊行這些地方，在花果樹林園間遊戲，其實這是「下品」的「北俱盧洲」人轉生到天界的情形。

如果是「中品」人要轉到天界的話，亡者臨終時會看見很多的「蓮花池水」及諸山峰，非常可愛，令人喜悅，也會聞到很多「第一上妙」的香味。此時中陰身對「蓮花池」及山峰便生出貪心，想要作進一步的攀昇，等到他攀昇上去時，其實就見到了天國世界。如《正法念處經》中云：

若「欝單越」(北俱盧洲) 人，以中業故，臨命終時欲生天上，則有相現。臨命終時，見「蓮花池」甚可愛樂，眾峯莊嚴，一切皆香。昇此蓮花，昇已須臾，乘空而飛，猶如夢中。生於天上見妙蓮花，可愛勝妙最為第一，作如是念：「我今當至勝蓮花池，攝此蓮花。」是名「欝單越」(北俱盧洲) 人「中品」受生。[631]

中陰身到了天國世界後，並生念說：我應該好好到這些「蓮花池水」來執取蓮華，其實這是「中品」的「北俱盧洲」人轉生到天界的情形。

---

[630] 參《正法念處經》卷 34〈觀天品 6〉。詳 CBETA, T17, no. 721, p. 198, b。
[631] 參《正法念處經》卷 34〈觀天品 6〉。詳 CBETA, T17, no. 721, p. 198, b。

　　如果是「上品」人要轉到天界的話，可轉生到忉利「三十三天」去，[632]此亡者臨終時會看見很多的「殊勝微妙」的宮殿及講堂，於是中陰身就生出貪心，想要作進一步的攀昇，等到他攀昇上去時，其實就見到了天國世界。如《正法念處經》中云：

> 從「欝單越」(北俱盧洲)臨命終時，見「勝妙堂」，莊嚴殊妙，其人爾時即昇勝殿。實非昇殿，乃昇虛空，至天世界。見其宮殿，心念即往，生此殿中以為天子。是名「欝單越」(北俱盧洲)人，命終之後，生於天上，受「上品」生。[633]

　　中陰身到了天國世界後，並生念說：我應該好好住在這些宮殿中，於是就成為「天人之子」了，以上就是「上品」的「北俱盧洲」人轉生到天界的情形。

　　《正法念處經》還進一步說明「北俱盧洲」人轉生到天界的情形，例如在亡者臨終時會看見自己在「花園樹林」中遊行與娛樂，內心非常的清淨，接著中陰身會看見很多「殊勝微妙」的天宮殿，並生念說：我應該好好的到這些「天宮殿」中去遊戲娛樂，此時中陰身對「天宮殿」便生出貪心，想要作進一步的攀昇，等到他攀昇上去時，就見到了天國世界，有許多的「天人大眾」都在虛空中遊行娛樂，也有「天人」在行走，或者住在山峰間。如《正法念處經》中云：

---

[632] 「忉利天」四方各有八個大城，加中央有一城，合為「三十三天城」，如：住善法堂天、住峯天、住山頂天、善見城天、鉢私地天、住俱吒天、雜殿天、住歡喜園天、光明天、波利耶多樹園天、險岸天、住雜險岸天、住摩尼藏天、旋行地天、金殿天、鬘影處天、住柔軟地天、雜莊嚴天、如意地天、微細行天、歌音喜樂天、威德輪天、月行天、閻摩娑羅天、速行天、影照天、名智慧行天、眾分天、住輪天、上行天、威德顏天、威德焰輪天、清淨天。參《正法念處經》卷25〈觀天品 6〉。詳 CBETA, T17, no. 721, p. 143, b。

[633] 參《正法念處經》卷34〈觀天品 6〉。詳 CBETA, T17, no. 721, p. 198, c。

若「欝單越」(北俱盧洲) 人，臨命終時，則有相現。諸天子！其人見於「園林」行列，遊戲之處，香潔可愛，聞之悅樂，不多苦惱。無苦惱故，其心不濁，以清淨心捨其壽命，受「中陰身」。見天宮殿，作如是念：「我當昇此宮殿遊戲。」作是念已，即昇宮殿，見諸天眾遊空而行，或走或住山峯之中，或身相觸，處處遊戲……

三十三天勝妙可愛，一切五欲皆悉具足，作如是念：「我今當至如是之處。」作是念已，即生天上……如是一切「欝單越」(北俱盧洲) 人，生此天已，餘業意生，樂於「欲樂」，貪「五欲境」，歌舞遊戲，受愛欲樂，憙遊「山峯」，多受欲樂，愛一切欲。何以故？由前習故，愛習增長。[634]

中陰身見到天界的「五欲」與人間一樣，且更圓滿具足，內心生念說：我應當到此天界的。作是念後，即生於天界。到天界後，即貪於「五欲樂境」，並與天人及諸天女們共同歌舞遊戲，或到山峰遊樂，執愛天上的一切樂境。這些都是此人「前生」的習性業力造成，因此到了天上就繼續的遊戲與薰習「五欲之樂」。

3 「西牛貨洲」與「東勝身洲」人往生天界的情形介紹

《正法念處經》上還介紹「西牛貨洲」與「東勝身洲」這二洲往生到天界的情形，首先說「西牛貨洲」人於臨命終時，因生前種種善業，所以能有「善相」出現，例如「氣不咽濁、脈不斷壞、諸根清淨」等相。接著中陰身會見到一個像「琉璃」(vaiḍūrya)[635]般的「大池水」，於是便跳入「大

---

[634] 參《正法念處經》卷 34〈觀天品 6〉。詳 CBETA, T17, no. 721, p. 198, c。

[635] 意譯為「青色寶、遠山寶、不遠山寶」。又譯音作「流璃、琉璃、吠努璃野、吠琉璃耶、鞞稠利夜、吠瑠璃、毘琉璃、莐琉璃、毘頭梨、鞞頭梨」。此為「貓眼石」

池水」中游泳，「大池水」不冷也不熱，非常盛大浩瀚，中陰身在度過「大池水」後就到達「彼岸」，接下來就會見到非常美麗端正第一的天女，表演著種種華麗的歌舞戲樂等節目。中陰身因為為前生愛好美女及歌舞戲樂的「習性」原因，此時就生起「欲心」而想往前抱住此美女，就在此時便轉生天界成功了。「西牛貨洲」人也分成「上中下」三品，但他們轉生到天界的方式、所見的境界等，都是完全相同的。如《正法念處經》中云：

> 若「瞿陀尼」(西牛貨洲)人，命終生天……臨命終時，則有相生。現報將盡，或「中陰有」，則有相生，動亂如夢。諸天子！「瞿陀尼」(西牛貨洲)人，臨命終時，以善業故，垂捨命時，氣不咽濁，脈不斷壞，諸根清淨。于時次第見「大池水」如毘琉璃，入池欲渡，其水調適不冷不熱，洋洋而流浮至彼岸，如是如是近受生處。既至彼岸，見諸「天女」第一端正，種種莊嚴，戲笑歌舞。其人見已，欲心親近，前抱女人，即時生天，受天快樂。[636]

　　底下再介紹「東勝身洲」人於臨命終時，因生前種種善業，所以能有「善相」出現，例如見到自己的善業果報，或其是其它的善業果報，或見到華麗的「殿堂」及殊勝的「幢幡」等相，中陰身非常的歡喜，就在「殿堂」內遊戲玩樂。接著中陰身會看見有很多的「天人婇女、丈夫」在「殿堂外面」歌舞娛樂的畫面，於是中陰身自己就生起念頭：我應該要離開這個「殿堂」，然後去跟「婇女、丈夫」一起玩樂遊戲才對。生完念頭後，中陰身就離開這個「殿堂」去與大眾一同遊戲，就在此時便轉生到天界去了。如《正法念處經》中云：

之一種。種類有青、白、赤、黑、綠等各種顏色。其最大特色乃是具有「同化」之性質，亦即任何接近琉璃之物，皆被琉璃之色所同化。

[636] 參《正法念處經》卷 34〈觀天品 6〉。詳 CBETA, T17, no. 721, p. 198, c。

若「弗婆提」(東勝身洲)人，臨命終時，見於死相。見自業相，或見他業，或見「殿堂」，殊勝幢幡，欄楯莊嚴，於「中陰有」，心生歡喜，周遍遊戲，欲近受生。於殿堂外，見業相似，見眾「婇女」與諸「丈夫」，歌頌娛樂，第一莊嚴，歌舞戲笑。於「中陰有」作如是念：「我當出殿見諸婇女及諸丈夫，共其遊戲歌舞戲笑。何以故？以諸婇女，與諸丈夫，第一遊戲，歌舞戲笑。」念已即出，入遊戲眾。爾時其人自知我入，猶如睡覺，即生天上。[637]

小結

《正法念處經》中的這十七種中陰身是由「天帝釋」告訴天人眾的內容，這些內容是非常微細的，並非一般外道及世間法所能深入了知的，尤其是「四大部洲」有關「中陰身」轉生的重點，如經云：「四天下『中陰有』也，如是光明『中陰有』生，我微細知，餘不能了。諸餘外道莫能知者，雖世間法，無人能見。」[638]從本文的研究也可得出中陰身對於「男歡女愛」的執著，的確會造成三界六道的輪迴，並產生主要的影響力。

　　至於為何諸佛菩薩皆不轉生到其餘「東勝身洲、西牛貨洲、北俱盧洲」三洲，而只轉生到「南贍部洲」呢？這在《施設論》中有詳細的說明，如云：

又問：何因菩薩不生「西瞿陀尼洲」？

答：「西瞿陀尼洲」人，軟品根性，所行愚鈍，朴質種類，不與菩薩相似同等。菩薩大士大威德者，勤修善法，長養成熟，現前勝妙果報克成。是故菩薩，決定於其「大國」中生。設有「利根清淨」眾生(於「西

---

[637] 參《正法念處經》卷 34〈觀天品 6〉。詳 CBETA, T17, no. 721, p. 199, a。

[638] 參《正法念處經》卷 34〈觀天品 6〉。詳 CBETA, T17, no. 721, p. 199, a。

瞿陀尼洲」中)，值遇菩薩大威德者，然亦不能發起「最上無漏善法」，所謂「無上正等菩提、緣覺菩提、聲聞菩提、到彼岸法」，及餘「最上無漏善根」。

問：何因菩薩不生「東勝身洲」？

答：如「西瞿陀尼洲」，其事廣說。

　　又問：何因菩薩不生「北俱盧洲」？

答：「北俱盧洲」人，軟品根性，所行「愚鈍」，朴質種類，隨作艱辛，不與菩薩相似同等。菩薩大士大威德者，於長時中，勤修諸善，長養成熟，現前勝妙果報克成。是故菩薩，決定於其「大國」中生。設有「利根清淨」眾生(於「北俱盧洲」中)，值遇菩薩大威德者，然亦不能於一切處發起「最上無漏善根」。

　　也就是假使諸佛菩薩轉生到這三洲去時，就算這三洲中有「利根的眾生」，他們遇到了佛菩薩後，仍然無法發起「最上無漏」的善法啊。所以釋迦牟尼佛只選擇到「南贍部洲」來轉生，這在前面所引的《長阿含經》已說過了。[639]

　　在佛教經典中有記載中陰身的法義非常多，其中以「論」為多，而《正法念處經》的十七種中陰身正是一個非常令人驚喜的經文，詳細說明各種不同眾生所見的中陰身境界，祈待這篇文章能令佛教徒更深入理解「四大部洲」的中陰身義理，並對自己應如何修行才能了脫三界輪迴，本論文提供了更多的智慧法義。

---

[639] 如《長阿含經》卷20〈忉利天品 8〉云：「佛告比丘：閻浮提人，有三事勝拘耶尼人。何等為三？一者、勇猛強記，能造業行。二者、勇猛強記，勤修梵行。三者、勇猛強記，佛出其土。」詳 CBETA, T01, no. 1, p. 135, b。

結 論

　　本書第一章探討了「亡靈的超薦與超度」問題，佛典中的「超度」字詞大都指向「解脫生死輪流」的「到彼岸」，所以對於能「資助亡靈」的任何「佛事或功德」應該用「超薦」二字才較為正確的。從《雜阿含經》開始，到《優婆塞戒經》、《法苑珠林》、《撰集百緣經》、《阿毘曇毘婆沙論》……等都沒有提到能將「餓鬼」眾生「超度」到「了脫生死、解脫三界輪迴」的目的，只能停留在「食物薦饗、布施功德迴向」與令他生起「歡喜心」的結果，或者「送」他生「天」。但在晚譯出的大乘經典與密咒就說連「地獄、畜生」道都能接受世人的「福德超薦」與「功德迴向」之說，可見佛法是「諸佛不思議，誰能思議佛」？[640]及《大哀經》云：「如來知其往古過去，眾生之心，不可思議，不可稱量」。[641]

　　第二章討論「佛教的『三魂七魄』說，這是個大膽與全新的內容，因為佛典本來就不存在有明確的「三魂七魄」之說，只能說有「類似」的觀點而已，經過整理後發現佛典中出現頻率最多的字詞是「魂神」，大約有30次，而且都是指向「中陰身」的意思有26次，其次是「魂靈」14次，再來就是「魂魄」6次。「三魂」的解釋與佛理比較接近的就是「靈魂(主魂)、覺魂、生魂」，[642]有趣的是，明末四大師之一的紫柏大師與憨山大師對「三魂七魄」都有研究的心得。東漢的嚴佛調(大約生於西元 117~197 年)有撰寫過「夢授經」的《佛說地藏菩薩發心因緣十王經》，裡面便將「三魂」學說

---

[640] 參《大方廣佛華嚴經》卷 23〈24 兜率宮中偈讚品〉。詳 CBETA, T10, no. 279, p. 123, c。

[641] 參《大哀經》卷 5〈17 知眾生本行品〉。詳 CBETA, T13, no. 398, p. 431, b。

[642] 有關「生魂、覺魂、靈魂」三名詞說法，筆者乃參閱了王志宇撰〈台灣民間信仰的鬼神觀—以聖賢堂系列鸞書為中心的探討〉一文。詳《逢甲人文社會學報》第 7 期，2003 年 11 月。頁 117-140 頁。或參考不著撰人《大道心德》，台中：明正堂，1980 年，頁 65-66。

推回「阿賴耶識」為原始起點，如云：「於阿賴耶識開為三魂，心性、心相，如水中波不二。」[643]意即「阿賴耶識」是為「心性」；而「三魂」是為「心相」，就像「水」(喻阿賴耶識)與「波」(喻三魂)兩者「非一非異、不即不離」的道理。《佛說地藏菩薩發心因緣十王經》再把每一個「七魄」的「魄」都加上了「神識」二個字，最後以「七轉識」三個字來稱呼這七個「魄神識」，也就是把「雀陰魄、天賊魄、非毒魄、尸垢魄、臭肺魄、除穢魄、伏尸魄」當作「七轉識」的另一個「代名詞」稱呼它，其實還是指「眼、耳、鼻、舌、身、意、末那」這七個識，只是都加上「神識」兩個字而已。

收魂與療治鬼神病的方式是隨地方習俗而不同，有千百種病療方式，在佛教中並沒有「收驚」這個名詞，但余安邦在〈台灣漢人的人觀、疾病觀與民俗療法：以收驚為例〉一文中提到「走失的魂魄，可由宗教人員，藉由『神佛』之力，令『鬼怪』放行。」[644]所以佛教都是以治療鬼病的方式去代替民間宗教的「收驚」模式，本書舉了「(1)取白芥子加持咒語，再將之擲火中燒，或打鬼病者之身、(2)作印誦咒、(3)吞食含「硃砂」成份的符印、(4)以泥作「夜叉」形狀，然後對「泥形狀者」誦咒、(5)咒語加持「五色線」，然後繫於鬼病者身之脖子或手臂、(6)用「袈裟角」打鬼病者之身、(7)用「安息香」去薰鬼病者之身、(8)以「桃木、柳枝、雷擊木」去打鬼病者之身、(9)以「手印、誦咒」方式打鬼病者之身、(10)面作瞋色，急急大聲誦咒」等共有十種方式。

第三章探討「鬼神的存在與附身問題」，清‧徐大椿在《醫學源流論‧病有鬼神論》中提到愚笨的人會以為鬼神真的能害人或永遠會災禍於人；而過度聰明的人又以為「絕無鬼神」的存在，也沒有鬼神會害人的事。其

---

[643] 參《佛說地藏菩薩發心因緣十王經》卷 1。詳 CBETA, X01, no. 20, p. 404, a。

[644] 參余安邦〈台灣漢人的人觀、疾病觀與民俗療法：以收驚為例〉，(「醫療與文化學術研討會」，2002 年 10 月)，頁 16-17。

實這兩者人都是偏於一邊的極端型者，並非有真智慧。如徐大椿云：「凡疾病有為鬼神所憑者。其愚魯者，以為鬼神實能禍人；其明理者，以為病情如此，必無鬼神。二者皆非也。」[645]徐大椿對於「鬼神病」都是抱持著「折衷」的態度，因為他不否認「鬼神的存在」，也不誇大自己「治病的全能」，如云：「夫鬼神，猶風、寒、暑、溼之邪耳。衛氣虛，則受寒；營氣虛，則受熱；神氣虛，則受鬼。蓋人之神屬陽，陽衰，則鬼憑之。」[646]及云：「其外更有觸犯鬼神之病，則祈禱可愈。至於冤譴之鬼，則有數端。有自作之孽，深仇不可解者；有祖宗貽累者；有過誤害人者。」[647]

　　徐大椿在書中把「鬼神病」分為總共三類：一、若純粹只是因「神氣虛」所導致類似鬼病症狀，那麼只要「充其神」即可。二、若是由於「觸犯鬼神」所導致的鬼病，則需藉由「祈禱」等儀式來處理。三、一旦涉及「冤譴之鬼」的恩怨情仇、複雜的因果報應等事，那麼「此則非藥石、祈禱所能免矣」，[648]這已經超出醫學上的能力範圍了。

　　另一位是清的沈金鰲(1717～1767)，在他所著的《雜病源流犀燭》一書中，他認為造成「邪祟」鬼病發生的原因可分成「內、外」兩類：一者是指人在身體極度虛弱、神志恍惚時，乃至會發生「妄言妄見、顛倒是非」的症狀，這與「外力鬼神」無必然的關係，如云：「元苟精充足，陽

---

[645] 參清‧徐大椿《醫學源流論》，詳於《徐靈胎醫書全集》，台北：五洲出版社，1998年，卷1，〈病有鬼神論〉，頁71。

[646] 參清‧徐大椿《醫學源流論》，詳於《徐靈胎醫書全集》，台北：五洲出版社，1998年，卷1，〈病有鬼神論〉，頁71。

[647] 參清‧徐大椿《醫學源流論》，詳於《徐靈胎醫書全集》，台北：五洲出版社，1998年，卷1，〈病有鬼神論〉，頁72。

[648] 參清‧徐大椿《醫學源流論》，詳於《徐靈胎醫書全集》，台北：五洲出版社，1998年，卷1，〈病有鬼神論〉，頁72。

氣壯盛，亦未見邪祟之能為禍也。」[649]明・徐春甫(1520~1596)《古今醫統大全》一書中的看法也相同，如云：「凡山谷幽陰處所，或有魍魎魑魅、狐精狸怪，及人間多年雞犬，亦間有成妖，縱使迷人，則不過近於氣血虛而正氣弱者。」[650]

　　《雜病源流犀燭》認為另一種病症則主要是來自於「外在的邪祟」所干擾造成，也就是「邪祟」能干擾或侵害一個人，除了佛教常說的「業力、共業、因果」問題外，其實身心「較虛弱的人」會遭到襲擊的機率都是最大的。所以有智慧的世人或醫者對「邪祟」鬼病都是採「咒語」與「服藥」雙管其下的治療方式，如此才能發揮「藥到病除」的功效，例如明・徐春甫(1520~1596)云：

> 治「邪祟病」，雖「禁咒」以釋其疑，「服藥」必詳虛實、痰火、輕重，調治則「內、外」合一，其病速癒。
> 若只務「巫」而不用「藥」，其病不能去，必無可癒之理。
> 若只「服藥」而不用「巫」以釋其疑，雖癒效遲。
> 是故「內、外」兼治，斯速效矣，此「祝由」[651]之所由設也。[652]

　　明・李中梓(1588~1655)亦持類似觀點，他認為補身體的「補虛安神」

[649] 參清・沈金鰲《雜病源流犀燭》，此書收入《沈氏尊生書》，卷 20，〈內傷外感門・邪祟病源流〉，台北：自由出版社，1988，頁 492-493。

[650] 參明・徐春甫《古今醫統大全》，卷 49，〈邪祟敘論〉，北京：人民衛生出版社，1991/1996，頁 1415。

[651] 「祝由」也稱「祝由術、祝由科、咒禁科、書禁科、祝由十三科、中醫十三科、天醫」等，這是在《黃帝內經》成書之前，上古真人所創，即用「符咒治病」方術的一種稱呼詞。如《黃帝內經素問・移經變氣論》云：「毒藥不能治其內，鍼石不能治其外，故可移精『祝由』而已」。參郭藹春《黃帝內經素問校注語譯》，天津科學技術出版社，1981 年，頁 79。

[652] 參明・徐春甫《古今醫統大全》，北京：人民衛生出版社，1991 年/1996 年，卷 49，〈邪祟敘論〉，頁 1418。

是最主要的治療方式，而「祛邪逐祟」則是輔佐的治療法，如云：

> 凡遇此症，但以「補虛安神」為主，「祛邪逐祟」為佐。
>
> 有痰者，逐之、消之；
>
> 有積者，下之、攻之。
>
> 用「禁咒、灸法」以治其外，用「正言激論」以醒其心，為有不瘳ᵛ (病癒) 者也。[653]

　　李中梓還將「持禁咒、針灸法」歸於是治身之「外」的方式，還有一個重要的「正能量」那就是要有「正言激論」來醒悟病人的心。這段話顯示「巫術」與「藥物」在「邪祟」鬼病療程中的互補作用，同時也展現出傳統中醫的「身心一體、內外合一」的觀點。

　　現在一般的傳統社會常見的求醫態度是：病人對於任何的醫療或藥物或大醫院都無效的情況下，就會轉往「佛、道、巫、神」去治療。有時候情況剛好相反，病人一開始只願意採「民間」方式療程，或藉助「佛、道、巫、神」力量去治療，等到都無效時，才會轉往正式的治療，但這樣往往都會「錯失」治病的最佳「黃金期」。本書中也舉過清代名醫徐錦就曾以「灸鬼哭穴」來醫治一位有鬼病的人，在他的《奇病錄》云：「**此非『藥石』能為，又非『符水』可治。方書有『鬼哭穴』，[654]何不灸之！因此著艾指間，三壯未畢，狂哭曰：『吾去矣！』自此杳然不來。**[655]從這段行醫

---

[653] 參明・李中梓《刪補頤生微論》，北京：中國中醫藥出版社，1998 年，卷 17，〈邪祟論〉，頁 119。

[654] 「鬼哭穴」有時也被稱為「秦承祖灸鬼法」。其方法是：「以患人兩手大指相併、縛定，用『艾』柱于兩甲角，及甲后肉四處『騎縫』，著火，灸之」，等到鬼病者(其實是附身的鬼魅)自己哀求說「我自去！我自己會離去」，病就會好了。參明・李梴《醫學入門》，卷 1，〈治病奇穴〉，頁 280-281。或參明・楊繼洲(1522~1620)《針灸大成》(1601)，卷 9，〈捷要灸法〉，頁 362-363。

[655] 參清・徐錦《奇病錄》，此書引自單書健、陳子華、石志超編著《古今名醫臨證金

經驗也告訴我們有時不是「某種宗教」儀式就可以解決鬼病，而是「因緣未成熟、因緣未具足」，所以還沒有找到「正確治療」的方法而已。

　　本書「第四章」主要是詳細研究《正法念處經》中提到有關四大部洲之「中陰身」的問題。這些內容是非常微細的，並非一般外道及世間法所能深入了知的，從本文的研究也可得出中陰身對於「男歡女愛」的執著，的確會造成三界六道的輪迴，並產生主要的影響力。

鑒‧奇症卷》，北京：中國中醫藥出版社，2000 年，〈灸鬼哭穴〉，頁 33-34。

本書參考文獻

（底下皆從 CBETA 電子佛典集成 April 2016 中所檢索）

1. 《廣弘明集》。

2. 《根本說一切有部毘奈耶》。

3. 《菩薩戒本疏》。

4. 《集諸經禮懺儀》。

5. 《法苑珠林》。

6. 《瑜伽集要焰口施食儀》

7. 《雜阿含經》。

8. 《大方便佛報恩經》

9. 《佛所行讚》。

10. 《大般若波羅蜜多經。

11. 《佛說阿惟越致遮經》。

12. 《大方廣佛華嚴經》。

13. 《大寶積經》。

14. 《等集眾德三昧經》。

15. 《大方廣十輪經》。

16. 《優婆塞戒經》。

17. 《阿毘曇毘婆沙論》。

18. 《撰集百緣經》。

19. 《大乘悲分陀利經》。

20. 《佛說觀佛三昧海經》。

21. 《一字佛頂輪王經》。

22. 《清淨法身毘盧遮那心地法門成就一切陀羅尼三種悉地》。

23. 《最勝佛頂陀羅尼淨除業障咒經》。

24. 《不空羂索神變真言經》。

25. 《三種悉地破地獄轉業障出三界祕密陀羅尼法》。

26. 《觀自在菩薩隨心咒經》。

27. 《大方廣如來藏經》。

28. 《思益梵天所問經》。

29. 《中陰經》。

30. 《最勝問菩薩十住除垢斷結經》。

31. 《增壹阿含經》。

32. 《佛說仁王般若波羅蜜經》。

33. 《佛說無常經》。

34. 《法句譬喻經》。

35. 《佛說灌頂經》。

36. 《佛說除恐災患經》。

37. 《出曜經》。

38. 《佛說五無反復經》。

39. 《地藏菩薩本願經》。

40. 《雜譬喻經》。

41. 《藥師琉璃光七佛本願功德經》。

42. 《修行道地經》。

43. 《五母子經》。

44. 《佛開解梵志阿颰經》。

45. 《齋經》。

46. 《佛說阿難四事經》。

47. 《阿那律八念經》。

48. 《佛說阿含正行經》。

49. 《佛說阿難問事佛吉凶經》。

50. 《修行本起經》。

51. 《六度集經》。

52. 《羅云忍辱經》。

53. 《法觀經》。

54. 《佛說諫王經》。

55. 《玉耶女經》。

56. 《玉耶經》。

57. 《佛說忠心經》。

58. 《寂志果經》。

59. 《海八德經》。

60. 《佛般泥洹經》。

61. 《閻羅王五天使者經》。

62. 《佛說四天王經》。

63. 《般舟三昧經》。

64. 《佛說阿難分別經》。

65. 《四十二章經》。

66. 《禪要經》。

67. 《佛說未生冤經》。

68. 《佛說天王太子辟羅經》。

69. 《佛說孝子經》。

70. 《佛說自愛經》。

71. 《佛說佛大僧大經》。

72. 《梵摩渝經》。

73. 《焰羅王供行法次第》。

74. 《佛說罵意經》。

75. 《佛說分別善惡所起經》。

76. 《佛說四願經》。

77. 《佛說七女經》。

78. 《佛說五王經》。

79. 《佛說摩尼羅亶經》。

80. 《大法炬陀羅尼經》。

81. 《大佛頂如來密因修證了義諸菩薩萬行首楞嚴經》。

82. 《太子瑞應本起經》。

83. 《賢愚經》。

84. 《最勝佛頂陀羅尼淨除業障咒經》。

85. 《不空胃索毘盧遮那佛大灌頂光真言》。

86. 《大樓炭經》。

87. 《佛說阿彌陀三耶三佛薩樓佛檀過度人道經》。

88. 《佛說無量壽經》。

89. 《難你計濕嚩囉天說支輪經》。

90. 《王梵志詩集》。

91. 《紫柏尊者全集》。

92. 《湛然圓澄禪師語錄》。

93. 《出三藏記集》。

94. 《佛說地藏菩薩發心因緣十王經》。

95. 《成唯識論》。

96. 《楞伽阿跋多羅寶經》。

97. 《三藏法數》。

98. 《大乘本生心地觀經》。

99. 《轉識論》。

100. 《成唯識論》。

101. 《大乘理趣六波羅蜜多經》。

102. 《大乘密嚴經》。

103. 《蘇婆呼童子請問經》。

104. 《憨山老人夢遊集》。

105. 《佛說瑜伽大教王經》。

106. 《蘇悉地羯羅經》。

107. 《佛說七俱胝佛母准提大明陀羅尼經》。

108. 《佛說常瞿利毒女陀羅尼咒經》。

109. 《六字神咒王經》。

110. 《大乘大集地藏十輪經》。

111. 《廣大寶樓閣善住祕密陀羅尼經》。

112. 《龍樹五明論》。

113. 《續高僧傳》。

114. 《宋高僧傳》。

115. 《神僧傳》。

116. 《北方毘沙門天王隨軍護法真言》。

117. 《觀自在菩薩怛嚩多唎隨心陀羅尼經》。

118. 《末利支提婆華鬘經》。

119. 《摩醯首羅天法要》。

120. 《大方廣菩薩藏經中文殊師利根本一字陀羅尼經》。

121. 《牟梨曼陀羅咒經》。

122. 《千手千眼觀世音菩薩廣大圓滿無礙大悲心陀羅尼經》。

123. 《七俱胝佛母所說准提陀羅尼經》。

124. 《穢跡金剛說神通大滿陀羅尼法術靈要門》。

125. 《雲棲法彙》。

126. 《洛陽伽藍記校釋》。

127. 《正史佛教資料類編》。

128. 《種種雜咒經》。

129. 《摩訶吠室囉末那野提婆喝囉闍陀羅尼儀軌》。

130. 《阿吒薄俱元帥大將上佛陀羅尼經修行儀軌》。

131. 《維摩詰所說經》。

132. 《阿毘達磨俱舍論》。

133. 《一切經音義》。

134.《阿毘達磨藏顯宗論》。

135.《菩薩地持經》。

論文學報與專書

1. 余英時〈中國古代死後世界觀的演變〉,《湯用彤先生紀念論文集》編輯委員會編,《燕國論學集》,北京:北京大學出版社,1984 年。

2. 柳洪亮〈吐魯番阿斯塔那古墓群新發現的「桃人木牌」〉一文,收入於《新出吐魯番文書及其研究》,烏魯木齊:新疆人民出版社,頁 158-162。(原載於《考古與文物》1986 年第 1 期)

3. 黃心川〈道教與密教〉一文,中華佛學學報第 12 期,1999 年,臺北:中華佛學研究所,p.206。

4. 林富士〈六朝巫覡與醫療〉,收於《中研院史語所集刊》70。1999 年。

5. 余安邦〈台灣漢人的人觀、疾病觀與民俗療法:以收驚為例〉,「醫療與文化學術研討會」,2002 年 10 月。

6. 李豐楙〈收驚:一個從「異常」返「常」的法術醫療現象〉,醫療與文化學術研討會會,中央研究院民族學研究所、台灣史研究所籌備處,2002 年。

7. 蒲慕州〈中國古代鬼論述的形成〉,此書收入蒲慕州編《鬼魅神魔--中國通俗文化側寫》,台北:麥田出版社,2005 年。

8. 陳秀芬〈病人見到鬼:試論明清醫者對於「邪祟」的態度〉。國立政治大學歷史學報第 30 期,2008 年 12 月。

9. 楊士賢〈台灣釋教喪葬拔渡法事及其民間文學研究—以閩南釋教系統為例〉一文,國立東華大學民間文學研究所博士論文,2010 年,全文摘要內容。

10. 謝順發〈生死兩安的招魂葬及收驚〉一文,詳《空大人文學報》第 25 期,2016 年 12 月。

11. 周・左丘明傳，晉・杜預注，唐・孔穎達正義《春秋左傳正義》，北京：北京大學出版社，1999 年。

12. 鄭玄注，賈公彥疏，李學勤主編《儀禮注疏》，北京：北京大學出版社，1999 年。

13. 《左傳》，臺北：藝文印書館，2001 年。

14. 《禮記》，臺北：藝文印書館，2001 年。

15. 《周禮》，北京：中華書局，1987 年。

16. 東漢・應劭《風俗通義》，臺北：中國子學名著集成編印基金會印行，1978 年。

17. 梁・宗懍《荊楚歲時記》，北京：中華書局，1991 年。

18. 晉・葛洪撰，王明著《抱朴子內篇校釋》，北京：中華書局，1996 年。

19. 唐・段成式撰《酉陽雜俎》，北京：中華書局，1981 年。

20. 《雲笈七籤》，收於張繼禹主編《中華道藏》第 29 冊，北京：華夏出版社，2004 年。

21. 隋・杜臺卿《玉燭寶典》，《續修四庫全書》八八五，上海：古籍出版社，2003 年。

22. 明・方以智《物理小識》，文淵閣四庫全書本，第 867 冊。

23. 唐・歐陽詢撰、汪紹楹校《藝文類聚(附索引)》，上海：古籍出版社，1965 年。

24. 清・陶方琦《淮南許注異同詁》，臺北：文海出版社，1967 年。

25. 劉盼遂集解《論衡集解・上冊》，臺北：世界書局，1962 年。

26. 熊禮匯譯，侯迺慧校閱《新譯淮南子》，台北：三民書局，1997 年。

27. 孫星衍輯《漢官六種》，北京：中華書局，1990 年。

28. 張衡撰，張震澤校注《張衡詩文集校註》，上海：上海古籍出版社，1986 年。

29. 劉樂賢《睡虎地秦簡日書研究》，臺北：文津，1994 年。

30. 呂思勉《呂思勉讀史札記》，臺北：木鐸出版社，1983 年。

31. 李建國《中國狐文化》，北京：人民文學出版社，2002 年。

32. 林富士《孤魂與鬼雄的世界：北台灣厲鬼信仰》，台北：台北縣立文化中心。

33. 不著撰人《三曹成道捷徑史傳》，台中：明正堂，1980 年。

34. 不著撰人，《大道心德》，台中：明正堂，1979 年。

35. 張忠良《濟公故事綜合研究》，秀威資訊出版社，2007 年。

36. 郭立誠《中國藝文與民俗》，台北：漢光文化事業股份有限公司，1971 年。

37. 黃應貴主編《人觀、意義與社會》，台北：中央研究院民族學研究所，1993 年。

38. 劉枝萬《中國民間信仰論集》，台北：中央研究院民族學研究所，1974 年。

39. 黃文博《臺灣民俗消遣》，台北：臺原出版，1993 年。

40. 余英時著、侯旭東等譯《東漢生死觀》，上海：上海古籍出版社，2005 年。

41. 馬昌儀《中國靈魂信仰》，新北：雲龍出版社，2000 年。

醫學叢書

1. 宋・陳自明著、明・薛己補注《校註婦人良方》（《婦人大全良方》），北京：中國中醫藥出版社，1997 年。

2. 元・危亦林《世醫得效方》，四庫全書珍本，第 143 冊。

3. 明・龔廷賢(《醫林狀元濟世全書》，台北：新文豐出版社，1982 年。

4. 明・張介賓《景岳全書》，北京：人民衛生出版社，1997 年。

5. 明・江瓘編纂、江應宿述補《名醫類案》，台北：宏業書局，1994 年。

6. 明・張介賓《類經圖翼》，此書收入於《張景岳醫學全書》，北京：

中國中醫藥出版社。

7. 明・楊繼洲《針灸大成》，北京：人民衛生出版社，1963/1997 年。

8. 明・高武《針灸聚英》，北京：中醫古籍出版社，1999 年。

9. 明・李中梓 《刪補頤生微論》，北京：中國中醫藥出版社，1998
年。

10. 明・韓懋 《韓氏醫通》，此書已收入《中華醫典》的電子書。

11. 明・龔廷賢《萬病回春》，北京：人民衛生出版社，1988 年。

12. 明・孫志宏《簡明醫殼》，此書已收入《中華醫典》，長沙：湖南電
子音像出版社，2000 年，電子書。

13. 明・虞摶 《醫學正傳》，北京：人民衛生出版社，1981 年。

14. 明・李梴 《醫學入門》，天津：天津科學技術出版社，1999 年。

15. 明・徐春甫《古今醫統大全》，北京：人民衛生出版社，1991/1996
年。

16. 明・李時珍《本草綱目》，劉衡如、劉山永校注，北京：華夏出版社，
1998 年。

17. 朝鮮宣祖御醫許浚(1537 或 1546？~1615 年)所編撰《東醫寶鑑》一書，
北京：中國中醫藥出版社，1996 年。

18. 清・沈源原著、朱曉鳴等編著《奇症匯釋疑》，上海：上海中醫藥大
學出版社，1998 年。

19. 清・徐錦《奇病錄》，此書引自單書健、陳子華、石志超編著《古今
名醫臨證金鑒・奇症卷》，北京：中國中醫藥出版社，2000 年，。

20. 《編輯刺灸心法要訣・灸中惡穴歌》，此書收入清・吳謙等編《御纂
醫宗金鑑》，武英殿版排印本，北京：人民衛生出版社，1963/2003
年。

21. 清・陸以湉 《(精校)冷廬醫話》，台北：國立中國醫藥研究所，1997
年。

22. 清・徐大椿 《醫學源流論》，詳於《徐靈胎醫書全集》，台北：五

洲出版社，1998 年。

23. 清・沈金鰲《雜病源流犀燭》，此書已收入《沈氏尊生書》中，台北：自由出版社，1988 年。

24. 清・陳士鐸《辨證奇聞》，北京：中國中醫藥出版社，1995 年。

25. 清・傅　山《傅青主女科・產後編》，此書收入《傅青主先生男女科・萬氏婦人科集證》，台北：新文豐出版社，1997 年。

26. 日本森立之(1807〜1885 年)撰《本草經考注》，上海：上海科學技術出版社，2005 年。

27. 民國・郭藹春《黃帝內經素問校注語譯》，天津科學技術出版社，1981 年。

果濱其餘著作一覽表

一、《大佛頂首楞嚴王神咒·分類整理》(國語)。1996 年 8 月。大乘精舍印經會發行。書籍編號 C-202。

二、《生死關全集》。1998 年。和裕出版社發行。➜ISBN：957-8921-51-9。

三、《楞嚴經聖賢錄》(上冊)。2007 年 8 月。萬卷樓圖書股份有限公司發行。➜ISBN：978-957-739-601-3。《楞嚴經聖賢錄》(下冊)。2012 年 8 月。萬卷樓圖書股份有限公司發行。➜ISBN：978-957-739-765-2。

四、《《楞嚴經》傳譯及其真偽辯證之研究》。2009 年 8 月。萬卷樓圖書股份有限公司發行。➜ISBN：978-957-739-659-4。

五、《果濱學術論文集(一)》。2010 年 9 月。萬卷樓圖書股份有限公司發行。➜ISBN：978-957-739-688-4。

六、《淨土聖賢錄·五編(合訂本)》。2011 年 7 月。萬卷樓圖書股份有限公司發行。➜ISBN：978-957-739-714-0。

七、《穢跡金剛法全集(增訂本)》。2012 年 8 月。萬卷樓圖書股份有限公司發行。➜ISBN：978-957-739-766-9。

八、《漢譯《法華經》三種譯本比對暨研究(全彩本)》。2013 年 9 月初版。萬卷樓圖書股份有限公司發行。➜ISBN：978-957-739-816-1。

九、《漢傳佛典「中陰身」之研究》。2014 年 2 月初版。萬卷樓圖書股份有限公司發行。➜ISBN：978-957-739-851-2。

十、《《華嚴經》與哲學科學會通之研究》。2014 年 2 月初版。萬卷樓圖書股份有限公司發行。➜ISBN：978-957-739-852-9。

十一、《《楞嚴經》大勢至菩薩「念佛圓通章」釋疑之研究》。2014 年 2 月初版。萬卷樓圖書股份有限公司發行。
➜ISBN：978-957-739-857-4。

十二、《唐密三大咒·梵語發音羅馬拼音課誦版》(附贈電腦教學 DVD)。2015 年 3 月。萬卷樓圖書股份有限公司發行。➜ISBN：978-957-739-925-0。【260 x 135 mm】規格(活頁裝)

十三、《袖珍型《房山石經》版梵音「楞嚴咒」暨《金剛經》課誦》。2015年4月。萬卷樓圖書股份有限公司發行。→ISBN：978-957-739-934-2。【140 x 100 mm】規格(活頁裝)

十四、《袖珍型《房山石經》版梵音「千句大悲咒」暨「大隨求咒」課誦》。2015年4月。萬卷樓圖書股份有限公司發行。→ISBN：978-957-739-938-0。【140 x 100 mm】規格(活頁裝)

十五、《《楞嚴經》原文暨白話語譯之研究(全彩版)》(不分售)。2016年6月。萬卷樓圖書股份有限公司發行。→ISBN：978-986-478-008-2。

十六、《《楞嚴經》圖表暨註解之研究(全彩版)》(不分售)。2016年6月。萬卷樓圖書股份有限公司發行。→ISBN：978-986-478-009-9。

十七、《《楞嚴經》白話語譯詳解(無經文版)-附:從《楞嚴經》中探討世界相續的科學觀》。2016年6月。萬卷樓圖書股份有限公司發行。→ISBN：978-986-478-007-5。

十八、《《楞嚴經》五十陰魔原文暨白話語譯之研究-附:《楞嚴經》想陰十魔之研究》。2016年6月。萬卷樓圖書股份有限公司發行。→ISBN：978-986-478-010-5。

十九、《《持世經》二種譯本比對暨研究(全彩版)》。2016年6月。萬卷樓圖書股份有限公司發行。→ISBN：978-986-478-006-8。

二十、《袖珍型《佛說無常經》課誦本暨「臨終開示」(全彩版)》。2017年8月。萬卷樓圖書股份有限公司發行。→ISBN：978-986-478-111-9。【140 x 100 mm】規格(活頁裝)

二十一、《漢譯《維摩詰經》四種譯本比對暨研究(全彩版)》。2018年1月。萬卷樓圖書股份有限公司發行。→ISBN：978-986-478-129-4。

二十二、《敦博本與宗寶本《六祖壇經》比對暨研究(全彩版)》。2018年1月。萬卷樓圖書股份有限公司發行。→ISBN：978-986-478-130-0。

二十三、《果濱學術論文集(二)》。2018年1月。萬卷樓圖書股份有限公司發行。→ISBN：978-986-478-131-7。

二十四、《從佛典中探討超薦亡靈與魂魄之研究》。2018 年 1 月。萬卷樓
圖書股份有限公司發行。➔ISBN：978-986-478-132-4。

✠大乘精舍印經會。地址：台北市漢口街一段 132 號 6 樓。電話：
(02)23145010、23118580
✠和裕出版社。地址：台南市海佃路二段 636 巷 5 號。電話：(06)2454023
✠萬卷樓圖書股份有限公司。地址：臺北市羅斯福路二段 41 號 6 樓之
3。電話：(02)23216565、23952992

果濱佛學專長

一、漢傳佛典生死學。二、梵咒修持學(含《蘇婆呼童子請問經》)。三、楞伽
學。四、維摩學。五、般若學(《金剛經》+《大般若經》+《文殊師利所說般若
波羅蜜經》)。六、十方淨土學。七、佛典兩性哲學。八、佛典宇宙天文學。
九、中觀學(《中論》二十七品+《持世經》)。十、唯識學(唯識三十頌+《成唯識
論》)。十一、楞嚴學。十二、唯識腦科學。十三、敦博本六祖壇經學。十四、
佛典與科學。十五、法華學。十六、佛典人文思想。十七、《唯識双密學》
(《解深密經+密嚴經》)。十八、佛典數位教材電腦。十九、華嚴經科學。二十、
般舟三昧學。二十一、佛典因果學。二十二、如來藏學(《如來藏經+勝鬘經》)

國家圖書館出版品預行編目(CIP)資料

從佛典中探討超薦亡靈與魂魄之研究 ╱ 果濱 著.--初版.－
　臺北市：萬卷樓, 2018.1
　　面；　公分
ISBN 978-986-478-132-4 (軟精裝)

1.藏傳佛教　2.生死觀　3.靈魂

226.961　　　　　　　　　　　　　　107001601

2018 年 1 月初版　軟精裝　　　　　　　定 價：新台幣 360 元

從佛典中探討超薦亡靈與魂魄之研究　　ISBN 978-986-478-132-4

著　者：陳士濱(法名：果濱)
　　　　現為宏國德霖科技大學通識中心專任教師
發　行　人：陳滿銘
出　版　者：萬卷樓圖書股份有限公司
編輯部地址：106 臺北市羅斯福路二段 41 號 9 樓之 4
電話：02-23216565
傳真：02-23218698
E-mail：wanjuan@seed.net.tw
萬卷樓網路書店：http://www.wanjuan.com.tw
發行所地址：106 臺北市羅斯福路二段 41 號 6 樓之 3
電話：02-23216565
傳真：02-23944113
劃撥帳號：15624015
承 印 廠 商：中茂分色製版印刷事業股份有限公司

新聞局出版事業登記證局版臺業字第 5655 號
(如有缺頁、破損、倒裝，請寄回本公司更換，謝謝)